# 杨虎城幕府与幕僚

闫团结 /著

YANG HU CHENG'S SHOGUNATE AND STAFF

陕西新华出版传媒集团
陕 西 人 民 出 版 社

**图书在版编目（CIP）数据**

杨虎城幕府与幕僚 / 闫团结著. —西安：陕西人民出版社，2022. 6

ISBN 978-7-224-14357-7

Ⅰ. ①杨… Ⅱ. ①闫… Ⅲ. ①杨虎城（1893-1949）-生平事迹 Ⅳ. ①K825. 2

中国版本图书馆 CIP 数据核字（2021）第 275444 号

**出 品 人**：赵小峰
**总 策 划**：宋亚萍
**责任编辑**：王亚嘉　王晓飞
**封面设计**：赵文君

**杨虎城幕府与幕僚**

**作　　者**　闫团结
**出版发行**　陕西新华出版传媒集团　陕西人民出版社
（西安市北大街 147 号　邮编：710003）
**印　　刷**　西安市建明工贸有限责任公司
**开　　本**　889 毫米×1194 毫米　1/32
**印　　张**　11. 375
**字　　数**　263 千字
**版　　次**　2022 年 6 月第 1 版
**印　　次**　2022 年 6 月第 1 次印刷
**书　　号**　ISBN 978-7-224-14357-7
**定　　价**　88. 00 元

---

# 目　录

## 上编　幕府概述

### 第一章　幕主生平



### 第二章　幕府演变

### 第三章　幕府特点



### 第四章　主宾关系



## 下编　重要幕僚

### 第一章　军师与参谋



### 第二章　重要战将

# 上编

# 幕府概述

# 第一章 幕主生平

杨虎城是中国国民党著名的爱国民主将领，从辛亥革命开始就投身于中华民族的独立与解放事业，经历了蒲城起事、反清抗暴、讨袁护法、转战陕西、坚守西安、出师北伐、主政陕西、被迫内战，直到呼吁抗战、张杨合作、实行“兵谏”、出国考察、狱中斗争等历史过程。杨虎城与他同时代中国许多重要人物一样，一生经历了曲折、复杂和坎坷的道路，但他也有不少超过前辈和同时代许多重要人物的地方，就是一生不断追求进步，从一个追求平等的普通青年农民，逐步成长为一个彻底的民主主义革命者和为国家为民族奋斗终生的民族英雄。

## 刀客出身

1893 年 11 月 26 日(清光绪十九年十月十九日)，杨虎城出生于陕西省蒲城县孙镇甘北村一个贫苦农民家庭。原名杨长久，辛亥革命时改名杨忠祥，继又改名杨彪，号虎城(虎臣、呼尘)。杨虎城的父亲杨复兴(又名怀福)，除了耕种家里十多亩旱田，因为还有一手好木工手艺，在种地闲暇之余，做一些农具和木器小件，逢集时拿到距家不远的孙镇去变卖，使家里的生活得以勉强维持。1898 年杨虎城的母亲孙一莲生下弟弟杨茂三(又名虎荣)，一家四口人的日子还过得去。

杨复兴没有读过书，是个文盲，但他一心想让自己的孩子能读书识字。在杨虎城 10 岁时，杨复兴把儿子送到孙镇的一家私塾去念书。但是天有不测风云，1900 年蒲城遭遇严重的旱灾，加上清政府横征暴敛的夹击，杨复兴破产了，从一个自给自足的中农，一下子变成了贫苦的农民。家庭经济的拮据，迫使杨虎城辍学。但是两年的私塾学习，培养了杨虎城强烈的求知欲。为了减轻家里的经济压力，1906 年春，杨虎城去孙镇一家小饭铺当堂倌。孙镇是蒲城一个商业中心，来来往往的人很多。在饭铺干活期间，杨虎城听到许多他在村里听不到的事，接触了形形色色的人，增加了社会阅历和社会知识。他后来说，“饭铺也是我少年时期获取知识的一个学校”。

杨虎城的伯父杨全兴是家乡哥老会的“大爷”，因从事反满活动，清政府多次搜捕他，但都没抓获。1907 年清政府把杨虎城的父亲杨复兴抓去顶案。父亲被捕后，全家的生活重担就压在不满 14 岁的杨虎城身上。他从小饭铺辞工回家，一面维持母亲和弟弟的生计，一面到县城探视被关押的父亲。后来，父亲被押解到西安关押，杨虎城也赶到西安，寄居在西安的蒲城会馆打零工挣钱，给在狱中的父亲送饭。1908 年 5 月 31 日，杨复兴被清政府绞杀于西安。不满 15 岁的杨虎城满怀悲愤，向蒲城会馆借了一辆独轮车，跋涉 200 多里，将父亲的遗体推回蒲城甘北村。不久，伯父杨全兴也被清政府的地方官员抓去处死了。因此，杨虎城从小对反动统治阶级怀着刻骨仇恨，孕育了坚决革命的思想。

杨复兴遗体运回甘北村后，杨家没钱买棺木装殓，无法安葬。甘北村的乡亲们出于对弱儿寡母的同情、对官府的愤恨和不满，出钱出力鼎力相助，总算把杨复兴草草埋葬了。通过这件事情，杨虎城认识到“穷帮穷”是乡里之间相互扶持、相互帮助的一个好办法。于是他和平时关系紧密的七户年轻伙伴，成立了一个互助性质的组织，以尽孝为前提，以义气为根本，起名叫“孝义会”。

父亲、伯父相继殉难后，杨虎城家里的日子更加困难了，不得已，他再次去了孙镇饭铺做堂倌。在当堂倌期间，杨虎城和伙计孙荷伯及乡友孙福全、孙书友等结拜，并参加反清的哥老会。1908 年 10 月，“蒲城学案”发生。杨虎城依靠孝义会的力量，趁机成功领导了几次当地群众的抗捐抗债活动，并取得了胜利。因此，孝义会在当地的影响越来越大，成员增加到百余人。

随着孝义会人员增加和反清斗争内容、形式的变化，杨虎城和孝义会成员们认识到“孝义”已不能反映他们的要求了。1909 年农历八月十五(中秋节)，孝义会成员聚集于孙镇甘南村商议发展大事。鉴于杨虎城去过省城，有见识、遇事沉着、果断，又能体恤他人疾苦，大家一致推举他当领导。杨虎城提议将“孝义会”改为“中秋会”。通过商议确定中秋会的纲领是杀富济贫，打强扶弱，不侮辱妇女，同生共死。这个纲领简单朴素，带有极重的绿林色彩。这样，一个由丧葬互助开始的农民自治组织，在时代潮流的推涌下，演变成了与旧社会制度抗争的具有一定规模与纲领的农民团体。为了便于领导，杨虎城将中秋会分为两个层次进行管理。由他直接领导八个骨干，再由八个骨干分别领导十几人。这样中秋会成立后很快形成了严密的组织系统，其中的骨干成员有韩寅生、姬汇伯等人。到辛亥革命前夕，中秋会会员已经发展到 800 人以上。而作为中秋会的领导，杨虎城这时刚满 17 岁。

1911 年 10 月 10 日，武昌起义爆发。10 月 22 日，陕西革命党人联合新军、哥老会在西安发动起义。西安光复的消息传到蒲城后，杨虎城认为革命时机已经成熟，便带着中秋会成员百余人，前往乾县，加入秦陇复汉军张云山部的向字营（营长向紫山），与从甘肃入陕镇压革命的清军陆洪涛部进行交战。向字营与清军在长武县城外遭遇，向字营一度击败陆洪涛部，并坚守阵地达七天之久，后因清军援兵马安良部赶至，遭清军两面夹击而大败，所部几乎全军覆没，杨虎城仅带着一部分人突围而出，后被编入陕军第二团继续与清军作战。在抗击清军的战斗中，杨虎城学会了使用枪支武器，接触了军事知识，了解了部队的管理，经历了战火锻炼，进一步增强了胆识，了解了社会。此时，杨虎城刚满 19 岁。

袁世凯就任中华民国总统后，秦陇复汉军被缩编，向字营被裁减，杨虎城和中秋会的众兄弟在当了两年兵后，退伍返回家乡。回到家乡后，杨虎城在邻村大路边开了一家小客店维持生计。因受当地恶霸的排挤和陷害，杨虎城离开家乡，再次到省城，在韩寅生的帮助下，在军营谋了一个伙夫差事，靠这份微薄的收入，勉强维持家人的生活。1914 年春，白朗率领起义军突入陕西，杨虎城所在部队奉命去打白朗军，他不愿去打这支起义军，就悄悄离开部队回到家乡。回到家乡的杨虎城，继续在孙镇饭铺安身谋生。此间，他通过段廷朝、冯进喜、胡遂泰介绍，结识了当地哥老会首领李子高，从此，李子高成为他的结拜大哥。当时，蒲城东乡有一个恶霸劣绅名叫李桢，他依仗着郭坚、岳维峻等人给他撑腰，在地方上强占农民妻女、田产，并开设赌局，无恶不作，当地农民深受其害，但又无可奈何。年轻的杨虎城决定为乡里除害。1914 年 9 月的一天，杨虎城借了一支枪，装着去给李桢送信，在见面时当即从套裤里抽出枪来将李桢打死，随后逃离。从此，杨虎城的名声很快传遍了蒲城县。

杨虎城除掉劣绅恶霸李桢，却遭到当地政府的搜捕、通缉。李桢是郭坚的好友，得知杨虎城杀了李桢，郭坚非常生气，也派出多人捕杀杨虎城。由此，郭坚与杨虎城两人结下仇蒂。为了躲避追捕，杨虎城东躲西藏，四处流浪，不能回家。在逃避官府和豪强追捕的过程中，杨虎城召集起原中秋会的骨干和李子高率领的部分人马，合股组建了一支农民武装，准备抵御郭坚部下的追捕。对于这支武装力量，百姓称他们为“刀客”，官府称他们为“土匪”。

杨虎城和他的追随者，开始只有十几个人，几支土枪，大部分人使用的是刀。一次，他们乘黑夜劫夺了澄城县送往西安的一批税款，买了一支“曼利夏”步枪，逐步发展到十几支枪。后来，他们袭击了朝邑县警察局，缴了警察的枪，壮大了自己的武装。到 1915 年，杨虎城在当地农村已经聚集起了数百之众，拥有长短枪大刀长矛等武器百余件。杨虎城把部队编为三个连，自任营长。但杨虎城和他的追随者，从不抢老百姓财物，他们的活动经费是从地主豪绅那里强“借来”的。

辛亥革命后，蒲城各乡纷纷发动民众，办理民团。孙镇区区长孙梅臣认为杨虎城在当地百姓中很有名望，杨虎城队伍拥有实力而且纪律很好，可以用来保护地方。孙梅臣呈请蒲城县县长将杨虎城的部队编为地方民团，得到了县长的批准。孙梅臣通过与杨虎城接触、协商，双方达成了协议，决定由孙梅臣担任蒲城东乡民团团总，杨虎城担任副团总负实际责任，下辖

12 个分联，主要干部有李子高、李云城、孙荷伯等。队伍改编成蒲城东乡民团后，杨虎城抓紧时机开展训练，提高部队的军事素质和作战能力，肃清地方匪患，当地农民的生活也逐渐安定了。从此，杨虎城把一个农民团体改变成一支农民武装力量，开始了正规的军事建制。

袁世凯称帝后，资产阶级革命党人策划发动护国运动。陕西资产阶级革命党人井勿幕等积极策动，响应护国运动。杨虎城率领的东乡民团积极参加了讨袁战争。在护国战争中，杨虎城部连战皆胜，他的民团也不断得以壮大，杨虎城在王银喜(名飞虎，字子封)的护国军第三混成团任第一营营长。最终陕西护国军驱逐了袁世凯的亲信——陕西督军陆建章。1916 年 5 月，陈树藩继任陕西督军，对陕西各路护国军进行改编，其中，东路讨袁军改编为陕西陆军第三混成团，东乡民团则被改编为该团所属第一营，杨虎城担任营长。第一营所属四个连，分别由李子高、任子扬、李云城、王来担任连长，这些成员都是杨虎城部的主要干部。杨虎城率部驻防陕西省大荔县，负责黄河西岸河防。在大荔驻防期间，杨虎城认识了四川女子罗佩兰，并与其结婚。

袁世凯死后，陕西都督陈树藩演变成北洋军阀的忠实爪牙，通缉革命党人李岐山、杨仁天、曹毓生等。李岐山等为躲避逮捕逃到杨虎城的军中，谋划反陈。陈树藩得知后勒令杨虎城将李岐山等人交出，杨虎城拒绝听令。陈树藩转而拉拢杨虎城，以提升杨虎城为团长、扩编部队、增加武器等为条件，希望杨虎城交出李岐山，都遭到杨虎城拒绝。杨虎城却与陕西革命党人建立起了更加密切的关系，开始了解、接受他们的思想。

1917 年 7 月，张勋复辟的闹剧发生后，全国各地立即开展了一场反复辟讨逆的斗争，陕西讨逆军随之建立。陈树藩一边任命郭坚为陕西讨逆军总司令，取道山西进攻北京，一边勾结阎锡山截击陕西讨逆军。陕西讨逆军兵败山西后，退守黄河东岸，准备渡河退回陕西。陈树藩却命令杨虎城严守河西渡口，不许郭坚等率领的陕西讨逆军余部过黄河。杨虎城当年杀掉李桢，曾与郭坚结下仇蒂。但杨虎城以国家利益为重，违抗陈树藩命令，在自己的防区放行郭坚部渡过黄河。因此，郭坚对杨虎城不但前仇尽解，而且对杨虎城的大义行为非常感激。

杨虎城出身于刀客，在短短几年中，他先后组织中秋会，参加辛亥革命，组织农民武装，参加讨袁战争等。在这些斗争中，他将一群不堪压迫的青年农民逐渐组织锻造成一支有战斗力的武装力量。在这个过程中，杨虎城自己也从开始一心报家仇，逐渐将自己的命运与国家民族的命运联系起来。在革命斗争中，杨虎城的思想境界也得到了提升。

## 靖国柱石

段祺瑞执掌北洋政府后，解散国会，拒不恢复“民元约法”，激起全国人民的反对。1917 年 8 月，孙中山在广州召开非常国会，成立军政府宣布护法，护法运动从此开始。孙中山派人到陕西组织护法军，发动反对段祺瑞、驱逐陈树藩的斗争，并委任高峻为陕西护法军总司令，耿直为陕西靖国军招讨使。12 月 3 日，高峻在陕西白水县发动起义，打响了陕西护法斗争第一枪。12 月 10 日，耿直在西安发动反对陈树藩的起义。但是由于没有组织好，起义部队在北洋军围攻下退出西安，转移到户县、周至一带，并与赶来增援的郭坚部会合。郭坚与耿直在周至召开军官会议，宣布成立陕西靖国军，郭坚任司令，耿直任副司令，下设八个支队。在北洋军的围攻下，耿直、郭坚、高峻三支起义部队退守渭北。陈树藩在陕西的倒行逆施，不仅引起革命党人的不满，也引起其部下胡景翼等人的不满，并产生了离心的倾向。

1918 年 1 月 25 日，陕西资产阶级革命党人张义安、董振五、邓宝珊等在三原发动起义。胡景翼、曹世英率部从富平、耀县驰援三原。胡景翼、曹世英分任陕西靖国军右翼军司令和左翼军司令。2 月 9 日，杨虎城率领的陕西陆军第三混成团第一营在临潼栎阳镇起义，响应陕西靖国军。随后所部加入陕西靖国军，归陕西靖国军左翼军总司令曹世英节制，杨虎城任第五游击支队司令。在靖国军从西、东两面进攻西安的战斗中，杨虎城率领不满千人之军，与北洋军万余之众，一战新筑，再战关山界坊村，付出了惨重代价，遏止了北洋军的进攻。在界坊村战斗中，杨虎城始终在战斗最危险的地方督战。据杨虎城幕僚蒙俊生回忆说，杨虎城“一夜数巡，目不交睫者，一礼拜有余。每闻报告某处危险，即挺身先往，躬冒矢石，身先士卒，故个个官能用命，士乐效死”，“及此次战役结束，全军中心，移于我部，实为全局所倚重也”。

关山界坊村战役后，陕西靖国军以少胜多，击破陈树藩欲消灭陕西靖国军的阴谋，陕西靖国军以三原为中心的渭北根据地得以巩固，为以后的发展壮大创造了条件。但是，陕西靖国军构成复杂，有辛亥革命以来尚存的资产阶级革命党人领导的军队，如高峻、郭坚、耿直等部；有从陈树藩部队中起义的部队，如胡景翼、曹世英、樊钟秀等部；还有从外省来的部队等。这些部队虽然聚集在陕西靖国军大旗下，但是由于成分复杂，各自为政，号令不一，纪律松懈。为改变这种松懈的状态，胡景翼、曹世英等人商议，决定派代表赴上海，邀请于右任回陕西主持军务。于右任受孙中山之命，于7月回到陕西三原。陕西靖国军于是在三原召开会议，决定成立陕西靖国军司令部，推举于右任为总司令，张伯英为副总司令。陕西靖国军进行了整编，全军整编为六路，郭坚、樊钟秀、曹世英、胡景翼、高峻、卢占魁为司令，每路下设若干支队，全军共2万余人。杨虎城任第三路曹世英部第一支队司令。经过改组的陕西靖国军军威大振，在军事上节节胜利，辖区遍及关中各地，陈树藩则被迫困守西安和关中东路的几个县。

在陕西靖国军取得胜利发展的重要关头，9月18日，陕西靖国军第四路司令胡景翼被陈树藩诱捕，同时，北洋政府调集数省军队开赴陕西支持陈树藩。在北洋政府军队的攻击下，陕西靖国军遭受很大打击。到了11月，北洋政府发起“八省援陕”的动员令，除了先期入陕的镇嵩军刘镇华部外，这次先后有晋军商震部、直军王鸿恩部、甘军陆洪涛部、川军刘存厚部、奉军许兰洲部、绥军李际春部、鄂军王安澜部入陕，顿时，靖国军面临极为不利的形势。但北洋军阀各部内部存在矛盾，大都观望不前，这使得陕西靖国军似乎又得到了一线存在和发展的希望。12月，奉军许兰洲部对陕西靖国军占领的兴平、武功发动猛烈进攻，杨虎城支队奉命与第四路董振五支队紧急开赴乾县大王店御敌。双方激战数日，陕西靖国军虽将奉军阻挡住，但是自身也损失惨重，董振五在战斗中阵亡。在此期间，陕西资产阶级革命党人领袖井勿幕前去凤翔，慰问增援陕西靖国军的滇军叶荃部，不料，在兴平被内奸谋害。井勿幕遇害，是陕西靖国军一个意想不到的重大损失。从此，陕西靖国军开始走向低潮和衰落了。

在陕西靖国军与北洋政府军队对峙的过程中，帝国主义列强为维护在华利益，由英、法、美、日、意五国公使出面，向中国南北政府提出“和平劝告”。因此，北洋政府下令停战，南方政府也下令停战。1919 年 2 月，在上海召开了南北“议和”会议。通过谈判较量，南北双方划定了各自的控制域界。4 月，陕西的划界基本结束。陕西靖国军控制的地区有三原、泾阳、高陵、富平、白水、蒲城、澄城、同官(今铜川市)八县的全部或一部分，形成隔渭河与陈树藩及北洋军南北对峙的局面。在这一时期杨虎城所部曾驻扎在临潼县栎阳镇，在驻地创办了栎阳小学。这一年，杨虎城遵从母命，与蒲城孙镇的张蕙兰(又称慧兰)结婚。

1921 年夏，南北和谈破裂，陕西境内战乱复发。此时杨虎城支队配合第四路进攻渭北，继又转战蒲城。同年 9 月，北洋政府以阎相文接替陈树藩，并派遣第七、第二十师和第十六混成旅入陕作战。阎相文担任陕西督军后，拉拢陕西靖国军各路将领，相继邀请陕西靖国军各路将领到西安会晤。一时间，各类说客使者往返于西安和三原之间，络绎不绝。陕西靖国军面对各路敌军的步步进逼，加上阎相文和继任陕西督军冯玉祥的分化瓦解，不少将领都产生了动摇之心，其中第一、第二两路在郭坚、樊钟秀的率领下先后接受奉军改编，不久于右任通电下野，第六路投靠云南靖国军，第三、第四、第七路接受冯玉祥改编，第五路接受镇嵩军改编。特别是冯玉祥设计在西安杀害了陕西靖国军中骁将郭坚，严重挫伤了陕西靖国军的士气。

在此期间，孙中山曾致信邓宝珊，表示反对陕西靖国军接受北洋军阀的改编。但陕西靖国军解体的趋势已成定局，1921

年 9 月，胡景翼在三原召开国民代表会议，随后通电取消陕西靖国军，派兵查封陕西靖国军总司令部，赶走了总司令于右任。在陕西靖国军各路相继接受北洋军阀军队改编的情况下，唯有第三路第一支队司令杨虎城始终反对改编，坚决要把陕西靖国军的旗帜坚持到底。但是栎阳是一个只有几十户人家的小镇，无险可守，杨虎城部既与北洋军队对峙，又与已经接受改编的陕西靖国军紧密连接，形势极为不利。为了坚持斗争，杨虎城率部队由临潼县栎阳镇向西出发，寻找新的落脚点。鉴于武功县城是西安通往甘肃大道上的重要城市，东北距淳化、旬邑山区不远，向西可以和在凤翔的郭坚部下李夺等靠拢。1922 年 2 月，杨虎城率部攻克武功县城，全歼北洋军一个营，缴获大量武器和物资，接着占领了扶风等县，兵力从原来的千余人发展到了 3000 余人。

为了争取杨虎城接受改编，曹锟、吴佩孚派特使去武功劝说，胡景翼也派人劝杨虎城“受编”，但杨虎城表示，“我所争的只是靖国军的这面旗帜，并不是师长旅长一类的官职”，拒绝了他们提出的利禄引诱。同时，他派韩望尘前往陕西三原，请于右任来武功，恢复陕西靖国军总司令部。3 月 23 日，于右任来到武功，杨虎城亲自前往迎接。其后，于右任在凤翔重建陕西靖国军司令部，并设行营于武功，杨虎城被委任为陕西靖国军第三路司令，陕西靖国军的旗帜又继续飘扬起来了。

陕西靖国军司令部恢复后，杨虎城率领部队积极作战，与北洋军阀展开了浴血拼杀。在获知甘肃督军陆洪涛买的一批枪弹要经过西安、乾县运回甘肃，经过细心侦查周密研究，3 月 26 日，杨虎城率部在乾县铁佛寺伏击甘军，迅速结束战斗，缴获各种枪械 1000 多支、子弹五六十万发，使部队的枪械弹药得以补充。

铁佛寺战斗后，杨虎城积极充实自己的武装力量，并亲自督促，加紧各营的训练。直奉战争爆发后，冯玉祥率部开往河南，接受冯玉祥改编的陕西靖国军旧部也随之纷纷开往河南。于右任认为这是陕西靖国军打击北洋军队的好机会，于是命令陕西靖国军第三路和第一路，共同进攻兴平马嵬驿，得手后向兴平、咸阳扩大战果。4 月 21 日，杨虎城率部东进，22 日，一举攻占马嵬驿，歼灭北洋军两个营。

第三路是陕西靖国军中革命性最强的力量。为了消灭这支革命的武装力量，北洋直系军阀调集多路大军，并配置 40 余门大炮，向杨虎城部发动了全面进攻。杨虎城部依靠步枪刺刀、手榴弹与数倍的敌人相拼。在坚守半个多月后，5 月 5 日，杨虎城放弃武功，退守岐山。5 月 11 日，杨虎城率领经过苦战的部队到达凤翔县田家庄，受到于右任和第一路官兵的欢迎。杨虎城和于右任会合后，对当时全国和陕西的形势进行了认真的分析。从全国来看，革命不利于南方，孙中山广州革命政府受到挫折；从陕西来看，靖国军大部已经被瓦解，第三路虽然高举靖国军大旗，但终究力量单薄，一时难于扭转大局。为革命大业计，应该保留好陕西这批革命骨干、种子，而决不能让敌人消灭了。杨虎城对于右任说："你到广东去找孙中山，看今后怎么办。我带部队去陕北，敬待后命。"经过商定，杨虎城派人护送于右任经甘南绕道重庆去广东，向孙中山请示机宜。杨虎城率部离开凤翔后，陕西靖国军第一路司令李夺率领部下也投靠了镇嵩军，杨虎城一心想维持的陕西靖国军终于彻底解体了。

陕西靖国军是一个庞大而松弛的军事集团。他们的领袖人物是来自不同方面、不同出身的领导人物，自然要为自己的小团体利益打算，互争雄长，不可能组成一个坚定统一的指挥系统。到后来处境困难，敌方大军压境，在高官厚禄、威胁利诱之下，就出现了离心离德、各自为谋的状态。但是从推动旧民主主义革命、反对北洋军阀的反动统治来说，陕西靖国军具有一定的进步意义，它也是中国北方响应孙中山的唯一军事力量和政治力量，在极其艰苦的环境下抗拒北洋军阀发动的多省军队的几次围攻，坚持五年之久，其艰苦搏斗的牺牲精神，值得称赞。杨虎城是在参加陕西靖国军活动中，逐渐了解孙中山的思想，成为坚定的民主革命者，他领导的部队也逐渐成为靖国军后期的中坚力量。

面对陕西靖国军的失败，镇嵩军步步紧逼，杨虎城被迫率部经洛川、安塞、靖边，撤往与内蒙古交界的陕北安边、定边暂驻。陕北镇守使井岳秀是陕西革命先驱井勿幕的哥哥，杨虎城与井岳秀、井勿幕兄弟不仅是蒲城同乡，而且有辛亥革命时期共同战斗的友谊。杨虎城部的副司令李子高、参谋长蒙浚生曾经是井岳秀的部下和朋友，他们和井岳秀私交都很好。在部队向陕北转移抵达洛川时，杨虎城就派蒙浚生先行去榆林见井岳秀，研究部队到榆林后的驻地及今后如何发展。经过协商，井岳秀同意杨虎城的部队进入他的防区，对杨虎城以上宾相待。杨虎城的部队被改编为陕北步兵团，以李子高为团长，部队分驻三边、延安、延长、延川等处。

隐匿在榆林养病的杨虎城并没有消沉，他当时考虑最多的是如何跟随孙中山将革命坚持下去。1922 年 10 月初，在部队抵达陕北后不久，杨虎城就派姚丹峰从榆林出发，经山西秘密去上海，向孙中山汇报情况，并请示今后的行动方向。孙中山回信杨虎城，无论如何设法使部队存在，保持革命力量，并请杨虎城去上海，与党内各方面的同志见面。孙中山在回信中的指示和勉励，给了杨虎城极大鼓舞，更加坚定了他带领部队在陕北坚持下去的决心。

这年底，杨虎城在陕北把部队安置好后不久，就患了疾病，高烧不退，卧床不起。但是，长子杨拯民的出生，给病中的杨虎城以极大的慰藉。夫人罗佩兰得知丈夫在榆林生病，带着刚出生三个月的儿子，经过20多天长途跋涉，绕行山西太原，赶到榆林探望丈夫。在罗佩兰的细心照料下，杨虎城的病终于一天天地好起来了。

大病初愈，杨虎城的身体还是很虚弱。在休养期间，他有时间认真思考自己走过的道路。经过思考，杨虎城认为自己选择的道路是正确的，孙中山的三民主义符合自己和广大贫苦农民的要求。可是，革命为什么总是失败呢？如何才能重振革命的旗帜？为解开这些疑问，杨虎城努力学习。但是，由于文化基础不好，阅读能力差，他学习的办法就是请有文化的人给他讲各种知识，同时他通过超常的记忆和理解力迅速掌握这些知识。在榆林生活时期，杨虎城结识了对他后来发展影响很大的三个人物：杜斌丞、魏野畴、李子洲。杜斌丞当时担任榆林中学校长，具有强烈的爱国思想，坚决拥护孙中山的三民主义，追求进步。通过杜斌丞的介绍，杨虎城结识了在榆林中学任教的魏野畴、李子洲。通过与魏野畴的交往，杨虎城第一次系统地了解了关于无产阶级革命理论、苏联革命、中国共产党的一些情况，解开了一些多年困扰他的问题。杨虎城后来对部下讲："在榆林期间，我和杜斌丞先生接触，又认识了在榆林中学教书的魏野畴。我在和他们的交往中，得悉了孙中山革命失败的原因，听到国内外的政治形势，由此增长了自己的革命知识。”

杨虎城在榆林一方面利用时间抓紧学习，努力提高自己的政治水平，同时多次派姚丹峰赴南方与孙中山和于右任进行联系，接受他们的指示。1924 年 1 月，在苏联政府和中国共产党的帮助下，中国国民党第一次全国代表大会在广州召开，杨虎城派姚丹峰代表他到广州参加会议。孙中山接见了姚丹峰，并为杨虎城正式办理了加入中国国民党的手续。

国共实现第一次合作后，中国革命迎来了高潮。为了迎接新的斗争，杨虎城感到自己的部队虽然在战斗中表现得英勇顽强，但缺乏正规训练，要承担起今后反对帝国主义、打败北洋军阀的任务，还有很大差距。为了尽快提高部队素质，他一方面选派有文化的青年军官去广州进入黄埔军校学习，另一方面建立机构，对部队初级军官进行培训。是年秋，杨虎城在安边举办军事教导队，由孙蔚如任队长，聘请赵寿山、段向武、刘广甫等为教官。安边教导队培养了一批具有文化基础的军事骨干，对杨虎城部队后来的发展起了重要的作用。

同年 10 月，冯玉祥、胡景翼、孙岳在北京联合推翻曹锟政府，驱逐溥仪出宫，成立了国民军。在胡景翼派人联络下，井岳秀将部队随之改称陕北国民军，并担任总司令。12 月，杨虎城以陕北国民军前敌总指挥的名义，回师关中。杨虎城出师时，井岳秀在榆林城外设酒饯行。没想到黄沙漫天，狂风大作。杨虎城却端着酒碗大笑起来，说：“云从龙，风从虎，你们等着吧，杨虎城定取胜。”随后，他率领部队浩浩荡荡从榆林开向关中。

1925 年 3 月 12 日，孙中山先生在北京病逝。杨虎城闻知消息后，十分悲痛，立即派专人到北京致哀。在北京召开的孙中山先生逝世追悼会上，陕西全省仅有杨虎城一人送了挽联。他还在部队驻地耀县举行大会，隆重悼念孙中山，成为陕西当时政治生活的一件大事。

在这一时期，杨虎城逐渐认识到，井岳秀思想狭窄，没有革命理念，难于长期合作；同时，杨虎城对岳维峻等人也有隔阂和意见，不愿归附国民军第二军，于是他脱离了井岳秀的陕北国民军，将自己的部队转归国民军第三军孙岳领导，杨虎城就任国民军第三军第三师师长。

同年 11 月，孙岳率部参加反奉战争，将国民军第三军第三师杨虎城部留在陕西。杨虎城主动收缩了防线。此前败退陕南的吴新田，溃退到陇南的孔繁锦，蛰伏在豫西的刘镇华，又乘机向关中发起反扑。当时杨虎城部驻守关中西部一带，吴新田部由宝鸡出山欲袭击杨虎城部，杨虎城派重兵迎击，吴军溃退。杨虎城曾即兴赋诗："身经百战转成空，同志凋零恨不穷，打破愁城登彼岸，会当万里乘长风。"

1926 年 1 月，中国国民党第二次全国代表大会在广州召开，会议决定动员民众继续北伐，彻底打倒北洋政府，将国民革命进行到底。国民军第三军第三师师长杨虎城派出该师咨议魏野畴为代表赴广东，出席了中国国民党这次重要的会议。

经历了靖国军斗争、国共第一次合作、国民革命运动的锻炼和洗礼，杨虎城参加了陕西靖国军、陕北国民军、国民军第三军等，经受住了种种艰难困苦的考验，政治素质有了较大提高，逐渐有了坚定明确的政治方向，部队实力得到逐步提升。

## 坚守西安

面对国民革命运动的迅猛发展，直系军阀吴佩孚、奉系军阀张作霖十分恐慌。在共同利益的驱动下，他们联合起来反对革命。为了巩固北方，阻止国民革命军北伐，吴佩孚以其主力在长江一线固守，同时联合张作霖集中力量向北方的国民军发动进攻。

1926年2月2日，国民军第二军军长岳维峻通电声讨吴佩孚，令在陕西的国民军第二军李虎臣、田玉洁、卫定一等部开赴河南，增援反吴反奉战争。2月26日，国民军第二军在吴佩孚、张作霖、张宗昌等联合进攻下失败，撤出开封退往郑州。不料，刘镇华率领镇嵩军袭击并占领潼关，截断了国民军第二军退往陕西的通道。被阻滞在函谷关一带的国民军第二军，在刘镇华等部的夹击下，损失军械七万件，被迫缴械投降。岳维峻北渡黄河被晋军俘囚，李虎臣绕道返回陕西。

为了彻底消灭国民军，吴佩孚委任刘镇华为陕甘剿匪总司令，以消灭陕西的国民军，清除其侧背的隐患。刘镇华纠结镇嵩军旧部，组成八个师，号称十万之众，杀气腾腾直奔西安。4月12日，镇嵩军抵达西安东郊的灞桥镇，西安危在旦夕。

李虎臣化装回到西安后，集合了国民军第二军留在陕西的部队来守西安，但总兵力不到5000人。面对西安复杂危机的形势，是退？是守？李虎臣一时拿不定主意。这时杨虎城正在关中西府一带与北洋军吴新田部作战，当得知镇嵩军逼近西安的消息后，立即率部回师三原，策应西安。4月14日，镇嵩军向西安东郊发动进攻，李虎臣派人赴三原向杨虎城求援。李虎臣在电话中对杨虎城说："你来我就守，你不来我就走。"杨虎城立即召集邓宝珊、田玉洁等将领进行磋商，大家一致认为保卫西安、抗击镇嵩军对支援广东国民政府的北伐战争具有战略意义，决定顺应全国革命形势，拯救陕西，进军西安。会后，杨虎城留下李子高部与田玉洁部共同防守三原、泾阳，为西安守城部队留下一个支撑点，其余部队迅速驰援西安。4 月 15 日，杨虎城部进入西安。部队没有吃饭休息，立即投入战场。4 月 18 日，杨虎城率领后卫部队进入西安，从而稳定西安战局和民心，正式揭开西安保卫战的大幕。

当时守西安的部队有 8500 人，主要有李虎臣的国民军第二军第十师一部、卫定一的陕西陆军第四师一部、杨虎城的国民军第三军第三师一部。部队分属不同的系统，从未在一起合作过。5 月 19 日，李虎臣主持召开西安各方军事将领会议，会上杨虎城主动提出取消国民军第二军、第三军、陕西陆军的名称，一律改为陕军；以李虎臣为陕军总司令兼第一师师长，杨虎城为副司令兼第三师师长，田玉洁为副司令兼第二师师长，邓宝珊为指挥，卫定一为副指挥兼第四师师长。设立西安城防司令部，负责维护城内社会秩序；成立军警联合督察处，处理各种事务纠纷；重新调整部队的布防；设立总粮台管理粮草；等等。这些措施的实行，对坚守西安取得胜利起到了重要的作用。

刘镇华镇嵩军围城开始，主要从西安的东、北、南三面进攻，留出西关没有进攻，自以为守城部队在他攻击下，会从西门败退撤出，到时予以消灭。不料，到 5 月 15 日，守城部队没有任何撤退的动静，刘镇华这才把西安的西关也围了起来，至此，西安陷入了四面包围之中。刘镇华围城后，依仗优势兵力、强大火力和阎锡山、吴佩孚的军火、空军支援，对西安发动了多次猛烈进攻，守城将士经过奋勇拼杀、浴血奋战，粉碎了敌人的企图。

刘镇华的军事进攻在守城部队的英勇反击下都遭到惨败。于是他就将军事的重点由“攻”转为“围”，企图从物质和精神上摧垮守军。6月初，刘镇华为了断绝城里的粮食供应，焚烧了西安郊县的10万亩已经成熟的麦子。西安围城的前一年，陕西小麦丰收，因为地方战争频起，有钱人、地主纷纷进入西安避灾，附带运入大量粮食。所以在围城后五六个月期间，虽说粮价逐渐上涨，但尚有买卖。而7月以后，粮食问题就十分严重起来。为了减轻粮食压力，守军曾组织了几次掩护群众突围逃生的行动，但都没有成功。曾亲历围城的赵文杰在《西安城坚守记》中描述："10月中旬，突降大雪，居民饥寒交迫，饿死者与日俱增，有一天路毙的竟达到数百人。街头可以看到倚门而立的、坐于墙角的、躺于路上的，均系饿死之人。入冬以后，更是饿殍载道，无人收埋。这时，西安已经没有狗了。（入夜）除城上间有火光外，城内一片漆黑，形同死城。"但是守城官兵忍饥挨饿，依然坚守着自己的防线。

刘镇华既采用军事和经济的手段，也使用分化、利诱、威胁等手段对付西安军民。他曾秘密派人进城，希望与守城将领讲和，搞"和平"活动，但都被杨虎城一一识破和阻止了。吴佩孚还派飞机轰炸西安，并散发传单，分别悬赏10万元和5万元，索取李虎臣、杨虎城的首级，并进行挑拨离间和威胁利诱，但守城军民始终不为所动。

西安军民浴血奋战，拖住了北洋军队数万大军，有力地支援了南方国民革命军的北伐战争，也为冯玉祥重新组建国民军争取了宝贵时间。9月17日，冯玉祥在五原誓师，组建国民军联军。随后，冯玉祥任命孙良诚为援陕军总指挥，方振武为副司令，率部从甘肃和绥远五原入陕，以解西安之围。10月初，孙良诚的部队抵达咸阳兴平。援陕国民军和陕军通过协商，联合向刘镇华镇嵩军发起进攻。终于在11月27日，刘镇华镇嵩军全线撤退。11 月 28 日，困守八个月的西安终于解围了。西安守城之战成为中国现代军事史上的著名战例。

坚守西安的战争是胜利了，但是面对古城白骨累累、疮痍满目的惨状和“和平期待会”分子的攻击，杨虎城的心情十分痛苦和复杂。在西安解围的第二天，他就率领疲惫不堪的部队离开西安，转移到渭北一带休整。杨虎城自己则悄悄离开部队，到富平一位朋友家里隐居，以此向陕西民众表示自己不愿再干了。杨虎城在为西安守城而死难军民送的挽联中写道：生也千古，死也千古；功满三千，怨满三秦。在西安守城的最后时刻，杨虎城夫人罗佩兰病逝于三原。隐居数日的杨虎城获知夫人病逝的消息，才急忙从富平的隐居地赶到三原，为爱妻发丧。

1930 年 11 月 28 日，杨虎城出席西安各界举行庆祝坚守西安胜利四周年大会并讲话。他说：“我们坚守西安的结果，在中国国民革命的历史上，的确有极大的关系，并且占最光荣的一页。北伐所以能够早日完成和陕西民众能够由北洋军阀的势力之下得到解放，都是坚守西安的结果。当时北洋军阀长驱西进，想消灭西北的革命势力，夺取西北的阵地，以遂其割据的野心。假使西安不守，则西北革命归于失败，北洋军阀一定拿全副力量，抵抗南方的革命势力。那么，革命成功的路程，恐怕远得多了。因为坚守西安的结果，一方面使南方革命势力得有长足的进展；而西北革命势力，也继续膨胀，使北洋军阀的统治基础迅速地崩溃，以至于没落，使革命早日成功。固然，我们蒙受了四万人的最大空前牺牲，但结果是以少数的牺牲，换来大多数的幸福。所以在坚守西安的效果上来说，是促成中国革命的早日成功，缩短北伐的时间。这是坚守西安所牺牲的代价。”在发布的《坚守西安胜利四周年告将士书》中，他指出：

“我们坚守西安，是为了阻止吴佩孚及其走狗的军阀主义的扩张，反过来说是为保持西北的革命势力；在积极方面说，就是促进中国革命的进展，革命的三民主义之实现。”

## 参加北伐

西安解围后，国民军联军控制了陕甘地区。冯玉祥任命于右任为国民军联军驻陕总司令，邓宝珊为副司令。当时不设省政府，由国民军联军驻陕总司令部统一行使军政职权。但是，于右任、邓宝珊无兵无将，特别需要杨虎城等陕军将领的支持。但此时，杨虎城在为爱妻发丧后，仍继续隐居乡间。于右任、冯玉祥多次写信，致函电恳请杨虎城复出，于右任还亲自登门敦请杨虎城出山。

在冯玉祥、于右任的一再促请下，杨虎城为保存自己建立起来的这支革命武装，救民于水火，应允了冯玉祥、于右任的邀请，再次出山。其实，因为冯玉祥当年枪杀郭坚，离间靖国军，与陕军结下了仇恨。但为了对付镇嵩军，陕军各部才与冯玉祥部组成国民军联军。但冯玉祥率部入据陕西后，以主人自居，对陕军各部处处压迫。后来，冯玉祥又接受了镇嵩军刘镇华的投降，挫伤了陕军感情。在冯玉祥逼迫下，陕军各部接受改编，李虎臣被任命为第八路军司令，杨虎城被任命为第十路军司令，田玉洁被任命为第十一路军司令，卫定一被任命为第十二路军司令。不久，第十路军改称第十军，同时还收编原陕西靖国军马青苑等部充实实力。冯玉祥命令陕军各部开出陕西，出潼关参加东征北伐。陕军虽不愿放弃家乡地盘，但是为报答冯玉祥解围之恩，各部先后开出西安，参加东征北伐。同时，杨虎城也明白，冯玉祥不愿陕军留在自己的后方，陕军不出潼关是死路，与其被动不如主动，开往前线，寻找新的出路。由此，杨虎城的部队被纳入冯玉祥的领导军事体系了。

1927年5月，冯玉祥率部从西安启程东征，参加北伐。6月1日，杨虎城率部由三原出发赴河南参加北伐战争，归东路军总指挥鹿钟麟指挥。杨虎城部在渭南集结后，徒步向河南灵宝行进。杨虎城还担任东路军前敌总指挥，除了指挥第十军部队外，还指挥庞炳勋、王鸿恩、吕秀文等三个军，在陇海东段归德、徐州间，和直鲁联军徐源泉、褚玉璞、孙殿英、张敬尧等八个军作战。终以双方力量悬殊，伤亡过重；加上国民军联军第十一军姜明玉部在后方柳河叛变，投降张宗昌，退路断绝，杨虎城部被迫退至皖北太和县、河南鹿邑一带休整。

这年夏，轰轰烈烈的国民革命遭受巨大挫折。蒋介石在发动"四一二"反革命政变后叛变革命，开始屠杀共产党员和革命群众。冯玉祥也于这年6月与蒋合流，下令各部实行"清党"。但是，杨虎城没有执行冯玉祥的这个命令，坚持和共产党合作。当时，在陕西的共产党员都先后来到杨虎城部。杨虎城当时常和原国民军联军驻陕总部政治部副部长魏野畴、原东路军总部代表南汉宸及原国民军联军总部《革命军人朝报》总编辑蒋听松等共产党员一起讨论研究国内外大事。杨虎城在太和县调整人事时，在所部重要位置上安排了不少共产党员。杨虎城还在太和创办了一所军事政治干部学校，以南汉宸为校长。这时，杨虎城部的共产党员有200余人。魏野畴、南汉宸、蒋听松等作为共产党组织的领导人，成立了中共河南省委领导下的皖北特委，他们以杨虎城部为中心，积极开展工作。在相当一个时期，杨虎城第十军驻地荡漾着大革命的气氛。1928年1月，杨虎城与第十军政治部主任委员谢葆真结婚。

杨虎城将部队驻扎在皖北，一边休整部队，一边观察形势，为今后的发展寻求出路。当时，共产党、冯玉祥、蒋介石三种力量都在争取这支武装力量。为了向杨虎城示好，冯玉祥曾两次派刘定五、冉寅谷先后来太和慰劳，力劝杨虎城仍回本部，归方振武指挥。但经过豫东战役之后，杨虎城认为不能再与冯玉祥共事了，所以对于冯玉祥发来的函电一概置之不复，对冯玉祥派来的人也表示决绝的态度。中国共产党也加紧开展对杨虎城及部队的争取工作，计划在皖北发动武装暴动。杨虎城认为国民党已经全面走向反动，对国民党失去信心，中国革命只有在中国共产党的领导下才能继续进行。他也希望加入中国共产党，但认为当时发动起义的条件根本不成熟，不应盲动。由此，杨虎城与中共皖北特委的意见发生了分歧。杨虎城拒绝与冯玉祥合作，又不能为共产党接受，所部困守太和，补给无着，处境艰难。蒋介石乘机来拉拢杨虎城，派反共大同盟的韩振声以劳军为名来到皖北杨虎城部活动。韩振声要求杨虎城将南汉宸等共产党员逮捕，押往南京，好向蒋介石邀功。韩振声向杨虎城保证，如能这样做，则第十军的编制经费等都可以解决。同时，韩振声还极力劝杨虎城靠拢南京政府，建议杨虎城到南京去面见蒋介石。杨虎城与中共皖北特委负责人相商，决定自己借机随韩振声去南京，引开韩振声，以免影响起义的准备工作。2 月初，杨虎城一行离开太和。

杨虎城赴南京，一方面是为了避免与共产党的矛盾激化，另一方面是为第十军的生存寻找出路，与南京蒋介石政府建立一定关系。当时，蒋介石正与冯玉祥、阎锡山等密切合作，准备第二次北伐。杨虎城部经过豫东惨败后，残余人数仅有三四千人，武器装备又差。对于杨虎城部是保留还是解散，蒋介石一直在犹豫观察中。杨虎城在南京多方活动，但是蒋介石不愿收编杨部而召嫉于冯玉祥。杨虎城没有搭上蒋介石的关系，他心灰意冷。加之皖北暴动失败后，第十军中一些跟随杨虎城较早且有战功的“老人”，对杨虎城提出了批评，也质疑杨虎城的领导。蒋介石开始谋划二次北伐，他命令杨虎城的第十军从冯玉祥的第二集团军转到方振武的第一集团军第四军团加入北伐。杨虎城与方振武有过节，不愿意所部归属方振武部。恰逢此时，一些陕军的将领岳维峻、李虎臣、田玉杰、高桂滋等以及河南的樊钟秀，在蒋介石的默许下，在国民党元老于右任、焦易堂的支持下，正在策划反对冯玉祥在西北的统治活动。这些人大都是杨虎城靖国军时期的战友，交情非同一般。但杨虎城表示无意参加反冯的战争，同时认为结果也是徒劳无益，还会糜烂地方，给百姓造成灾难。杨虎城既不愿得罪这些老朋友，也不愿意参与此事。为了摆脱以上这些矛盾，他接受了李仲三先生的建议，决定赴日游历，藉广见闻，并静待国内局面变化。

4月底，杨虎城偕夫人谢葆真、秘书米暂沉三人东渡。先到日本神户，后转到东京，最初住在东京近郊的大冈山，后移居于中野。杨虎城自己说：我是一个军人，带兵多年，过的是纯粹部队生活，不是练兵，就是打仗，读书和习字的时间很少。这次来到日本，有充分的时间，可以用来学习文化。我要尽最大的努力，加强自己的学习，多读书勤写字，在知识方面，给自己多添一些本钱，以适应自己的需要。杨虎城在日本生活的近一年中，第一次见识了中国之外的世界，看到和体验了资本主义社会，接触了三民主义、共产主义之外的其他思想和主张，加深了对帝国主义，特别是日本帝国主义的认识，他爱国爱民的思想有了质的飞跃。

在日本考察的杨虎城一直关注国内政治、军事形势的变化。1928 年秋，蒋介石和冯玉祥的矛盾日益尖锐。在蒋介石、冯玉祥的暗斗快要转变为明斗的时候，杨虎城领导的第十军再次成为蒋、冯都力图拉拢争取的对象。冯玉祥一方面主动把第十军留在陕西的一部分部队开到山东单县，并命令驻在安徽太和的杨虎城部队移驻单县，合编为国民革命军第二集团军暂编第二十一师，归山东省政府主席孙良诚指挥，还派亲信许骧云做暂编第二十一师的副师长。冯玉祥命令部队派人去东京促杨虎城回国，他自己也直接打电报促请杨虎城回国整顿部队。就在这个时候，蒋介石也没闲着，一面拉拢冯钦哉脱离杨虎城部，一面也给杨虎城打来电报，慰问病情，并促杨虎城早日回国。杨虎城离开部队后，第十军实际由孙蔚如主持，但是在部队从第十军缩编为暂编第二十一师后，部分将领对安排不满，孙蔚如极力去化解，但只能暂时稳定局面，问题依然存在。由于部队无所隶属，给养无着，前途渺茫，为了渡过难关，官兵过着“跑步以御寒，杀军马以充饥”的生活。孙蔚如认为只有杨虎城回来主持，才能收拾这个局面，避免团体分裂。于是，孙蔚如秘密派姚丹峰、王宝珊等人赴日本，向杨虎城汇报情况，敦请杨虎城早日回国。杨虎城听取姚丹峰等人的汇报后，感觉问题严重，事关团体生存大事，遂决计回国。

杨虎城决定回国后，与连瑞琦商拟回国后的发展计划。这个计划内容主要有：杨虎城回到部队；部队脱离冯玉祥，直属南京中央，以图发展；尽一切力量，使部队到西北，建立革命根据地；尽量吸收武汉政府退下来的青年干部，主要是未公开的共产党员与国民党左派；利用反动派内部的矛盾扩展革命势力，同时联络友军互相帮助；部队中共产党的活动，一律采取秘密方式，万一暴露，设法送往安全地带。12 月 23 日，杨虎城和谢葆真离开日本回国。

1929 年 1 月，杨虎城去南京见了冯玉祥，再由南京到泰安，面见山东省主席孙良诚，接着赴临沂，就任暂编第二十一师师长。杨虎城回到部队后，全军无不欢欣鼓舞。他立即对部队进行整顿训练，每天亲临操场，督促操练。经过一段时间整训后，杨虎城率部围剿刘桂堂、顾震等匪部，连战皆捷，使胶东地区暂时得到安定。杨虎城率部在短时间内剿灭鲁东地区的土匪力量，引起了冯玉祥、蒋介石的重视。

同年 4 月，蒋介石和冯玉祥的关系濒于破裂，冯玉祥以“时局不靖，集结兵力，缩短防线”为借口，令杨虎城部向河南撤退。这时，何应钦也打来电报，要杨虎城部“应即驻防原地，维持秩序”，并称“所有部队经费番号中央当负责解决，请希来京面谈”。杨虎城揣度局势，没有执行冯玉祥的命令。6 月 23 日，杨虎城由济南赴北平见到蒋介石，当蒋介石问杨虎城如何解决西北军问题，杨虎城说出“威逼分化”四字时，蒋介石大感惊异，连说“虎城不是粗人”。8 月，杨虎城到南京见何应钦，然后见到蒋介石。蒋介石决定把杨虎城部编为新第十四师，统由山东省政府就近拨付补给，每月经费十万元。这是杨虎城部有了固定经费的开始。从此，杨虎城的部队脱离了冯玉祥军事集团体系，加入了蒋介石军事集团序列，参加了此后一年多的军阀混战。

8 月下旬，杨虎城奉蒋介石命令率部从山东出发，开往河南南阳驻守，被委任为南阳守备司令，杨虎城同时接管了南阳所属县的行政权力。新第十四师到达南阳后，蒋介石从汉口发来大米1万包，面粉1万袋，步枪、机枪子弹100万发及手榴弹、野炮弹和一些修工事的工具，新第十四师以1.2万人计算，可足够半年之用。这年冬天，蒋冯战争爆发，杨虎城率部防守南阳，击败冯军刘汝明部，一度占领紫荆关、淅川等地。战后杨虎城部受到南京政府嘉奖，新第十四师改为陆军第十七师，杨虎城趁此机会，将部队重新进行整编扩编。

蒋介石、唐生智战争爆发后，蒋介石命令杨虎城率部守住南阳，相机向唐生智侧背进攻。杨虎城回电要向唐生智的大本营驻马店进攻。蒋介石回电："估计兄部兵力单薄，不能负此重任，如兄有此决心，即照此执行。"杨虎城率领不足三个团的兵力，出奇制胜，雪夜奔袭驻马店，1930年元旦，一举攻入驻马店唐生智司令部，并挫败了唐军多次反攻，取得战争的胜利。杨虎城在战后汇报中说："是役，计毙敌1000余名，俘虏3000余名，获步枪6000余支，大炮、迫击炮230余门，机关枪80余挺，截获火车30余列、铁甲车2列，其他军用品无算。"1月9日，唐生智通电下野。1月13日，刘峙宣布讨伐唐生智任务结束。在讨伐唐生智的战争中，蒋介石原本把杨虎城当作陪衬使用，协助刘峙主力作战。不承想杨虎城竟独挑大梁，用奇袭战法一举解决了战争的全局，实在出乎意料。当收到杨虎城胜利的捷报后，蒋介石复电对杨虎城备极嘉奖，授予三等宝鼎勋章，着查报有功官兵以凭叙奖外，并立即拨发了奖金10万元；接着命令第十七师扩编为第七军，由杨虎城任第七军军长兼第十七师师长。

驻马店战役是杨虎城军事生涯的杰作，也是他从军以来独立策划发动的规模最大、缴获最多、影响最大的战事。这场战役从策划到发动、实施，处处表现出杨虎城这个没有受过系统文化、军事教育的所谓粗人，敏锐的政治洞察力、高超娴熟的军事指挥能力、机敏果敢的决策力和身先士卒的勇敢精神。驻马店战役是杨虎城成为中国近代史上一名杰出军事家的标志，也成为杨虎城命运的一个重要转折点。杨虎城因在蒋唐战争中冒雪突袭驻马店立下奇功，得到蒋介石和南京政府的赏识和重视。

4 月，中原大战拉开序幕。7 月 18 日，蒋介石委任杨虎城为第十七路军总指挥，承担平汉铁路以西广大地区的作战任务。杨虎城在舞阳通电就任第十七路军总指挥职。八九月间，张学良率奉军入关，介入蒋、冯、阎中原大战。冯玉祥、阎锡山部在山东和陇海路相继失败。蒋介石要求其在平汉路的部队，分五路向陇海路西段挺进。杨虎城部为最西的一路，任务是攻占洛阳。杨虎城认为冯玉祥、阎锡山必败，于是留部分部队守南阳外，亲率主力挺进洛阳龙门，与冯军宋哲元部激战，攻占龙门，迅速围攻洛阳。洛阳冯军守将见大势已去，接受蒋军改编。杨虎城率军抵达陕州时，接到蒋介石的电报，嘱杨虎城准备组织陕西省政府。10 月 24 日，国民政府会议决定任命杨虎城为陕西省政府主席。10 月 25 日，杨虎城部占领潼关，截断冯军西撤的退路。26 日，冯军将领刘郁芬放弃西安，逃离陕西，冯玉祥军事集团全军瓦解。战后统计，第十七路军在此时军事活动中共阵亡将士 5265 人。

蒋介石之所以将陕西省交给杨虎城管理，主要原因是：第一，蒋介石系统发源于中国南方，本人也是南方人，在北方缺乏社会基础，而西北特别是陕西是冯玉祥的大后方，冯的残余力量需要清除，杨虎城是冯玉祥的叛将，用他来对付冯在西北的残余力量比较适宜；第二，陕西地方文化积淀厚重，知识层面非常敏感，地方人士本身不团结还排外，外籍官员不易统治；第三，陕西自民国以来战乱不断，灾荒连年，1929 年特大旱灾饿死百姓无数，经济上问题很大，非富庶之地；第四，杨虎城在陕西征战多年，特别是西安保卫战后在地方享有一定的声望和社会基础；第五，杨虎城本身没有多少文化，人虽“不粗”但尚属一介武夫，打仗可以，治省未必可以，搞得不好随时撤掉即可。

11 月 1 日，杨虎城抵达西安。这是杨虎城及部下 1926 年 6 月离开陕西参加北伐，在外飘荡四年多后，第一次返回陕西。在西安，杨虎城受到各界人士的热烈欢迎。

## 主政陕西

经历大战、大灾劫难后的陕西，满目疮痍，经济凋零，人民困顿。杨虎城就任陕西省政府主席后，顾不得休整，立即对陕西的政治、经济、军事、教育、交通等方面进行整顿和治理。

在政治方面，组建比较开明的地方政府。经杨虎城提请，国民政府批准，李志刚、李仪祉、李百龄、李范一、胡逸民、井岳秀、王一山被任命为陕西省政府委员；杨虎城自己兼任民政厅长，李志刚兼任财政厅长，李仪祉兼任建设厅长，李范一兼任教育厅长，南汉宸任秘书长。杨虎城授权南汉宸组织省府机关；委任马青苑为西安市警备司令，维护省城秩序；委任多个县的县长，重新组织县政府；释放了关押在监狱的政治犯，其中有不少是共产党员。同时，杨虎城接受省政府顾问耿寿伯的建议，举办行政人员训练所，招收大学毕业生和有文化的青年，分期分批培训，毕业以后派任县长、局长，用新人代替旧的官吏。

在经济方面，恢复和发展地方经济。杨虎城上任后遇到的第一个问题是如何解决 1929 年旱灾造成的严重后果。他不顾长途行军打仗的疲劳和病痛，亲自到潼关、大荔等地视察，实地考察灾情和农业情况。为了救济陕西的灾荒，他多次致电国民政府请求拨款救灾。在杨虎城等人的积极呼吁下，国民党三届四中全会通过了给陕西拨 800 万元赈款的决定。1930 年 11 月 15 日，杨虎城发表了《告各界政见书》，提出了救济灾荒、肃清土匪、澄清吏治、振兴教育、整顿交通、兴办水利、免除苛捐杂税、完成地方自治的施政方针，在其后主政过程中，争取逐条落实。在落实经济政策中，杨虎城重点抓住了兴修水利和发展农业两个关键点。杨虎城出身农民，他深知水利对农业的重要性。在陕西省政府的政务会议上，杨虎城曾说：陕西的问题是“水”的问题，“水”的问题解决了，一切问题就解决了。早在靖国军时期，杨虎城就对陕西的水利有过规划，但因靖国军失败而无法实施。就任陕西省政府主席后，尽管省财政极其困难，但杨虎城还是及时为海外侨胞支援的泾阳钓儿嘴水利工程拨款。为了建设和发展陕西的水利，杨虎城聘请李仪祉等一批水利专家，为陕西水利建设制订了一个全面的规划。在李仪祉的主持下，1931 年 3 月开工建设泾惠渠，1932 年 6 月 20 日完成放水。1934 年春开工建设洛惠渠，1937 年第一期工程完成。在工程建设期间，杨虎城和测绘人员一同翻山越岭，踏勘线路。为了兴修水利，杨虎城压缩行政经费，拨出 40 万元水利专款，并派军队参加建设。另外，杨虎城还领导了关中地区黑惠、涝惠等渠的测绘与规划；主持了陕北织女、绥德等渠的筹建、开工，陕南褒惠等渠的规划；还组织力量对黄河防洪、航运、灌溉、发电都提出了规划。在兴修水利的同时，杨虎城还规划和建立了秦岭造林苗圃、植棉实验站、蚕桑试验场、渭滨保安林、草滩垦殖畜牧场等一批农业科技园地，重视陕西的植树造林工作。

在军事方面，整编和收编军队。杨虎城在西安成立第十七路军总指挥部，设立总指挥部的机构，配备机关的人员，设立总部直属队。经过整编，第十七路军下辖三个师，陆军第十七师、陆军第四十二师、陕西警备师，由孙蔚如、冯钦哉、马青苑任师长。为了维持陕西社会秩序的稳定，杨虎城分别派部队负责渭南、临潼、咸阳、凤翔等县治安，命令冯钦哉负责大荔和渭河以北地区治安，命令孙蔚如进驻汉中负责陕南治安。同时，杨虎城收编了冯玉祥在陕西的残余力量和甄寿珊(别名甄士仁)的西北民军部下，改编为陕西警备部队。为了提高部队的军事素质，杨虎城创办西安绥靖公署步兵训练班，分为军官队和士兵队，分期轮训，每期六个月。在四年时间里，该训练班培训出了一批军事人才，对部队建设起了重大作用。

在交通方面，重视公路和铁路的建设。为了打破交通闭塞，发展地方经济，杨虎城多次同南京政府商谈联合投资，将修至潼关的陇海铁路向西延伸，派部队支援筑路，加快进程，1934年12月通车西安。还修建了陕西第二条铁路——咸阳至同官(铜川)铁路，把同官的煤运出来，促进了渭北经济社会的发展，又增加了铁路收入。1935年开工建设陕西连接甘肃，沟通宁青的重要干道——西安至兰州公路，建设了西安到汉中的公路。在杨虎城的要求下，欧亚航空公司开设了西北、西南及京沪直达线。派部队架设沟通全省的长途电话。

在教育方面，重视人才培养。杨虎城认为陕西贫穷落后主要是由政治腐败、连年的战乱和自然灾害所造成。但教育落后，人才匮乏也是其中重要的因素。因此，陕西省只要有点财力，他就积极兴办教育。在陕西财政艰难的情况下，他拨出专款作为教育基金，成立基金保管委员会，规定教育经费独立。这是杨虎城为振兴教育所采取的一项实质性的措施，是促进陕西教育发展前所未有的一件大事。陕西的中小学教育、少数民族教育，在杨虎城主陕以后都有所发展。1932 年 12 月，建成了陕西省第一所公办的回族完全小学——省立第一实验小学，后又在于右任和西北社会人士的支持下，创办了西北农林专科学校。为了培养人才，杨虎城除资助一些在国内各大学读书的家境差的陕籍学生外，还选派一批进步青年知识分子，如江隆基、郭则沉、王炳南、潘自力、原政庭、亢心栽、蒲克敏、袁若愚、李子健、刘佛吾、周梵伯等赴英国、法国、德国、日本等国留学。另外，杨虎城还积极提倡学术自由和抗日爱国教育，允许学校讲授和学生阅读马克思、列宁的著作，让师生自由发表自己的政治见解；在教育中贯彻抗日爱国思想，将抗日爱国教育与军事训练结成一体，这在当时的全国是极少见的。

杨虎城回到陕西后，他与蒋介石之间的控制与反控制斗争就展开了。杨虎城和蒋介石的关系很复杂，一方面他依附蒋介石发展自己的力量，一方面他努力摆脱蒋介石的控制，保护自己的利益。1930 年 10 月，杨虎城率部刚一入陕西，11 月，蒋介石就在洛阳设立陆海空总司令部西北行营，派顾祝同任主任，指挥陕、甘、宁、青的军务。顾祝同率领中央军进驻潼关、华阴、华县一带。杨虎城表面对顾祝同表示服从和欢迎，暗地里将第十七路军布置在临潼、高陵、大荔、朝邑一带，对顾祝同部形成半包围态势。后来，围绕陕西省机器局的管理问题，杨虎城和蒋介石展开了一番暗争，最终把陕西省机器局拆分，国民政府中央和陕西地方各管一部分，双方打了一个平手。1931

年春，蒋介石下令杨虎城裁减一个师的番号并停发其经费。杨虎城迫不得已把马青苑的第五十八师改为陕西警备师，由陕西省承担经费。6月，石友三在河北举兵反对张学良，蒋介石为了剿灭石友三，不得已将顾祝同部的中央军调离陕西，并将洛阳行营遗缺由杨虎城接管，洛阳行营改为潼关行营，从此杨虎城表面上获得了西北地区的军权。在与蒋介石争斗的这一回合中，杨虎城取得了暂时的胜利。

1931年秋，杨虎城接任潼关行营主任后，对西北各省杂牌军积极进行联系与收编，先后委派青海马步芳为新编第九师师长、陇东陈珪璋为新编第十三师师长、陇西鲁大昌为新编第十四师师长、在甘肃河西走廊的马仲英为新编第三十六师师长、天水马廷贤为陇南警备司令、陇北石英秀为新编第九旅旅长、李贵清为新编第十旅旅长。当时，西北甘、青、宁各省的军队都派有代表常驻西安，表示听命。唯有冯玉祥旧部雷中田，拒不听命，自称甘肃保安司令。杨虎城电请蒋介石，拟派部队入甘肃解决，但蒋介石主张不对甘肃用兵，以政治方法解决。不料，新编第八师师长雷中田扣押了甘肃省代理主席马鸿宾，史称“雷马事变”。事变发生后，杨虎城派潼关行营参议杜斌丞、蒋听松赴甘肃了解情况，并要求出兵甘肃平息混乱，但蒋介石对杨虎城的要求搁置不复。蛰居四川的北洋直系头子吴佩孚以为甘肃混乱有机可乘，自称兴国军总司令，率领八大处的几百人队伍由川北开入甘肃，受到甘肃多股军事力量的拥护。杨虎城认为进军甘肃的时机到了，他将有关情况和出兵甘肃的要求再次上报蒋介石。蒋介石也怕吴佩孚东山再起，于是同意了杨虎城的请求。杨虎城即派孙蔚如以潼关行营参谋长的名义率部入甘，经过定西、会宁的激烈战斗，于同年12月初进入兰州，驱逐了吴佩孚及其余孽，稳定了西北局势。杨虎城曾数电蒋介石，要求委任孙蔚如为甘肃省主席，均遭拒绝，仅委任孙蔚如为甘肃宣慰使。杨虎城为了维持已经在甘肃取得的军事利益，向西继续发展，向蒋介石保荐了邵力子。邵力子是蒋介石的核心幕僚，这下正中蒋介石下怀。蒋介石很快正式对外发表邵力子为甘肃省政府主席，同时撤销甘肃宣慰使署，免去孙蔚如的甘肃宣慰使，升其为第三十八军军长。孙蔚如交出权力后移驻甘肃平凉。

1933 年，红四方面军向川北发展，建立川陕根据地，陕西汉中形势紧张，蒋介石调胡宗南中央军进驻汉中，其后，蒋介石下令孙蔚如第三十八军与胡宗南部队互换防地。这样，蒋介石把杨虎城的军事力量平稳移出甘肃，将自己的嫡系部队楔入西部，看住杨虎城西进的通道，并在与红军的交战中进一步削弱杨虎城的力量。蒋介石通过杨虎城图甘的过程，看到了杨虎城的发展意图，于是想方设法削弱杨虎城的权力与力量。先是于 1932 年 2 月将潼关行营改为西安绥靖公署，限制杨虎城经略西北的权力。接着于 10 月策动陕西警备师马青苑在天水发动兵变。后来，蒋介石把第三十八军的杨渠统部东调。至此，杨虎城的军事力量彻底退出了甘肃。1933 年 5 月，蒋介石在事先毫无通告的情况下，解除了杨虎城陕西省政府主席的职务，由邵力子接任陕西省政府主席，蒋介石的政治势力正式进入了陕西。从 1931 年 11 月到 1934 年 11 月整整三年时间，杨虎城企图掌握甘肃军政大权，建立西进基地的计划失败。但是，杨虎城并没有放弃，他曾托人告诉李志刚，退出甘肃是伸缩发展中的曲折。当前形势，蒋介石好比太阳，我们好比地球，我们不能不围绕着他转，但我们必须有抗拒力，不要被他吸进去。

杨虎城回到陕西后，对待共产党的态度也是复杂的。一方面，他同情共产党，引用共产党员和接近共产党的人；另一方面，当红军在他的地盘存在，在蒋介石的压力下，他曾进行过防御战。杨虎城对共产党人一直倚重保护，对于共产党在其部队中组织的兵变或起义，他一贯采取既往不咎的宽容态度。杨虎城曾秘密释放被捕的共产党人刘志丹，重用共产党人王泰吉等人。杨虎城重用许多共产党人，但一直没有和共产党建立起高层的正式联系。对这个问题，他小心翼翼地试图突破。1932年11月26日，红四方面军进入陕西，抵达省城西安附近，杨虎城与连瑞琦密商，准备派连瑞琦与红军联系。因为红四方面军很快离开西安，进入陕南及四川，这个计划才放弃。1933年初，红四方面军建立川西北根据地，迫近汉中。杨虎城不愿与红军发生大规模的战争，他授意杜斌丞派第十七路军中的共产党员武志平秘密前往川西北与红四方面军取得联系。红四方面军派徐以新到汉中与孙蔚如商谈，达成了双方互不侵犯的协定。1934年底，红二十五军长征进入陕西南部，蒋介石命令杨虎城率部围攻。对此，杨虎城采取了应付的办法，表面调兵遣将，四处设防，暗地里交代部队尾随，不要主动进攻。同时调张汉民的警备三旅参与行动，希望张汉民利用自己共产党员的身份与红军建立联系，签订互不侵犯协定。不料1935年4月9日，红二十五军在蓝田九间房设伏全歼张汉民旅五个营，张汉民被俘被杀，此事给杨虎城及其部下留下很大的阴影。

1935年10月，中共中央和中央红军长征到达陕北。为争取杨虎城与共产党联合抗日，汪锋携带毛泽东致杨虎城、杜斌丞、邓宝珊三人的亲笔信去西安，杨虎城在新城大楼见了汪锋。杨虎城虽然一直与共产党合作不断，但却从未与中共中央发生过直接联系。汪锋的到来并携带毛泽东的亲笔信，使他感到意外。为了稳妥起见，杨虎城把汪锋留在西安，同时派人赴天津找南汉宸，希望南汉宸派人到西安。1936 年 2 月，中共北方局的代表王世英来到西安与杨虎城谈判。随后，杨虎城派人护送汪锋、王世英通过自己的防区顺利到达陕北。当时，中共中央和主力红军东征在山西，汪锋、王世英经陕北到山西前线向中共中央汇报杨虎城的情况，中共中央决定再派王世英与杨虎城会谈。为了进一步推进与杨虎城抗日合作，8 月 13 日，毛泽东派秘书张文彬持自己的亲笔信到西安与杨虎城商谈，中共中央还将在共产国际工作的王炳南派到杨虎城身边，中共西北特别支部对杨虎城身边人员和第十七路军上层人士开展统战工作。到 1936 年 8 月，在杨虎城身边形成了一个由中共中央代表张文彬，中共北方局南汉宸、王世英，中央军委西北特别支部和中共驻共产国际工作人员王炳南组成的多层次多渠道联络系统。这些联系和工作对于杨虎城坚定反蒋抗日决心起到了重要的作用。同时，中共中央通过多种渠道打通了与张学良的联系，周恩来两次在延安与张学良秘密会谈，双方的合作进一步加强和密切了。

杨虎城重视团结东北军，在抗日救国上与张学良达成共识。1935 年 11 月，蒋介石在西安成立西北“剿匪”总司令部，蒋介石任总司令，张学良兼任副总司令。其后，东北军、中央军的势力陆续进入陕西。在西安出现以张学良为首的西北“剿匪”总司令部和以杨虎城为首的西安绥靖公署，以及邵力子为主席的陕西省政府三种势力并存的局面。当时，东北军的主力都部署在“剿共”前线，驻西安的只是总部机关和少量警卫及直属队。西安及周边都驻守着第十七路军的部队，西安的实际军事控制权仍在杨虎城手中。张学良自以为受过教育，见过大世面，兵多将广，跟蒋介石有着非同一般的私人关系，看不起杨虎城，私下常以“老粗”称呼杨虎城。初到西安时，张学良摆出一副官架子，隔三岔五通知杨虎城到他总部去汇报，关系很不融洽，东北军和第十七路军之间经常发生矛盾和纠纷。但杨虎城没有陷入与张学良和东北军争夺地方利益的纠纷中，而是以政治家的远见看待发生的矛盾和纠纷。红军长征到达陕北后，东北军大举进入陕西、甘肃地区，杨虎城原本试图依靠自己的力量在西北营造一片革命基地的计划无法实现了。他认为要实现抗日救国建立民主的目的，就必须处理好与张学良和东北军的关系。杨虎城多次主动探访张学良和东北军主要将领，表露自己对打内战的厌烦和不能参加抗日的苦恼。1935 年 9 月到 11 月，东北军经过三次战役被红军消灭了近三个师，其中两个师长阵亡。蒋介石对于东北军“剿共”的损失不但不予以补充，反而趁机撤销了两个被歼灭师的番号，对于张学良提出抚恤请求置之不理。此时，张学良才幡然醒悟，“剿共”是一条死路。杨虎城没有因为张学良碰了钉子而幸灾乐祸，而是亲赴张学良处慰问，并劝张学良不要再盲目跟着蒋介石走下去，应该走自己的抗日之路。两人接触增多了，张学良渐渐把心中的苦闷和对蒋介石的不满向杨虎城叙说。两人的关系拉近了，进展到了政治上可以互相谈心。在抗日问题上达成共识后，两人一起赴太原做阎锡山的工作。除了张、杨之间关系的改变，杨虎城派申伯纯联络东北军的上层，张学良则派高崇民负责与第十七路军的上层沟通。东北军与第十七路军的关系逐渐紧密起来了。

## 实行兵谏

杨虎城与张学良合作关系确定后，便开展了一系列抗日反蒋准备活动。1936 年春，杨虎城与张学良商定，在西安南郊的王曲镇成立军官训练团，由张学良、杨虎城分别亲自担任团长、副团长，训练两支部队的中下级军官，主要对军官进行抗日教育。同时，张学良、杨虎城分别打通了与共产党的联系渠道，并建立了关系，接受共产党抗日民族统一战线的主张，并同红军达成互不侵犯及其他合作的协议，两军三方在前线上已经基本没有对抗战事。张学良、杨虎城的交往进一步密切，他们决定：同共产党携起手来，联合抗日，共赴国难，对于蒋介石，采用刚柔并济、软硬兼施的策略，逼蒋抗日。

在张学良、杨虎城交往日益密切的情况下，先后发生了印刷抗日刊物《活路》被国民党特务侦知，和因第十七路军营救东北大学学生会负责人宋黎而引发的张学良命令搜查国民党陕西省党部的“艳晚”事件，更促进了他们的战斗友谊。此后，两军共同参加纪念杨虎城坚守西安十周年的庆祝活动，在更大范围结成了同仇敌忾的战斗友谊。

1936 年冬，日军进犯绥远，民族危机空前严重，蒋介石却继续坚持“攘外必先安内”的政策，将重兵调往西北“剿共”。此时，中国社会的各种矛盾急剧激化，并在西北交织成为不可回避的焦点。中国向何处去，取决于西北事态的演进。面临这一历史抉择的张学良、杨虎城，置个人的毁誉、集团的安危于度外，毅然决然地发动西安事变。

1936 年夏，两广事变解决后，蒋介石调动重兵准备大规模

“围剿”西北革命根据地，妄图一举消灭红军。10 月 20 日，蒋介石来到西安，向杨虎城和张学良宣布不准抗日，实行“剿共”的计划。杨、张力劝蒋联共抗日，遭到蒋的呵责。12 月 4 日，蒋介石再次到西安，提出两个方案，逼杨、张做最后的决定。这两个方案是：(一)服从“剿共”命令，将东北军及第十七路军全部开往陕北前线，向陕北红军“进剿”，中央军在后面接应督战；(二)杨、张如不愿意打内战，则将东北军调到福建、第十七路军调到安徽，将陕、甘两省让给中央军去“剿共”。杨、张在重压之下仍不接受这两个方案，并坚持对蒋介石晓以大义，陈以利害，要求蒋联共抗日。可是，蒋介石对他们的苦谏置之不理。

12 月 9 日，西安万名学生为纪念“一二·九”运动一周年，举行示威游行，要求停止内战，一致抗日。蒋介石的特务警察竟然开枪打伤游行的小学生，激起广大游行群众的义愤。群众当即决定前往临潼华清池向蒋介石请愿。蒋介石闻讯后令张学良严行镇压。张学良急忙赶往西安东郊十里铺劝说学生回去，学生群情激愤地向张请愿。张深为学生们的爱国热情所感动，更加坚定了逼蒋抗日的决心，他当场对游行群众说：“我与你们是站在一条战线上的，你们的要求就是我的要求，再往前就要被机关枪扫射，我不忍看到你们受伤亡。你们现在回去吧，一星期以内我一定用事实答复你们。”

张学良、杨虎城对当时的形势进行了充分的分析，认为扣蒋后形势总体上是有利的。军事上，东北军、第十七路军和红军“三位一体”的力量有 20 多万军队，南京方面也不敢肆无忌惮地进攻西安。政治上，“逼蒋抗日”可以获得广大人民和中国共产党以及苏联的支持。张学良、杨虎城几度交换意见，经过共同研究，确定了扣蒋的时间、人选和部队等具体措施。东北军卫队营部队负责进攻华清池，逮捕蒋介石；第十七路军负责西安市内和火车站、西郊机场等方面，突袭西京招待所，囚禁南京来的党政军大员，解决中央宪兵二团、公安纵队武装，等等。张学良慎重考虑，最后决定由师长白凤翔率团长刘桂五，指挥卫队营营长孙铭九前往临潼捉蒋，由其率领卫队营两个连作为进攻兵力，另外派一〇五师师长刘多荃在临潼四周布防警戒。在张学良选将的同时，杨虎城也做了准备工作，主要是准备西安城区的战斗。杨虎城召见负责城防的陕西警备第二旅旅长孔从洲，询问第十七路军在西安城区驻防的布置、中央军和东北军在城区分驻的情况以及城区主要交叉路口数量等，并命令孔从洲当夜进行军事演习。经过连续两夜的演习，基本摸清了中央军系统驻西安城区兵力部署情况。到 11 日止，张学良、杨虎城的有关部队进入特定位置待命，一切准备就绪。但是，除了张学良、杨虎城及极少数机要人员外，无人知道要发生什么事情。

12 月 12 日凌晨 2 时，张学良在金家巷公馆办公室召集东北军高级将领开会，宣布东北军和第十七路军将联合行动，实行兵谏，逼蒋抗日。随后，张学良带领将领来到杨虎城公馆。张学良、杨虎城共同决定，捉蒋行动从凌晨 4 时开始，计划上午 8 时结束战斗。按照张学良、杨虎城部署的西安和临潼的行动计划，刘多荃、白凤翔、刘桂五等率领卫队营于凌晨 4 点包围临潼华清池，与蒋介石的警备队发生激战。蒋介石在梦中听到枪声惊醒，知道情况危急，仓促下床，披着睡衣，由贴身侍卫帮助，翻越五间厅后墙，向骊山深处逃避，藏在石缝之中，但很快被搜山的部队发现，用汽车送往西安新城杨虎城指挥部。在临潼捉蒋的同时，西安城内的战斗也随即展开。第十七路军扣押了在西安的南京政府的十几名军政要员，并解除了驻扎在西安城内的国民党中央军、宪兵、警察、特务等武装，控制了飞机场、火车站、邮电局等处。这就是震惊中外的“西安事变”。

12月12日上午，张学良、杨虎城及东北军和第十七路军高级将领就西安事变一事联名通电全国，提出抗日救国的八项主张：（一）改组南京政府，容纳各党各派，共同负责救国。（二）停止一切内战。（三）立即释放上海被捕之爱国领袖。（四）释放全国一切政治犯。（五）开放民众爱国运动。（六）保障人民集会结社一切之政治自由。（七）确实遵守孙总理遗嘱。（八）立即召开救国会议。他们还致电中共中央，邀请派代表去西安，共商救国大计，处理善后事宜。

张学良、杨虎城在全国发出通电后，迅速采取一系列军事、政治和对外联络的措施。首先，撤销西北“剿匪”总司令部，成立抗日联军临时西北军事委员会，张学良任主任委员，杨虎城任副主任委员；调动东北军主力于渭南前线，从正面准备抗击中央军的进攻；调第十七路军布防于商县、蓝田、大荔、蒲城两线，从左右两翼警戒中央军的进犯；通知红军南下关中，并接管延安等地防务；组织抗日援绥军第一军团，孙蔚如任军团长，以备开赴绥远抗日前线。其次，改组陕西省政府，王一山代理省主席兼民政厅厅长，杜斌丞任秘书长；解散国民党省党部，成立西北民众指导委员会，王炳南任主任委员；释放政治犯，改《西京日报》为《解放日报》，加强西安的保卫工作和维护社会秩序；封存中国银行、中央银行、交通银行、中国农民银行在西安储备的银圆；分别致电冯玉祥、李烈钧、孔祥熙、宋美龄和其他一些国民党要人，申述他们发动西安事变的原委和要旨，争取谅解或支持，并做出和平解决的姿态；致电阎锡山、宋哲元、李宗仁等地方实力派，谋求他们的合作，并派人与他们取得直接联系。这些措施的实施，不仅扩大了西安事变在全国的影响，稳定了西安的局势，巩固了东北军和第十七路军之间的生死与共的合作关系，还极大地发动了群众，在西北形成了群情激昂的抗日高潮。

事变发生后，杨虎城向全国发表广播词，强调指出："我们救国的方略，除了全国一致，向同一目标，对准中华民族的敌人日本帝国主义者抗战以外，实在是再没有第二条生存的道路了。"他说："只要中华民族能够生存，对个人为功为罪，是不计较的。"张学良、杨虎城发表《告将士书》，指出："我们主张的核心，是集合全国各党派的力量，以民众的总动员去抗日救国。""我们为服从全国潜在大多数民意，我们为贯彻我们的也是全民的抗日救国主张，所以才有这一次双十二事变的发动。"

西安事变的爆发，引起国内外各种政治势力的强烈反应，形成了极其复杂的紧张局面。日本力图借机挑起中国内战，以乘机大肆侵略中国，英美为使其在中国的利益不受损害，主张南京政府与张、杨妥协，继续保持蒋介石的领袖地位。各界群众同声称快，拥护张学良、杨虎城的爱国行动，纷纷要求严惩蒋介石。不少人担心内战再起，忧心忡忡。一些知名的爱国人士主张和平解决西安事变，释放蒋介石，避免内战发生，一致抗日。在国民党内部，汪精卫、何应钦为主战派，积极调集军队，准备进攻西安，扩大内战，以讨伐张、杨之机，借机置蒋介石于死地，以便取而代之，主战派呼声起初很高。而代表国民党四大家族利益的宋子文、孔祥熙等人，反对讨伐西安，力求和平解决西安事变来保住蒋介石的性命。这一派后来很快占据上风，并积极推动和平解决活动。他们派出与蒋介石、张学良都有私交的澳大利亚人端纳飞往西安探明情况，沟通关系，居间调停。

蒋介石被扣押后，张学良、杨虎城分别多次找他面谈，希望他联共抗日，放弃“攘外必先安内”的政策，采取八项主张，但是蒋介石情绪激动，态度顽抗，还拒不接受杨虎城送去的棉衣、棉鞋、棉裤，不愿意搬离新城大楼。14 日，端纳带来宋美龄的亲笔信，并从中沟通，蒋介石才慢慢了解张学良、杨虎城的真意，态度开始有些转变，同意搬到张学良公馆斜对面的金家巷高桂滋公馆居住。端纳到陕西，使西安事变的僵局出现缓和的机会。15 日，端纳飞抵洛阳，用电话向宋美龄报告事件真相。经过与宋美龄电话交流，端纳 16 日返飞西安，向蒋介石说明宋美龄请蒋介石给何应钦下一道停战手谕，蒋介石答应考虑。

16 日和 17 日，南京政府的飞机在陕西三原、渭南等地进行轰炸。蒋介石于 17 日给何应钦写了一封信，但何应钦只肯同意停战三天。端纳的西安之行和蒋介石的手谕，使南京局面发生了戏剧性变化，主和派占了上风。端纳回到南京后，宋美龄、宋子文、孔祥熙详细询问了蒋介石在西安的处境和张学良、杨虎城的意图等情况后，决定：一要暂时稳定停战局势，制止何应钦对西安方面的轰炸和进攻；二要立即前往西安，早日救出蒋介石。

西安事变发生后，张学良、杨虎城曾致电中共中央，希望中共中央派代表赴西安共商抗日大计。中共中央在分析当时错综复杂的政治形势后，经过反复研究和慎重考虑，确定和平解决西安事变的方针。16 日，中共代表团周恩来、罗瑞卿等乘坐张学良安排的专机从延安飞抵西安，随后，博古、叶剑英也到西安协助周恩来工作。当天晚上，周恩来与张学良举行会谈。在会谈中，周恩来分析国内外形势以及西安事变的性质、前途和处理方针，对张学良、杨虎城的爱国热忱给予充分肯定。同时，他还分析了对蒋介石不同的处理方法可能导致西安事变两种截然不同的前途，提出只要蒋介石答应停止内战、一致抗日，就释放他回去。随后，周恩来又与杨虎城进行会谈，希望他从大局出发，逼蒋抗日。杨虎城开始不同意释放蒋介石，说："你们过去都是讲反蒋抗日，为什么现在又讲联蒋？"又说："蒋介石气量小，又极阴险，放了他，将来他一定会大肆报复。"周恩来反复向杨虎城阐述逼蒋抗日的可能性，使他消除了顾虑，终于赞同和平解决西安事变的方针。杨虎城听后感慨地说："共产党置党派历史深仇于不顾，以民族利益为重，对蒋介石以德报怨，令人钦佩。我是追随张副司令的，现在更愿意倾听和尊重中共方面的意见，既然张副司令同中共意见一致，我无不乐从。"周恩来经过与张学良、杨虎城沟通协商，拟定了和平解决西安事变的初步条件：立即停止内战，中央军全部开出潼关；下令全国援绥抗敌；宋子文负责成立南京过渡政府，肃清一切亲日派；成立抗日联军；释放政治犯，实现民主；武装群众，开救国会议，先在西安开筹备会。

20 日，宋子文等飞抵西安，与蒋介石、张学良、杨虎城分别会面。张学良、杨虎城都向宋子文表示："兵谏只要蒋停止内战，团结抗日，不会杀害他的。"宋子文会见周恩来，周恩来表示，希望宋子文劝说蒋介石真正改变政策，只要蒋介石抗日，共产党当全力以赴，并号召全国拥护国民政府，结成抗日统一战线。宋子文了解情况后，21 日飞回南京。22 日，宋子文、宋美龄、端纳等乘飞机来到西安，与张学良、杨虎城、周恩来进行谈判。经过 24 日、25 日两天的谈判，最后基本上以周恩来提出的六项主张为基础，达成协议：停战，撤兵至潼关；改组南京政府，驱逐亲日派，容纳抗日分子；释放上海爱国领袖和一切政治犯，保障人民的自由权利；停止“剿共”政策，联合红军抗日；召集各党各派各界各军救国会议，决定抗日救亡方针；与同情中国抗日的国家建立合作关系。在蒋介石接受停止内战、共同抗日的主张之后，释放蒋介石已成定局。

25 日下午，张学良拉着杨虎城陪同蒋介石夫妇及宋子文，悄悄乘车到了西安西郊机场，张学良亲自送蒋介石返回南京。蒋介石离开西安后，立刻改变态度。飞机刚到洛阳，蒋介石就命令张学良打电报给杨虎城，命其立即释放被扣押的国民党军政大员及南京空军人员和 50 架军用飞机。杨虎城与中共代表团、东北军负责人交换意见后，按照张学良的意见照办。26 日，蒋介石一到南京，立即发表了所谓《蒋委员长离陕前对张杨的训词》，矢口否认他的诺言，并扣留、审判张学良，调集大兵进逼西安，企图以武力逼迫西安方面就范。

面对蒋介石背信弃义，杨虎城针锋相对，发电质问南京政府为何扣押张学良。1937 年 1 月 5 日，杨虎城又领衔通电南京政府，再次抗议扣押张学良和重新挑起内战的阴谋。电称：“国危至此，总不应再有萁豆相煎之争，有可以促成举国一致，枪口对外之策，虎城等无不乐于听令。”若内战再起，“则虎城等欲求对内和平而不得，欲求对外抗日而不能，亦唯有起而周旋，至死无悔”。

在杨虎城等接连拍发数封电报后，蒋介石也怕杨虎城不顾一切行事，于是亲自制定了解决西安陕西军事的甲、乙两个方案。甲方案是：东北军全部调驻甘肃；第十七路军仍驻陕西原防，归绥靖主任杨虎城指挥，该路得酌留若干部队在西安，以便利行使绥靖主任之职；自潼关至宝鸡沿铁路各县，归中央军驻扎。乙方案：东北军全部调驻豫、皖两省，可先令由西荆公路集中南阳、襄樊、信阳一带；以王树常为安徽省政府主席；调于学忠任安徽绥靖主任，统领驻豫、皖、鄂之东北军；调杨虎城为甘肃省政府主席，仍兼第十七路军总指挥，第十七路军全部调驻甘肃。杨虎城召集第十七路军、东北军及中共代表周恩来开会，共同研究对策。经过磋商，杨虎城致电蒋介石表示接受甲方案。

杨虎城在处理西安事变善后事宜的过程中，对蒋介石提出四个要求，即：放张、撤兵、抗日和红军安置。其中又以放张最为迫切，这除了他在西安事变中与张学良结下生死与共的关系外，也与当时的处境有关。张学良被扣押，蒋介石调集 10 万大军压境，东北军、第十七路军内部，在如何对待蒋介石军事威胁的问题上，主战派和主和派尖锐对立，加上国民党特务在两军内部挑拨离间，破坏团结。这些问题使杨虎城好几夜不能入眠。不幸的是，2 月 2 日，东北军少壮派枪杀了王以哲，破坏了东北军的团结。东北军几个高级将领决定放弃甲方案，转而接受乙方案，率领部队离开陕西，前往豫皖。如此，由红军、东北军、第十七路军结成的“三位一体”解体了。2 月 4 日，杨虎城领衔发表《和平宣言》，通报西安事变和平解决的真相。由于东北军接受了乙方案，开出陕西，第十七路军内部也有分化迹象，杨虎城营救张学良的努力完全失败了，他把西安的防务委托孙蔚如负责，于 2 月 7 日离开西安前往三原。

西安事变是杨虎城一生中最为壮丽的伟大事业。西安事变的和平解决，成为时局转换的枢纽，促成了以国共两党第二次合作为基础的抗日民族统一战线的形成。2 月 9 日，顾祝同率西安行营进驻西安后，派人前往三原迎接杨虎城。杨虎城于 2 月 14 日回到西安，随后派李志刚前往南京、奉化交涉，并了解南京政府的态度，然而毫无收获。2 月 15 日，国民党五届三中全会开幕，杨虎城又联名提出提案，重申了西安事变中张、杨提出的八项主张，力主抗战救国。

3 月初，蒋介石通过宋子文、顾祝同向杨虎城授意，要杨虎城主动去见他。杨虎城于 3 月 28 日到杭州后与蒋介石见了两次面。第一次见面，蒋介石大骂张学良，指桑骂槐，让杨虎城听。第二次蒋介石单独约见杨虎城。蒋介石对杨虎城说："在事变中各方面是有对抗情绪的，他们对你的印象，一时转不过来，你继续任职，在感情上会有些不方便。你不如先往欧美参观一个时期，然后回来任职。出国费用，由政府负责……"杨虎城从杭州回到陕西，召集第十七路军团以上干部讲了一次话，宣布他将辞职出洋，并说国家利益是大事，个人去留算不了什么，勉励大家为挽救国家危亡而努力。杨虎城回到陕西后，一直关注华北的局势发展，他以为一旦抗战爆发，自己就不再出国，而可以参加抗战。他这样的想法一直到他从上海出国前都没有放弃。但蒋介石不允许他留在国内，电催他离陕出国。4 月 16 日，蒋介石又致电顾祝同，催杨虎城离陕出国。4 月 27 日，杨虎城被迫致电请辞西安绥靖公署主任及第十七路军总指挥职务。4 月 30 日，蒋介石即复电照准，并催杨虎城启程出国。5 月 7 日，南京国民政府撤销西安绥靖公署和第十七路军总部，部队缩编为第三十八军，任命杨虎城为欧美考察军事专员，令杨虎城尽快出国。杨虎城在蒋介石软硬兼施压迫下，不得不出国。

5 月 27 日，杨虎城离开西安前往上海，准备出国。西安各界人士自发赶到飞机场送行。从此一别，杨虎城再也没有能踏上这块养育他的土地。杨虎城一行到上海后，为等待办理出国手续而住了一段时间。其间，杨虎城奉命去庐山看过一次蒋介石，做礼节性辞别，其他时间都住在上海。杨虎城的许多老朋友、旧部都到上海为其送行。6 月的一天晚上，杨虎城对赵寿山、孔从洲等人就第十七路军的前途做了最后的指示。杨虎城的指示对以后第十七路军部队奋勇抗日、走上革命道路起了重要的作用。

6 月 29 日，杨虎城偕同夫人谢葆真、次子杨拯中、参谋樊雨农、秘书亢心栽、翻译王麟阁，乘胡佛总统轮离开上海前往美国。7 月 8 日，在旅途中听到日军进攻卢沟桥的消息，他立即给宋子文发电报，说："日寇进迫，国将不国，噩耗传来，五中痛愤。弟以革命军人，何忍此时逍遥国外，拟由旧金山返国抗敌。"他曾多次打电报给蒋介石，要求回国抗战，都遭到蒋的拒绝。于是他利用到欧美一些国家参观的机会，进行抗日宣传。7 月 14 日，他抵达美国旧金山，在书面谈话中，慷慨激昂地说："这次卢沟桥事变，是危及中华民族生死存亡的大问题，我怎能置身于外，流连忘返？即拟兼程回国，请求任务，执行战斗，为国效死！"7 月 23 日，杨虎城应邀在旧金山广播台进行广播演讲，着重谈了中国的抗日问题。28 日，杨虎城飞往华盛顿、纽约后，与当地华侨团体进行了广泛的接触，宣传抗日主张。他还与一些知名人士聚餐欢叙，交换对抗日问题的看法和意见。杨虎城在美国的这段日子里，宣传抗日主张，并积极争取美国人民的同情和支持，这些活动经过美国报纸和一些华侨报报道，造成了一定的影响，而引起了国民党当局的不满。

8 月 4 日，杨虎城与亢心栽二人乘坐法国"诺曼底"号轮船离美赴英。8 月 11 日到巴黎，杨虎城不顾蒋介石对其在国外宣传抗日言论的不满，仍然不懈地利用各种场合扩大抗日的影响。8 月 15 日，杨虎城在巴黎各界侨胞举行的抗日大会上发表演讲，对国内、国际形势做了深入分析。除了直接向法国人民宣传外，杨虎城还在旅法侨胞中进行了大量的工作。

8 月 20 日，杨虎城从巴黎赴柏林，在与德国留学生中的抗日救亡联合会举行了三次秘密座谈会后，先后到捷克斯洛伐克、奥地利、瑞士等国参观。杨虎城从巴黎东行还有一个目的，那就是试图交涉经苏联境内归国抗日。但是由于苏联入境签证迟迟不能办理，在等待了 20 天后，杨虎城感到其中必有文章，于是到瑞士参加世界和平大会后重返巴黎。在巴黎，杨虎城继续宣传抗日，参加一系列的集会和活动。9 月 28 日，杨虎城到伦敦。在英国期间，他参加了多个进步团体的活动，并发表演讲。

10 月中旬，杨虎城再次返回巴黎，参加了由全欧华侨救国会发起组织的赴西班牙参观团，考察学习西班牙人民抗战的各种经验，宣传中国人民的对日抗战。10 月 18 日，杨虎城在西班牙马德里向英美发表广播词，他说：西安“双十二”运动的运机，在配合民众的要求，而力求国内的统一，其结果即为统一的实现，此后国共日趋合作，统一战线更趋于完成。蒋委员长了解民众的要求，使国内的统一真正实现，国共合作乃因两方面各有相当的让步而成，其重要前提则为对日抗战。他还说：中国对日抗战是一长期的艰苦的战争。他表示准备在短期内回国为国家效力。

杨虎城从卢沟桥事变爆发后，一直急切盼望能够回国亲身参加抗战。10 月 22 日，杨虎城给宋子文发出一封长电，简述他在国外四个月的抗日宣传活动。次日，他又给蒋介石、于右任、孙蔚如各发一电，告知他回国的决心和行期。10 月 29 日，他终于乘法轮“哲利波”号离开法国马塞，11 月 26 日到达香港。

杨虎城在离开祖国的五个月中，利用一切场合积极宣传抗日，反复陈述长期抗战的战略思想，先后进行了数十次的演讲和报告，为中国的抗日事业赢得了广泛的支持。他虽然身在国外，却根据自己的观察，结合中国抗战的具体情况和他多年的战争经验，进行了科学的思考，提出了一些具有远见卓识的思想，这是难能可贵的。

## 身陷囹圄

蒋介石得知杨虎城归国的消息后，为了防止他回西北的行动，一方面电告召见杨虎城，一方面向戴笠交代囚禁杨虎城的密谋。杨虎城一到香港便遭到便衣特务的严密监视。杨虎城虽然对蒋介石一直有戒心，但他以抗日大局为重，毅然应召前往。

1937 年 11 月 30 日，杨虎城在第十七路军代表王根僧的陪同下，离开香港飞往长沙。12 月 1 日，杨虎城到达武昌，拜访于右任。因蒋介石假意要在南昌接见他，12 月 2 日，杨虎城与守候在武昌的戴笠同机飞往南昌，随即失去自由。杨虎城的政治生命随之基本结束了。而蒋介石根本未在南昌，这一切不过是一场骗局。从此，这位民族英雄失去人身自由，被囚禁了 12 年之久，甚至无人知晓他被囚禁的地方。

1938 年 2 月 8 日，杨虎城和王根僧在交谈中说：“我是一个军人，且在‘双十二’时我和张先生为了抗日救国而发动兵谏。今中央和全国一致抗战，我若竟逍遥国外，那么，就失去

‘双十二’举动的意义了，我今回到祖国，为的是愿当一兵一卒，亲上前线杀敌，但是人家不让我上前线，或竟把我牺牲了，我也问心无愧。”

2月10日，戴笠借口日机轰炸，城里不安全，请杨虎城上车迁往乡下，并不准王根僧陪同。杨虎城知道前途凶多吉少，临上车前，镇静而又郑重地嘱托王根僧：“速返前方，晓谕十七路军官兵，要上下一心，全力杀敌！”然后上车随戴笠而去。杨虎城随后迁往梅岭熊式辉别墅内楼上，处于军统特务和宪兵的层层看守之下。

杨虎城被蒋介石囚禁的消息传出后，第十七路军上下十分悲愤，各前线将领联名要求蒋介石释放杨虎城，要求杨虎城回到部队领导抗战，但毫无反响。谢葆真为了安慰杨虎城的情绪，照顾其生活，明知凶多吉少，仍然要求前往陪同。1938年1月14日，谢葆真带着八岁的次子杨拯中、副官张醒民前往南昌，被同囚于梅岭。

5月，蒋介石令戴笠将杨虎城解往长沙监禁。8月，解往益阳监禁。蒋介石曾派戴季陶、朱绍良借“访友”名义前往劝说杨虎城，要求杨虎城承认西安事变是受骗。但杨虎城大义凛然，不为所动，并断然重申：原为抗战发动双十二事变，今抗战已启，作为军人不能为国效命，深感内疚，有什么可悔罪的！

10月中旬，武汉失守在即，蒋介石命令戴笠将杨虎城一家转移囚禁在贵州息烽监狱的玄天洞里。在玄天洞里，终年不见阳光，洞内异常潮湿，杨虎城的身体越来越衰弱，再加上精神方面的折磨，他经常生病。就这样，杨虎城一家在玄天洞里度过了八年与世界隔绝的牢笼岁月。

1943年，杨虎城母亲去世，于右任等人请求蒋介石准许杨虎城奔丧，但蒋介石以安全为由予以拒绝。

1945年，抗战胜利了，杨虎城非常高兴，以为自己很快会获得自由。在1946年春召开的政治协商会议上，中国共产党提出释放张学良、杨虎城等人的要求。蒋介石在谈判桌上被迫同意中国共产党的意见，背地里却另搞一套阴谋。政协会议一结束，他便加紧行动，迅速将政治犯秘密转移到更加隐蔽的地方。在中国共产党的推动下，陕西部分开明绅士在张凤翙的领衔下联名致电蒋介石，请求释放杨虎城。李虎臣也发起万户签名运动，推动释放杨虎城。孙蔚如表示宁愿将官不做，要求朋友出来。5月，第三十八军副军长孔从洲率领第五十五师在河南巩县通电起义，在起义部队进军沿途，张贴了许多“立即释放张(学良)、杨(虎城)两将军”的标语。7月，根据蒋介石的命令，杨虎城一家，秘书宋绮云一家，副官阎继明、张醒民，奶妈吴清珍一同迁往重庆，继续囚禁在歌乐山下的中美合作所，被更加严厉地看管起来。谢葆真不幸死于狱中。杨虎城万分悲痛，日夜以谢的骨灰箱子为伴，睡觉时也要放在自己枕边。

1949年春，代总统李宗仁曾接受中国共产党的和谈条件，下令释放杨虎城。李宗仁一方面给重庆市市长杨森下了一道释放杨虎城的命令，另一方面派一架专机到重庆要把杨虎城接走。蒋介石断然反对释放杨虎城，于是，毛人凤等特务头目把杨虎城转移到贵阳，关进黔灵山下的麒麟洞。同年8月间，蒋介石从台湾折返重庆，亲自主持对西南地区的破坏活动。当时，毛人凤遵照蒋介石的指令，暗中策划杀害杨虎城。9月初，周养浩到贵阳，面见杨虎城，佯称蒋介石在重庆可能要见他，把他送去台湾。杨虎城信以为真，于16日乘车回重庆。周养浩按照毛人凤预先约好的做法，立刻秘密打了一个紧急电报，以便让重庆的特务们安排行刺的工作。当晚 11 点多钟，杨虎城和儿子杨拯中及秘书宋绮云等人到达戴公祠。杨虎城走下汽车，看守他的特务队长说，准备在这里住两天，一方面等蒋介石接见，另一方面等到台湾的飞机。接着，在特务队长的带引下，他们走进了戴公祠。杨虎城的儿子杨拯中，双手捧着母亲的骨灰箱子跟在后面。当杨拯中走上石级，正步入正房的一间卧室时，特务用匕首刺入其腰间，杨拯中惨叫一声："爸！……"还来不及挣扎就倒了下去。走在前面的杨虎城心知有异，还没有来得及回头看看儿子，刽子手的刀刃就刺进他的腹部。杨虎城挣扎了几下，也倒了下去。杨虎城年仅九岁的幼女、秘书宋绮云夫妇和他们的孩子宋振中也都惨遭特务杀害。

11 月 30 日，重庆解放的这一天，中国人民解放军第二野战军的领导同志就立即着手调查杨虎城的下落。12 月 1 日，杨虎城的遗体被发现。1950 年 1 月 15 日，重庆隆重举行杨虎城追悼大会，邓小平、刘伯承等党政军领导同志都参加了追悼会。16 日，中共中央和中央人民政府分别发来唁电。30 日，杨虎城的忠骸和随同死难者的灵柩从重庆运到西安。以彭德怀为首的中国人民解放军第一野战军领导同志和西北各界人民，在西安车站举行了迎灵公祭。2 月 7 日，根据家属的意见，杨虎城的忠骸安葬在西安市长安县韦曲少陵原杜甫祠西侧。

## 身后评价

杨虎城是中国近代地方实力派中具有代表性的人物。他早年参加辛亥革命，后来加入中国国民党，拥护孙中山"联俄、联共、扶助农工"三大政策，参加国民军、国民革命军。先后担任师长、军长、第十七路军总指挥、陕西省政府主席、潼关行营主任、西安绥靖公署主任、国民党中央监察委员等职。纵观杨虎城的一生，他是孙中山“联俄、联共、扶助农工”三大政策的积极拥护者和坚决捍卫者。他通过自己的亲身实践走上“联共救国”的道路，是国民党左派最典型的代表人物之一，是中国共产党的真挚朋友。

近代以来，中国社会发生了剧烈的变化和飞跃性的进步，政治力量和政治组织在变革中此消彼长。对于杨虎城的评价，站在不同阶级、政党、团体的立场，处在不同历史发展阶段，人们的评价也不相同。赞誉者称之为：“千古功臣”“爱国人士”“共产党真挚朋友”“民族英雄”“共产党的同情者”“英雄模范人物”等。污蔑者称之为：“土匪”“军阀”“鲁莽武夫”“祸国殃民的千古罪人”“国家民族之罪人”等。

中国共产党对杨虎城一直给予很高的评价。杨虎城被扣押后，中国共产党一直惦念着这位老朋友。获知杨虎城遇害后，1949 年 12 月 16 日，中国共产党中央委员会在致杨虎城家属的唁电中指出：“杨虎城将军在 1936 年与中国共产党合作，推动全国一致抗日，有功于国家民族。”“杨将军的英名，将为全国人民所永远纪念。”中央人民政府致电杨虎城家属：“杨虎城将军长期系狱，复遭残害，举国闻讯，同伸愤慨。将军推动抗日，有功于民族解放事业，今日牺牲，将永远为人民所悼念。”

毛泽东对杨虎城及其部队的评价很高。1959 年 8 月，在孔令华、李敏完婚时，毛泽东在会见孔从洲时说：“西安事变是中国革命的转折点，把内战变成抗战。杨虎城是一个民主主义者，是爱国的。杨虎城部队和我党的关系前前后后不断，时间是比较久远的，前有魏野畴，后有南汉宸。共产党给国民党办干部学校还是不多的。抗日战争时期，三十八军是我们党统一战线工作的典范。”毛泽东在评点二十四史时，将杨虎城同岳飞、文天祥、瞿秋白、方志敏、邓演达、闻一多等相提并论，认为他们都是“以身殉志，不亦伟乎”。

作为杨虎城的真挚的老朋友，周恩来在西安事变后，一直关注着杨虎城的去向和处境，对杨虎城的历史功绩做了高度评价。1946 年 12 月 12 日，西安事变 10 周年纪念，在延安召开的纪念大会上，周恩来说：“历史应该公断，西安事变是蒋介石自己逼成的，蒋介石抗战是张、杨两将军顺应人民心意逼成的。张、杨两将军从此获得人民的谅解和拥护，不是偶然的。现在抗战胜利一年多了，然而张、杨两将军却被蒋介石幽禁了十年。这段公案，人民会起来给予正当的裁判。”“在纪念双十二十周年的今天，我们要求立即释放张、杨两将军，他们是有大功于抗战事业的。”1956 年 11 月 16 日，周恩来在中央统战部召开的座谈会上，对张、杨两将军的历史地位，给予极高的评价，称：“张、杨两将军是值得怀念的，他们是千古功臣。”关于杨虎城回国遇害的问题，周恩来说：杨虎城将军在抗日初期回来是很自然的事情，哪有一个积极主张抗日的军人在全国抗战爆发以后，仍能遨游国外呢？杨迟早总要回来，但在蒋的统治下，迟早要遭到报复也是肯定的。因为既捉了蒋，又在蒋的统治下，张、杨两将军要牺牲是不可能避免的。为了抗日就要付出代价，这是值得怀念的。他们是千古功臣，永垂不朽和特别使人怀念也就在此了。20 世纪 60 年代初，在纪念西安事变 25 周年招待会上，周恩来总理流下了热泪。他深情地说：“我的眼泪是代表党的，不是我个人的。二十五年了，杨先生一家死了四口……怎能不使人想起他们就落泪呢？”

中国共产党历任领导人对杨虎城的历史地位都给予了应有的历史评价。1981 年，在庆祝中国共产党成立 60 周年大会上，中共中央总书记胡耀邦在讲话中说："我们还深切怀念对中国人民革命胜利做出了重要贡献的著名爱国人士杨虎城先生。"1983 年 11 月 26 日，在北京举行的纪念杨虎城诞辰 90 周年大会上，王震说："杨虎城将军是国民党著名的爱国将领，也是中国共产党的真挚朋友。……杨虎城将军拥护孙中山先生的革命三大政策，积极主张联共；他赞同中国共产党的救国主张，赞赏共产党人对革命事业的忠诚。自 1925 年聘请共产党员魏野畴在他举办的三民军官学校任政治部主任起，一直和共产党人保持良好的友谊。"1996 年 12 月 12 日，江泽民在纪念西安事变 60 周年大会上说：张、杨两将军的义举，"有大功于抗日事业"。西安事变是一件大事，在中华民族解放斗争史上写下了光辉的篇章。2006 年 12 月 12 日，在纪念西安事变 70 周年座谈会上，贾庆林发表讲话称：西安事变获得和平解决，从而基本结束了十年内战的局面，为促成以国共合作为基础的抗日民族统一战线和全面抗战创造了重要历史条件。西安事变的发生与和平解决，成为中国全面抗战这一重要时局转换的枢纽。张学良、杨虎城两位将军也因他们崇高的爱国义举，被誉为"有大功于抗战事业"的中华民族的"千古功臣"。

中共中央关注和重视对杨虎城的研究和宣传工作，传承和弘扬其革命精神。1980 年 10 月，时任全国政协副主席的李维汉来到陕西。他在调查陕西党史工作的情况后，对中共陕西省委常委常黎夫说："陕西有丰富的革命材料。在陕西人民中产生了两个党内领袖，一个刘志丹，一个谢子长。在党外也有两个领袖，一个杜斌丞，一个杨虎城。我们都要给他们树碑立传，启迪教育后人。我们不树碑立传，谁给他们树碑立传？杨虎城在西安事变中起了很重要的作用。大革命失败以后，我们有些党员隐蔽在他的部队中，有的他知道，有的他不知道，他没有管，仍然留在他的部队里边。他是个民族英雄，共产党的同情者。”2009年9月，经中共中央批准，中央宣传部、中央组织部、中央统战部、中央文献研究室、中央党史研究室、民政部、人力资源社会保障部、全国总工会、共青团中央、全国妇联、解放军总政治部等11个部门联合组织开展评选“100位为新中国成立作出突出贡献的英雄模范人物和100位新中国成立以来感动中国人物”活动。杨虎城被评为100位为新中国成立作出突出贡献的英雄模范之一。

中国国民党对于杨虎城的评价基本上是持否定的态度。在国民党长期的宣传教育中，尽量回避提及杨虎城，消弭其影响，偶尔出现在历史著作中的杨虎城，和张学良一样是“祸国殃民的千古罪人”。蒋介石在《苏俄在中国》一书中，认为西安事变的发生“最出人意料之外的一点，就是其主动者，实是张学良本身，而首先提出这一劫持者，则为杨虎城。”他还对人憎恨地说：“我没斗过这个土匪（指杨虎城），到西安上了他的当。”长期以来，中国国民党内部认为西安事变是国民党走向失败的一个转折点。政治上倾向于国民党的胡适也曾明确表示，张学良、杨虎城发动西安事变“名为抗敌，实则自坏长城”，是“国家民族之罪人”。他说：“没有西安事变，共产党很快就可以消灭了……西安事变对我们国家的损失是无法弥补的。”基于以上原因，中国国民党尽量回避提及西安事变和张学良、杨虎城的名字，淡化他们在历史上的影响。

两岸关系改善后，学术交流日益增加，但中国国民党对杨虎城的评价基本没有改变。在杨虎城诞辰120周年之际，杨虎城之孙杨瀚写信给国民党主席马英九，要求国民党尊重历史事实，在法治人权的大原则下，对当年蒋介石不经过军法审判，而用残暴手法杀害杨虎城及其家人、秘书的罪行进行道歉和平反。但国民党党史馆主任王文隆表示，西安事件受军法审判，没有平反问题。与中国国民党中央的态度不同，一些国民党的负责人和学者对于杨虎城的评价发生了一些变化。曾任中国国民党大陆事务部主任的张荣恭说：张学良、杨虎城因为抗日的问题和蒋先生有不同的看法，所以发动了西安事变。史家对这些问题不尽然，不过从过去的历史看来，至少后来国共携手抗日，不能不说和西安事变有某种程度的关联。至少西安事变也有助于后来中华民族团结起来抵抗日本这样的历史事实。台湾学者郭冠英曾说，中国国民党应抚平历史伤痕，正确看待西安事变。遭囚禁12年后，却被杀害，杨虎城受到了很大的冤屈。西安事变是一个爱国行为。

杨虎城的部下刘宗宽在回忆杨虎城的文章中说：将军早年失学，入社会后，又担任军事领导工作，东征西战，忙于军事，无暇安静下来学习文化，但他却极重视国内外政治时事学习，也学习一些专门政治理论知识、历史知识，以及中国的著名小说如《三国演义》《水浒传》等等，这些都是请人给他读、讲，逐渐积累起来的。所以他对国内政治、经济、中国历史都具有一定的知识。他常谈帝国主义侵略中国，除了军事侵略外，还有文化侵略；帝国主义向中国廉价倾销洋货，挤垮了中国的民族工业；等等。认为军事与政治两者互为作用，相辅相成，从来没有单纯的隔离的军事，这说明将军是具有政治头脑的军人，而不是一般武夫。所以将军有高瞻远瞩的见识，能以顺应时势，这是将军独具卓识过人之处。

杨虎城对于自己的评价，曾经说过这样的话，他一生做了三件事情：一是除掉李桢，二是“西安围城”，三是“西安事变”。他的这样一个归纳，恰好划分出了他从一个开始只知道为家族报仇的血性少年，到后来勇于为一方百姓担当的地方领袖，最终成为爱国爱民、追求真理的民族英雄的三个阶段。

早年参加中国共产党，投身革命事业的杨拯民，在回忆父亲杨虎城时说：“在错综复杂的中国近现代史上，某一个地方实力集团出于当时的利害关系，与共产党保持某种谅解的合作关系的并不乏其人。但合作时间之久，关系之密切，杨将军却是独特的。之所以能够如此，主要是政治主张上的一致或者相近所致。”

总之，评价历史人物，离不开对他所处的历史时代、社会矛盾的分析，尤其是对生产力与生产关系、经济基础与上层建筑这一社会基本矛盾的分析。只有这样，才能找出历史人物应运而生的社会基础，既要避免将英雄人物神化，又要避免用现代人的标准要求历史人物。对于杨虎城历史地位的评价，也应该坚持这个原则。

# 第二章　幕府演变

杨虎城幕府历时 20 多年，大致分为四个发展阶段：形成阶段、发展阶段、鼎盛阶段和解体阶段。

## 形成阶段(1916—1927)

国民革命军第十七路军是杨虎城一手创建的部队。这支部队的前身是由 1916 年成立的蒲城县东乡民团发展而来。其核心成员是中秋会的骨干，有孙荷伯、韩寅生、姬汇伯、李云程等，也包括杨虎城盟兄李子高等。

1917 年春，高峻联合曹世英、郭坚、耿直等，树立护国军旗帜，通电反袁。杨虎城率部参加护国军，就任护国军第三混成团第一营营长，李子高、任子扬、李云程、徐凯臣(一说王来)担任连长。这是杨虎城率领的农民武装力量转变为正规军事建制的开始。

1918 年 2 月，杨虎城率部参加陕西靖国军，就任陕西靖国军左翼军总司令曹世英部第五游击司令。该部共有 400 余人。李子高、任子扬、李云程、刘香亭、姬汇伯等在该部担任连长。该部在驻防临潼栎阳镇期间，杨虎城成立广益社，吸纳多位有知识的人才，参加这个组织的有孙香亭，以及留日学生韩望尘、张瑞卿等人。5月，杨虎城部进行编制，编为步兵4营、骑兵4连，李子高、任子扬、秦屏侯、张福彪任营长。8月，于右任就任陕西靖国军总司令，杨虎城就任第三路第一支队司令。在杨虎城的邀请下，原在曹世英部担任参谋的蒙浚生来到杨虎城部，担任第一支队的参谋长，成了杨虎城早期的智囊和灵魂人物。

在北洋政府的压迫下，陕西靖国军分化瓦解，各部纷纷接受了北洋政府的改编，但杨虎城部拒绝接受改编。杨虎城部当时有3个营，总共不到1000人。1920年2月，杨虎城率部离开临潼栎阳镇，秘密开往陕西关中西府一带，攻占武功县城。此间，曾经是曹世英部属、日后成为第十七路军中坚力量的两名军事干部孙蔚如、冯钦哉先后率部投奔杨虎城。杨虎城将部队扩编为5个营，姬汇伯、任子扬、冯钦哉、鲍贵堂、孙蔚如担任营长，另外还有一个卫队连和骑兵连。

1922年3月，杨虎城迎接于右任到武功，重新成立陕西靖国军总司令行营，并任陕西靖国军第三路司令。为适应战争的需要，杨虎城扩大了第三路司令部，以李子高为副司令，蒙浚生为秘书长，胡德夫为参谋长，孙隆吉为副官长，宋克昌为军事教官，薛澜生为县丞兼司令部军法官，马克斋、赵任卿、李秋轩、韩望尘、郭子汾、郭则沉等为参谋，陈浩然、王明轩分掌军需、书记。部队整编为4个团，以李子高担任骑兵团团长，姬汇伯、任子扬、冯钦哉分别担任第一、第二、第三团团长。又扩编、改编或新编了各种连、队。全军有战斗力的官兵接近3000人。

陕西靖国军失败后，杨虎城率领部队到达陕北榆林，自己离开部队养病。部队改编为陕北步兵团，李子高任团长，孙蔚如任中校团附，姬汇伯、冯钦哉、王雨亭担任营长。

杨虎城在榆林居住期间，结识了三位影响他一生的重要人物：杜斌丞、魏野畴、李子洲，其中前者为陕西社会名流，后两者皆为中国共产党党员。杜斌丞当时是陕北 23 县联立的榆林中学校长，魏野畴在榆林中学担任国文和英语教员，李子洲任榆林中学教导主任兼国文、历史教员，他们时常给杨虎城讲解中国的政治形势和中国共产党的方针政策，使他对中国革命的前途有了初步认识。魏野畴离开后，杜斌丞又给杨虎城引见榆林中学国文教师王森然，王森然用了很长一段时间，给杨虎城讲完了《水浒》，杨虎城对林冲、杨志、鲁达等人物产生了极大兴趣。通过与杜斌丞、魏野畴、李子洲、王森然等人频繁接触，杨虎城对中国革命前途有了认识，并总结了失败教训。

杨虎城感到自己部队大部分军官都是行伍出身，缺乏专业的军事知识，作战尚可，但对于军队训练颇感困难。而受过军事教育的一些军官，由于来自各方面，在环境、情况顺利的时候，尚能随部队安心工作，遇到情况不利或者困难的时候，大多脱离而去。因此，杨虎城决定训练一批知识青年作为军队骨干。在与杜斌丞、魏野畴、王森然的交往中，杨虎城逐渐有了新的认识，同时为了部队的将来着想，决定成立安边教导队，培养部队的下级基层军官，并向其灌输爱国思想。

1924 年 8 月，杨虎城在安边成立教导队，由团附孙蔚如兼任队长。杨虎城邀请了几位保定军校毕业的干部来担任教官，这些人中有的后来成了第十七路军的高级将领，其中就有赵寿山、段象武等。教导队成立后，杨虎城派人在陕北、关中招考青年学生 120 余人，这些青年大都具备中学文化水平。教导队培训历时 6 个月，为日后杨虎城扩编部队培养了大量基层军官。

在这些军官中，日后比较出名的有孔从洲、张汉民、刘威诚等人。1925 年 2 月，教导队扩编为教导营，孙蔚如兼任营长，张警海任营附，所属 4 个队分别由刘光甫、赵寿山、杨干丞、罗竹馨担任队长。教导营拥有学生近 500 人。安边教导队和教导营的成立标志着杨虎城拥有了属于自己的军事教育机构。除此之外，杨虎城还派刘子潜、唐嗣桐、贾春霖、刘宗宽、王俊等到黄埔军校学习。

北京政变发生后，杨虎城幕僚姚丹峰回到榆林，请井岳秀、杨虎城率部参加国民军。井岳秀就任陕北国民军总司令，杨虎城就任陕北国民军前敌总指挥，惠又光为指挥部参谋长，蒙浚生为指挥部参议，张志先为参谋长，马天贤为军需处长，董瑞生为副官长。这些人除了蒙浚生外，大都是井岳秀的幕僚和部下。前敌总指挥部下辖两个支队，第一支队司令高双成，下辖 3 个步兵营、1 个骑兵营，这是井岳秀的基本部队；第二支队司令李子高，下辖 5 个营，营长姬汇伯、冯钦哉、王雨亭、韩清芳、张自强，孙蔚如为中校副支队长，这是杨虎城原来带到陕北的部队。

1925 年春，孙岳率国民军第三军入陕，任陕西军务督办。杨虎城部改编为国民军第三军第三师，杨虎城任师长。当时，部队的编制和人事安排是：蒙浚生任参谋长，王文伯任秘书长，张志先任参谋处处长，董瑞生任副官处处长，傅鸣铎(窦荫三)任军事处处长，李连臣任军械处处长，陈浩然任军医处处长，李天午任军法处处长，刘光甫任政治处处长。李子高任第五旅旅长，冯钦哉任第六旅旅长，姬汇伯任补充旅旅长，王保民任独立旅旅长，黑子斌任第一游击支队司令，孙蔚如任第二游击支队司令，刘绍宗任炮兵营长，孙辅丞任卫队营长，李杰三任骑兵营长，孙荷伯任辎重营长，赵寿山任教导营长，王镇华任手枪队长，杨虎城兼任三民军官学校校长，王宗山任副校长，唐嗣桐任教育长，魏野畴任政治部主任。这一时期，杨虎城鉴于原教导营已经溃散，依靠早年派去黄埔军校读书的毕业生唐嗣桐、刘子潜、王泰吉以及共产党员魏野畴、刘含初、赵葆华、吕佑乾的帮助，仿照黄埔军校训练方式，在陕西耀县成立了三民军官学校，继续培养基层军官。在此期间，杨虎城为广揽人才，延请王宗山、唐皎如、严敬安、张耀明、周凤岐、雷克明、朱瑞之、卜世杰等陕西社会名流进入他的幕府，这些幕僚在三民军官学校从事不同工作。

孙岳虽然名为陕西军务督办，但其实际控制地区仅是西安及周围的几个县。吴新田仍旧占据陕南地区。1925 年冬，孙岳率领国民军第三军主力离陕。此时的陕西境内，仅剩国民军第三军的杨虎城第三师和国民军第二军的几支部队与吴新田的部队相持。1926 年 1 月，杨虎城在宝鸡虢镇成立国民军第三师政治宣传处，处长为魏野畴，宣传处的成员有钱子亨、刘品珊、杨明轩、宋树藩、赵葆华等。宣传处的主要工作是编辑《青天白日报》，给士兵讲话，给杨虎城拟发言稿。杨虎城开始组织部队的宣传机构。

随着国民军在河南的战败，已经被赶出陕西的镇嵩军首领刘镇华，乘机联合在陕南的吴新田部等重新率部入陕。吴新田在得到刘镇华的支援后，便以其主力向宝鸡、虢镇的杨虎城国民军第三军第三师发动进攻，双方在岐山以南展开激战。起初，第三师占据有利地形，将吴新田的主力数次击退，但是由于刘镇华大军压境，杨虎城为避免腹背受敌的窘境，被迫退守三原、泾阳，与田玉洁的国民军第二军第三师会合，协商共同抗击刘、吴联军之策。面对刘镇华10万镇嵩军的进攻，当时西安的守军仅有国民军第二军残部5000余人。杨虎城决定留下李子高的第五旅协同田玉洁师留守三原、泾阳，自率国民军第三军第三师主力开赴西安，支援李虎臣守城。经过李虎臣、杨虎城、卫定一等人商议，决定取消国民军番号，所属部队一律称为陕军，以李虎臣担任陕军总司令，杨虎城担任陕军副总司令。将李虎臣的第十师改称为陕军第一师，李兼任师长；留守泾阳的田玉洁第三师改称陕军第二师，田玉洁任师长；杨虎城第三师改称陕军第三师，杨虎城兼任师长；卫定一的第四师不变。在西安守城期间，杨虎城经常和王岐山、韩望尘、张瑞卿、王一山、王宝珊、王宗山、匡厚生等幕僚谈国家大事和诗词，由于这些人中不少以“山”“珊”为名，便有“虎不离山”的称誉。陕军各部通力合作，取得西安围城战役的胜利。

西安解围后，杨虎城率部撤出西安，退守三原与李子高部会合，随后一起开赴富平休整。1927年4月9日，冯玉祥被武汉国民政府任命为国民革命军第二集团军总司令。4月20日，杨虎城的陕军第三师接受冯玉祥领导，被扩编为第二集团军第十路军，旋又改称第十军。部队的编制和人事安排为：杨虎城任军长，李子高任副军长，孙蔚如任参谋长（后为马青苑），王明轩任军需处处长，段象武任参谋处处长，侯修天任副官处处长，廉玉泉任军医处处长，李天午任军法处处长，徐梦周任政治处处长，窦荫三任军械处处长，张梦宾任秘书长。第十军下辖2个师，第一师师长冯钦哉，旅长曹国华、柳子俊、王雨亭；第二师师长姬汇伯，旅长张自强、黑子斌、韩寅生；独立旅旅长王保民，副旅长李介人；补充团团长赵寿山，手枪队队长王镇华，别动队队长孙辅丞；补充营营长王劲哉，炮兵连连长孔从洲，执法队队长刘子潜，机关枪连连长田廷俊。部队开往河南前，杨虎城收编原陕西靖国军旧部马青苑等部充实部队。

在这一时期，杨虎城的军事组织经过蒲城东乡民团、陕西护国军第三混成团第一营、陕西靖国军第三路第一支队、陕西靖国军第三路、陕北步兵团、陕北国民军第二支队、国民军第三军第三师、陕军第三师、国民革命军第二集团军第十路军、国民革命军第二集团军第十军等，逐步发展壮大起来，从一支农民武装力量发展成为一支具有较强战斗力的地方武装力量。在这个过程中，杨虎城幕府基本形成，李子高、孙蔚如、冯钦哉、姬汇伯、马青苑、赵寿山、孔从洲等主要将领先后进入幕府，而且成为杨虎城部队的中坚力量。蒙浚生、孙蔚如、马青苑等先后担任杨虎城部的参谋长，为其军事活动出谋划策。赵寿山、段象武、唐嗣桐、刘子潜等保定军校、黄埔军校毕业生来到杨虎城部，帮助其举办教导队、教导营和三民军官学校，培训基层军官。姚丹峰、韩望尘等人帮助杨虎城做联络工作，协调与各武装力量的关系，争取国民党中央和国民军、国民革命军第二集团军总部的支持。魏野畴、钱子亨、刘品珊、杨明轩、宋树藩、赵葆华等共产党员，帮助杨虎城做宣传工作。总的来看，这一时期，杨虎城部是陕西一支地方武装力量，几乎参与了陕西这一时期所有的重大军事活动，但其活动还主要局限在陕西境内。虽然杨虎城主动派人联络孙中山和中国国民党中央，联系在省外的陕西军事力量，但其影响也仅仅限于省内。由于杨虎城部没有固定的驻防地，没有固定的地盘，他的个人活动主要是军事活动，管理地方的机会和实践活动很少。其幕府职能主要是军事职能，管理地方职能不突出。其幕府成员构成主要以陕西人为主，其核心幕僚主要是原中秋会时期的同伴。幕僚之间联系紧密，但文化水平整体不高，政治经验不足。外围幕僚数量较少，而且流动性较大。

## 发展阶段(1928—1930)

1927年5月，杨虎城部队改编完成后出潼关参加北伐，在陇海路东段归德、徐州之间，与直鲁联军激战，因敌我兵力悬殊，伤亡过大，东进受阻。8月间，杨虎城率部移驻安徽太和县休整。杨虎城部进驻太和县后，接管地方政权，派军部军法处长李天午兼任太和县长，并派许瑜斋为兵站站长。在太和县休整期间，与杨虎城有关系的一些共产党人，如魏野畴、南汉宸、吴岱峰、蒋听松、曹力如等先后来到杨部。杨虎城任命魏野畴为军部政治处处长，蒋听松为军部秘书长，寇子严为第一师参谋长，曹力如为第二师政治处处长。杨虎城在太和创办军事政治干部学校，以南汉宸为校长，瓮巨青为教育长，训练干部，积蓄力量。南汉宸离开太和后，孙蔚如兼军事政治干部学校校长。军事政治干部学校第一期在砀山毕业。军事政治干部学校第二期开始时，段象武任副校长。迨部队进驻单县后，这个学校即告结束。

杨虎城部驻防皖北期间，起初只有3000—4000人，后来发展到7000多人，靠截留一部分安徽省税款和太和、亳县、鹿邑几县供应军粮，全军生活非常困难。1928年春，杨虎城觉得与冯玉祥相处不易，便利用蒋介石想拉拢第十军的企图，欲从蒋介石的第一集团军方面取得补给。但南京方面要求第十军交出魏野畴、南汉宸等共产党人，杨虎城拒绝了。为了应付复杂的局势，给部队未来找到出路，杨虎城将部队交给孙蔚如和冯钦哉，确定了“内事嘱孙，外事嘱冯”的领导权限后，带着妻子和米暂沉、王一山、李百朋、白志钧、刘子潜等离开部队前往南京、上海、杭州活动。但活动没有结果，杨虎城十分消沉。在上海期间，杨虎城接受李仲三的建议，决定赴日本游历，增加见识，静等国内局面变化。杨虎城离开部队后，所部共产党员被遣送出境，魏野畴牺牲。

1928 年 9 月，第十军在蒋介石的命令下开赴山东驻防，在山东单县被缩编为国民革命军第二集团军暂编二十一师，归山东省主席孙良诚指挥。暂编第二十一师的人事安排为：杨虎城任师长，许骧云任副师长，王一山任参谋长；下辖 3 个旅，旅长是冯钦哉、马青苑、孙蔚如；共辖 11 个团，团长是武勉之、柳子俊、于忠林、韩寅生、张自强、党振海、赵寿山、段象武、李介人、麻百年、刘杰丞。此外，王镇华任手枪营长，孙辅丞任特务营长，孔从洲任炮兵连长，田廷俊任机关枪连长。

同年 12 月，杨虎城从日本回国，在上海见到耿寿伯，耿曾是国民军第二军胡景翼部交际处长，交往面广泛。杨虎城就部队建设等事情，征询耿寿伯的意见。耿寿伯说：“政治、经济方面，李志刚可以办理政治交际工作，宁升三可以负责经济工作。军事方面，你这次回国到部队，蒋介石必然要给部队中安插黄埔生。与其等待蒋介石硬派，不如现在自己主动地提名请来几位。这样做，今后容易共事和指挥。”杨虎城对耿寿伯的建议表示赞同。经过研究和函电交往，邀请宁升三到部队工作，并邀请黄埔军校毕业的严沛霖、郭仰汾、刘宗宽到自己部队担任团长职务，接替张自强、于忠林、李介人的团长职务。后来，何应钦、陈诚等给杨虎城部派来一批接一批的黄埔生。对于原是中共早期党员、因大革命失败后的白色恐怖失掉组织关系的人，杨虎城同样加以信任与重用，如参加南昌起义的中共党员陈子坚，起义失败后化名到杨虎城部任宣传科长。部队在山东期间，又收留了一批共产党人在部队工作，如姬子钟、董林哲等，并分配他们在政治处工作或任连指导员，有重大事情，均请他们密商、参谋，以定举措。

杨虎城返回部队重掌军权后不久，奉命肃清沂蒙山区的匪患。在短时间内，暂编第二十一师便肃清了盘踞沂蒙山区多年的两股土匪，使得那些小股土匪或投诚或外逃，沂蒙山区匪患得到彻底肃清。暂编第二十一师在山东剿匪的战绩，引起蒋介石和冯玉祥对杨虎城的关注，双方都想争取暂编第二十一师。冯玉祥为了使暂编第二十一师不脱离他的控制，允许杨虎城留守在陕西的李子高、赵寿山部开往山东，回归建制，杨虎城部队终于团聚在一起了。同时，冯玉祥利用他军政部长的权力，指派亲信许骧云前往暂编第二十一师担任副师长，希望许骧云发挥作用，使暂编第二十一师重归冯玉祥。

1929 年 5 月，蒋、冯战争即将爆发，杨虎城部被夹在中央军与西北军之间。杨虎城认为要在山东境内生存，必须与蒋介石取得联系。在权衡利弊之后，他决定亲自前往南京与蒋介石接洽暂编第二十一师今后的去留问题。冯玉祥等人通电反蒋后，蒋介石也开始着手拉拢各路实力派。他见杨虎城亲自前来南京以示诚意，且杨虎城的暂编第二十一师是一支可以用来同冯玉祥作战的精干部队，便对杨虎城百般呵护，并且提升暂编第二十一师的临时编制，将暂编第二十一师番号改为新编第十一师，并同意新编第十一师的部队给养统一由山东省政府发放。杨虎城在与蒋介石谈妥改编事宜后，便返回部队着手整编。由于事后发现新编第十一师番号已授予川军，遂又于6月24日改称新编第十四师。改编为国民革命军第十四师，标志着杨虎城从此脱离了冯玉祥军事集团，而附随到蒋介石部队的序列，冯玉祥派去的副师长许骧云也离开了杨虎城的部队。

新编第十四师按照中央军三三制标准改编为一师三旅，每旅三团。杨虎城任师长，王一山任参谋长，下设参谋、政治、副官、军需、军医、电务、军法7个处。政治处处长王惠，副官处处长田晋卿，军需处处长宁升三，军医处处长周瑞生，电务处处长李百朋，军法处处长李连臣，驻济南办事处处长郭叔番。张绍庭为参谋处第一科主任，呼延立人为参谋处第二科主任，侯修天为参谋处第三科主任。下辖3个旅，旅长是冯钦哉、马青苑、孙蔚如，共辖9个团，团长有武勉之、柳子俊、郭仰汾、韩寅生、严沛霖、党振海、赵寿山、段象武、刘志弘。师直属队：炮兵营长孔从洲、特务营长孙友仁、手枪营长王镇华。另外有一个补充旅，旅长曹国华，团长麻百年、刘杰丞。新编第十四师整编后拥兵1.4万余人，步枪万余支，轻重机枪100余挺，并在原有山炮的基础上增设迫击炮，增编工兵营。师部中，除政工人员由中央委派外，各处人员均由师长杨虎城委派。

1929年8月，新编第十四师开赴湖北老河口驻防，又移驻河南南阳，用以防备冯玉祥部。杨虎城到南阳后，成立了南阳守备司令部与师部合署办公，接管了南阳所属各县行政，派米暂沉为南阳县长、宋希贤为邓县县长、张志芬为沁阳县长、杜葆田为唐河县长、马明五为南召县长、妙吉安为方城县长、米森若为新野县长、阚荩臣为镇平县长、许瑜斋为内乡县长。在新编第十四师最初进驻南阳的时候，又收编南阳、新野民团为新编第十四师游击第一支队，委任新编第十四师第三旅副旅长姚丹峰为支队司令。由于驻防在新野的李纪才新编第五师发生内讧，杨虎城便收编该师 4 个营为游击第二支队，委任原新编第五师团长杨子恒为支队司令。新编第十四师回师南阳后，又收编南阳地方武装周辅臣部为补充第二旅，周辅臣担任旅长；原曹国华补充旅改称补充第一旅；收编南阳保安团陈冠三部为游击第三支队，以原南阳镇守使马文德为支队司令。在驻防南阳期间，蒋听松来到军中，主持《宛南日报》工作。为了培养干部，杨虎城在南阳创办了一个教导队，招收中学生为队长。派李文卿为教育长，张汉民为大队长，赵新任、王铭为中队长。

新编第十四师取得驻马店战役胜利，促使反蒋的唐生智军事集团迅速覆没。蒋介石于 1930 年 2 月 8 日扩编新编第十四师为第七军。新编第十四师改称第十七师。杨虎城任第七军军长，李子高、马文德任副军长，王一山任参谋长，王浚清任秘书处处长，陈子坚任政治处处长，张绍庭任参谋处处长，田晋卿任副官处处长，窦荫三任军械处处长，韩光琦任军事处处长，刘临轩任军医处处长，李连臣任军法处处长，李百朋任电务处处长，田华堂任交际处处长。杨虎城兼任第十七师师长，王一山兼任第十七师参谋长。第十七师下辖 3 个旅，第四十九旅旅长为冯钦哉，第五十旅旅长为马青苑，第五十一旅旅长为孙蔚如。另外下辖 5 个补充旅：补充第一旅旅长为曹国华，补充第二旅旅长为周辅臣，补充第三旅旅长为姚丹峰，补充第四旅旅长为杨渠统，补充第五旅旅长为马文德。师部直属直辖手枪营、特种兵团、工兵营、汽车大队、交通大队、教导队等。

1930 年 5 月，中原大战爆发。第七军奉命协同其他友军担任平汉铁路以西地区的攻守任务。由于在该地区的双方部队皆为杂牌部队，双方部队谁也不愿意为蒋、阎、冯等卖命。杨虎城的第七军也属此列。蒋介石为了使平汉路各部出力，便对各将领加官晋爵。其中，杨虎城于7月22日被委任为第十七路军总指挥。

面对国内复杂的政治军事形势，杨虎城经过缜密的分析认为：以现在自己部队的位置，不参加内战势不可能；从兵力方面看，蒋介石同冯玉祥、阎锡山双方势均力敌，难估谁胜谁败；从人事方面看，冯玉祥、阎锡山素来相互猜忌，很难团结到底；从财政方面看，冯玉祥、阎锡山的财力远不如蒋介石；与关外张学良的关系，冯玉祥、阎锡山不如蒋介石；他自己力量小，在内战中起不了大作用。据此分析，杨虎城认为在军阀大规模战争中，自己既然不能不参加，那就尽量保存实力维持存在，再伺机图谋发展。于是，杨虎城率领部队参加了反冯、阎联军的战争。

在这一时期，杨虎城部队转战河南、安徽、山东等地，经历了国民革命军第二集团军第十军、暂编二十一师、新编第十一师、新编第十四师、第七军、第十七路军等阶段，杨虎城担任了师长、军长、总指挥等职位。离开陕西后，杨虎城和他的部下在一个更大的范围进行周旋，谋求生存发展。但他面对的局势纷繁复杂，从政党来说，有国民党、共产党、第三党等；从军事力量来说，有蒋介石军事集团、冯玉祥军事集团、共产党领导的武装力量、众多的地方武装力量等；他所处的环境也十分险恶，部队几次面临生死存亡的危险。要处理好这些事情，协调好各方的关系，仅靠自己身边这些军事人员已经远远不够，需要有专业的人士出谋划策。为此，杨虎城吸纳李志刚、胡逸民等为幕僚，并派李志刚为第七军驻汉口办事处处长、胡逸民为驻南京办事处代表，处理协调和南京政府的关系。为提升部队的战斗力和凝聚力，杨虎城从黄埔军校吸收了一批专业的军事人员，自己举办军事学校培训了一批基层军官。在安徽太和和河南南阳驻防期间，杨虎城部队接管了地方政权，积累了管理基层政权的经验，锻炼了一批基层行政干部。总体上在这一时期，杨虎城幕府职能进一步完善，队伍不断壮大。但是，随着李子高去世，蒙浚生隐退，姬汇伯、任子扬、王玉柱、张自强等干部的离队，杨虎城幕僚结构发生了新变化，核心幕僚成员基本实现了更新，一些具有专业知识的人才越来越受到杨虎城的重视。在这些新式幕僚的帮助下，杨虎城逐渐走出困境，在中国政治和军事舞台上更加主动了。至此，杨虎城部队历经大小征战 14 年，终于发展成一个具有较强战斗力的地方军事集团，其拥兵 6 万余众，达到鼎盛状态。

## 鼎盛阶段（1930—1936）

杨虎城回到西安后，正式宣布就职第十七路军总指挥，成立相关机构。他自兼第七军军长，马文德为副军长，王一山为第十七路军参谋长。第十七路军总指挥部设立九大处，以张绍庭任参谋处处长、慕哲夫任副官处处长、王维之任军需处处长、唐则民任军械处处长、王季陶任军医处处长、李连臣任军法处处长、李百朋任交通处处长、连瑞琦任交际处处长、陈子坚任政治处处长。另外，杨虎城聘请蒋听松为第十七路军总部参议，委任李百川为第十七路军总指挥部秘书长，李文卿为第十七路军总指挥部参议主任，何遂、李文卿、杜斌丞、王一山、郝鹏程等为参议，李振西等为参谋，李祥生、郭则沉为秘书。同时，他将第七军扩编为三个师，孙蔚如、马青苑、冯钦哉分别担任第十七师、第五十八师、第七十一师师长(第五十八师和第七十一师在不久之后分别改称陕西警备师、第四十二师)。马文德、姚丹峰、郭仰汾担任副师长，杨渠统、段象武、赵寿山、武士敏、柳子俊、陈养虚、韩寅生任旅长，张绍庭、瓮巨青、张韬安任师参谋长。另外委任连瑞琦为陕西省机器局局长，孙辅丞为特务第一团团长，王镇华为特务第二团团长，王泰吉为骑兵团团长，孔从洲为炮兵团团长(后缩编为炮兵营，冯尔革任营长)，蔡成章为汽车大队长，张国光为手枪营长，纪子中为宪兵营长(后由金闽生接替)，张汉民为省府警卫营长(1931年扩编为警卫团，张任团长)。此外，收编冯玉祥旧部和陕甘地区的地方武装势力，王志远任警备第一旅旅长，张鸿远任警备第二旅旅长，唐嗣桐任警备第三旅旅长，孙震宇任补充第一旅旅长，杨启祥任补充第二旅旅长。

1930年10月，国民政府任命杨虎城为陕西省政府委员兼主席。杨虎城致电南京国民政府推荐李志刚、李仪祉、李百龄、王一山、胡逸民为陕西省政府委员。杨虎城自兼民政厅厅长，李志刚兼任财政厅厅长，李仪祉兼任建设厅厅长，李百龄兼任教育厅厅长，南汉宸任省政府秘书长。11月21日，国民政府第100次会议决定：任命李志刚、李仪祉、李百龄、李范一、胡逸民、井岳秀、王一山为陕西省政府委员；省主席杨虎城兼任民政厅厅长，委员李志刚兼任财政厅厅长，委员李仪祉兼任建设厅厅长，委员李范一兼任教育厅厅长，南汉宸为秘书长。

杨虎城正式就任陕西省政府主席后，任命马青苑为西安警备司令，唐嗣桐任陕西省公安局局长，韩望尘任陕西印花税局局长，第十七路军总部交通处处长李百朋兼任陕西省电政管理局局长。委任第十七师师长孙蔚如为陕南绥靖总司令，姚丹峰为陕南绥靖副司令，第五十一旅旅长赵寿山为汉中绥靖司令，张鸿远为安康绥靖司令，张文卿为兵站站长。呈请国民政府批准，杨虎城任命申伯纯、马志旭为陕西省政府民政厅秘书，米暂沉、王绍德、程超为民政厅科长，耿寿伯为陕西省民政厅行政人员训练所所长。

陕西省民政厅先后委任了咸阳、兴平、蒲城、高陵、三原、大荔、乾县、户县、周至、潼关、韩城、商县、岐山、长武等县县长。成立陕西行政人员训练所，招训大学毕业和有相当文化的青年，毕业后出任县长、局长。按照杨虎城的计划，分期分批用训练和调训的方法，把各县旧官吏完全扫除。对于违纪的县长严肃处理，第十七路军参议孙净庭在代理河南方城县长期间，克扣军粮，滥收贿赂，遭当地官员举报后，杨虎城派姚丹峰调查，孙净庭确实在任期中舞弊得款约万元。杨虎城认为有损军誉，将孙净庭执行枪决。

陕西省政府聘请王子端、李浩然、田丹佛、张季鸾、蒙浚生、李子逸、耿寿伯、殷铸夫、赵雪澄、曹世英为顾问，聘请党晴梵、杜斌丞等为参议，聘请董指玄等为咨议。杨虎城电邀陕西在外知名人士李仪祉、王典章、张寒杉、张奚若、薛键、郗立丞、王捷三、王来亭、刘文海等回陕西，“襄理庶政”。为了加强宣传工作，陕西省政府机关报《西安日报》创刊，杨虎城委派蒋听松为社长，宋绮云为总编辑。

为了建立一个高效民主的省政府班子，杨虎城聘请了庞大的行政幕僚队伍，特别是杨虎城依靠多年在陕西积攒的声望，加上他注重深耕基层，在陕西地方政权中打下了深厚的基础，这些为杨虎城实施他建设陕西的各项政策奠定了坚实的基础。

1931 年 7 月 6 日，杨虎城接替顾祝同，就任陆海空总司令潼关行营主任。他在“就职宣言”中表示：“恪遵中央意旨，拥护和平统一，巩固西北边防。”潼关行营办事大纲规定：“行营承总司令之命，统理西北一切军令政事宜。”“行营主任办公厅下设参议处、参谋处、副官处、无线电台。”杨虎城接任以后，组建起了潼关行营机构，委任王一山为行营参谋长，陈子坚为办公厅秘书主任，聘请蒋听松、郭文萱为潼关行营参议，委任靖任秋为潼关行营中校参谋，武志平为少校参谋。行营组建好后，杨虎城派杜斌丞、穆衡伯去甘肃、青海联络和视察各地杂牌军的实力、军纪、军民关系、政治态度等，整编西北各省的部队，把陈珪璋部编为新编第十三师，鲁大昌部编为新编第十四师，李贵清部编为新编第十旅，石英部编为新编第十一旅等。1932 年 2 月，蒋介石把潼关行营改为西安绥靖公署，杨虎城担任西安绥靖公署主任。为了继续经略西北，杨虎城委派邓宝珊为西安绥靖公署驻甘肃主任，续范亭为驻甘肃行署参谋长。

在这一时期，杨虎城担任第十七路军总指挥、陕西省政府主席、潼关行营主任、西安绥靖公署主任、国民党中央监察委员等。为适应纷繁复杂的军事、行政工作的需要，杨虎城幕府达到鼎盛时期。他先后建立了第十七路军、陕西省政府、潼关行营三个幕僚班子。第十七路军幕僚班子负责管理第十七路军的军事、训练、对外交往等事务；陕西省政府幕僚班子负责陕西省各项建设事务的开展；潼关行营（西安绥靖公署）幕僚班子负责与国民党中央军事机构的沟通协调，与西北各省军事机构和负责人的联络协调。为实现自己的政治和军事目标，杨虎城从国内延聘了许多幕僚，帮助他沟通、联络各方的关系，扩展军事实力，强化基层政权，落实各项建设计划。同时，随着实力的发展，杨虎城拥有了稳定的地盘，他与国民党蒋介石、中国共产党、张学良的东北军之间的关系变得错综复杂。特别是与蒋介石之间的关系，从以往的相互利用，逐步演变成为军事、政治上的控制与反控制之间的斗争。蒋介石利用其掌握的军事、行政权力，一步一步地限制杨虎城，使杨虎城扩张实力的计划一次一次落空，而且蒋介石步步紧逼，分化瓦解杨虎城的部队，从马青苑天水叛变、杨子恒东调，到西安事变中冯钦哉等的叛离事件中，无不有蒋介石的“影子”在工作。总之，这一时期是杨虎城一生事业最为辉煌的时期，是其幕府最为庞大的时期，也是幕府矛盾最为尖锐，冲突最为剧烈的时期。

## 解体阶段(1937—1949)

西安事变后，在蒋介石的政治分化、军事进逼双管齐下的情况下，第十七路军在战与和的问题上产生了严重分歧，以致内部也有了解体的倾向。冯钦哉等人的叛离并脱离第十七路军系统，使杨虎城军事集团受到很大削弱。经过杨虎城与顾祝同商定，原来第十七师、3 个警备旅和特务团、炮兵团、宪兵营等特种部队合起来，编为两个师，由赵寿山、李兴中任师长，使第十七路军的核心力量得以保存延续。

1937 年 4 月，蒋介石逼迫杨虎城出国考察。杨虎城被迫辞去西安绥靖公署主任及第十七路军总指挥职务。5 月 7 日，南京国民政府撤销西安绥靖公署和第十七路军总指挥部，部队缩编为第三十八军，孙蔚如任军长兼陕西省政府主席。杨虎城被迫出国考察，回国后被国民党扣押，并长期囚禁，其幕府随之解体，大部分幕僚随之散失，只有部分幕僚转归孙蔚如等将领部下。

抗日战争全面爆发后，孙蔚如被国民党免掉陕西省政府主席职务，率第三十八军赴华北参加抗战。第十七路军余部奋勇抗战，阵亡将士众多，其中，第三十八军被誉为“中条山的铁柱子”。在解放战争中，第三十八军大部被国民党消灭，只有刘威诚、孔从洲先后各率领一部分部队起义，参加了中国人民解放军。赵寿山于 1947 年进入解放区。孙蔚如拒赴台湾，在上海迎接解放。

# 第三章 幕府特点

杨虎城幕府是一个很具地方特色的幕府。作为一位地方军政首领，杨虎城在他几十年的生涯中结交了一大批革命的进步知识分子和社会志士、贤达，形成了自己的幕府机构和幕僚班子。杨虎城从这些幕僚身上汲取了丰富的先进思想与知识，形成了自己独特的政治思想路线、军事战略思想和社会经济发展思想，训练了一支顽强的抗日劲旅，策划发动了震惊中外的西安事变。

## 义气性

义气，是指由于私人关系而甘于承担风险或牺牲自己利益的气概，即所谓“够朋友”“够意思”“意气相投，患难相助”“为朋友两肋插刀”等等。古往今来，义气作为一种情感动因在中国这个“礼仪之邦”社会里备受人们推崇。在中国历史的发展长河中，不同时期的不同人们中间崇尚着不同内涵的义气，而不同的义气又往往驱使着人们做出不同的情感举动。

在漫长的中国封建社会里，帝王将相们在他们开创基业的战乱时期，往往重义如山，广结天下贤士。充满封建色彩的“兄弟义气”，使不少“有识之士”“为知己者死”。同时，由于封建社会的生产力低下，在人们抗拒天然首长和搏杀恶势力斗争中，义气始终作为一种团结纽带和奋斗动力，发挥着诸如“甘于承担风险”“牺牲自己利益”等积极进步作用。无数“舍身取义”的悲壮情节，带着神秘色彩和震撼人格的力量而世代相传。

义气的寄生土壤是游民阶层。在传统社会里，由士农工商“四民”组成的中国社会是个超稳定结构。但是，一旦出现四处流窜的大规模游民潮时，这个所谓的“超稳定结构”即摇摇晃晃，危机四伏，而“第五民”(游民阶层)便是破坏这个结构的“定时炸弹”。游民被传统社会所抛弃，失去了角色位置，是社会的“失序者”，因而居无定所，流落江湖。严格地讲，他们已不是社会中人，因而也无视社会的公序良俗，成为社会中极不安定的因素。他们无可奈何地流落社会，游荡江湖，悲催、愚昧、盲目、愤怒、破坏力强，像一座被压抑的火山，随时等待喷发。而“火山”一旦喷发，或动摇社会的支柱，将整个社会拖进“乱世”；或瓦解社会的秩序，摧毁整个王朝。在中国封建社会屡次王朝政权的更迭的“周期率”中，每次都会出现游民阶层的运动和他们“慷慨悲愤”的牺牲。

中国社会进入近代以后，由于商品经济的畸形发展，传统农业自然经济的解体速度加快，士农工商的“四民”社会阶层结构受到冲击，而游民阶层却日益扩大，会党逐渐成为游民阶层的聚合体。游民主要来源于农民阶级，农民和游民有着千丝万缕的联系。只要社会存在苛政、饥馑、战争等条件，广大身受压迫、心怀不满的游民、农民就有可能会合成社会反抗势力，游民中的“精英人物”甚至有可能高举“义旗”，组成形形色色的会党组织，率领千军万马，发起声势浩大的反叛。而维系游民集合体，并使之踏上反抗阶梯的便是一个“义”字。因此，美国学者王大为认为：“我相信，经常出现在18、19世纪史料中的兄弟结拜组织并不完全是新事物，相反，它们产生于中国传统社会中的组织与文化习俗。这些习俗或者提供互助的经验，或者提供集体活动之管理的教训。”近代游民阶层的扩大使义气在社会生活中的影响变得更为显著。会党利用并改造了民间普遍存在的兄弟结拜、江湖义气等内容，为它们的组织、活动、反抗等目标服务。

清末民初，陕西关中地区失去土地的贫苦农民和城里失业的小手工业者，因不堪忍受地主豪强的压迫和高利贷盘剥，纷纷起来反抗。于是在关中渭北一带就出现了“刀客”这种浪迹民间、行侠仗义的武装力量。其中有些尚义行侠，藐视官府，不受法令约束的人，就三两为伙，经常身带一种“关山刀子”，走赌场、逛庙会，四处游荡，人称“刀客”。关于“刀客”，研究者给予了这样的定义：“刀客，关中渭河两岸地区一批特殊群体所具有的独特的名称。他们通常携带一种所谓‘关山刀子’。(这种刀子是陕西临潼关山镇制造的)，社会上就将他们称为刀客。”“关中刀客，主要是破产失业的城市小生产者，以及被地主恶霸压迫陷害、含冤莫申、走投无路、手刃仇人、逃避追捕的人们。”关中刀客继承了“秦人豪侠，义干云天”的豪情，延续了自秦汉以来弥漫三秦的游侠豪士之风。

关中刀客一般没有统一纲领和固定组织形式及纪律。他们少则一人浪迹乡里，多则十数甚至数十人，聚散无常，他们一般会尊崇一个首领，称为某某哥。刀客多数人精通武艺，习拳术，练刀技，携带关山刀游走乡间。起初，刀客或出入赌场，或贩私盐为生。后来，也有为盐商、茶商保镖，取得保镖费。

随着保运数量的增加，刀客队伍也不断扩大，保镖就由原来的少数而变为大帮了。他们藐视关卡，遇到阻拦，强行通过，关卡人员慑于威力，只好睁只眼闭只眼。刀客敬重有益于地方的正直品端者，对横霸乡里、为富不仁者，无论其权势有多大，必相较量除之而后快。他们义气相交、重侠崇信，成为官府和富人的克星。关中刀客经常活动在陕西关中东部的渭南、蒲城、华阴、临潼等地。清末民初，关中著名的刀客有王振乾、马正德、严孝全、严纪鹏、王银喜、王守身、金祥、李满盈等。

辛亥革命前，关中刀客在渭北地区已成为与清朝官吏相对抗的一种力量。陕西革命党人把刀客看成和哥老会一样值得争取的反清同盟力量。为了争取刀客，井勿幕、胡景翼、李仲三、寇遐等革命党人，经常深入刀客出没的地区，宣传革命主张，做了大量工作。由于革命党人的宣传、争取工作，刀客绝大部分参加了革命党人领导的反清斗争。刀客“既不是有着盖世武功的武士，也不是那些以打杀为业的武林好汉，他们是关中大地随处可见的庄稼汉、乡村秀才、乡间少年……他们行侠仗义、扶危解困、不求功名利禄，甚至不惜献出鲜血和生命……从他们身上可以看到正义和情义、血性和阳刚、骨气和精气、诚信和大气”，因此，刀客成为资产阶级革命党人依靠的重要力量之一。资产阶级革命党人在西安发动起义后，关中刀客一般都集体参加了革命党人领导的军队，被编成标或营的就有好几部分。例如，东路节度使陈树藩所属的严飞龙、严纪鹏两个标；北路招讨使井勿幕部胡景翼所属王守身、胡彦海、马正德、石象仪等营。其他许多零散的刀客也多投入与自己有联系的部队中去。刀客在斗争中勇敢，冲锋陷阵，不计个人安危，战斗力强，辗转各地，屡战敌军，严飞龙、马正德等刀客领袖在革命中牺牲，为陕西辛亥革命的成功起到了重要的历史作用。

蒲城是刀客聚居的地方。杨虎城少年时生活在乡里，深受乡村侠义文化传统的影响。他参加过哥老会和刀客的活动，同时结识了蒲城当地许多影响较大的刀客。青少年的草莽生涯对他影响颇深，形成他粗莽豪放、讲求义气、疾恶如仇的性格。清末民初著名刀客郭坚和杨虎城是同乡，郭坚曾任陕西靖国军第一任司令。因为杨虎城枪杀了郭坚的拜把子兄弟李桢，两人遂势若水火。杨虎城一次打仗负伤，必须到西安治疗。西安当时是郭坚的地盘。杨虎城进城医治，被郭坚发现。郭坚包围了杨虎城住的房子，喊道："里面是不是杨九娃(杨虎城小名杨九娃)，答话!"杨虎城无办法只得答话："要杀就杀，废话少说，我就是杨九娃。"郭坚说："想杀你，还用跟你这么多废话，给你二十块大洋，治完病，赶快滚蛋。"郭坚光明磊落，侠客作风可见一斑。同样，当郭坚率领陕西护国军兵败山西，杨虎城奉命据守黄河西岸，他拒绝陈树藩要求阻挡护国军回陕西的命令，使护国军残部安全退回陕西。杨虎城的豪侠大义令郭坚佩服，两人从此消除芥蒂，成为陕西靖国军的战友。

"拜把子""结拜弟兄"是杨虎城幕府早期凝聚幕僚的重要方式。中国人几千年来都把义气这一理念作为行动的准则，并在实践中创造出各种方式来体现这一理念。其中，"拜把兄弟"当属最为典型的范例。"拜把子""结拜弟兄"，是两个或两个以上无血缘关系的人，为了共同的理想、利益或目标，通过契约方式结成的盟约关系，"金兰同契"即是这种盟约行为的文书凭证。杨虎城在孙镇饭铺当堂倌时，就与孙荷伯、孙福全、孙书友等结拜，还与王雨亭等结为异姓兄弟。1913年，杨虎城还乡组建队伍，王雨亭率部投奔，与杨虎城结为十八弟兄，王雨亭排行为“八”。杨虎城成立中秋会，正式建立自己的武装，姬汇伯加入中秋会，杨虎城与姬汇伯结拜为兄弟。姬汇伯后来在杨虎城军中身居要职，始终掌握着核心军事力量，结义兄弟这层关系在其中起到重要的作用。杨虎城在早期组织部队时，经常采取“拜把兄弟”方式，团结军事骨干，争取武装力量。李子高曾经是蒲城当地哥老会首领，杨虎城主动与李子高结拜为异姓兄弟，并得到李子高的支持。后来在组建东乡民团时，李子高举荐杨虎城当民团团总，自任副职。1916 年，李子高、杨虎城的部队被编为陕西陆军第三混成团第一营。团长王银喜(飞虎)拟定李子高出任营长，李子高诚恳谦让，举荐杨虎城任营长，甘居杨虎城之下。1917 年 4 月，杨虎城、韩寅生、孙辅丞三人“拜把子”，立下“金兰同契”。谱文内容由蒙浚生撰写，内容为：“杨夫虎城倾盖，宣尼曾面以抒诚；谢览湛兰，梁武乃倾心而折节。立难支，惠施之测交有术矣。兹者共和启运，大地交通，以平等之胸，尽同胞之情。奈世险恶，不忘天日之盟言，是为启。”落款三人分别按各自出生年月排序，韩寅生居长为大哥，杨虎城居次为二哥，孙辅丞最小为三弟。韩寅生、孙辅丞通过杨虎城引导走上革命道路。在靖国军时期，杨虎城与冯钦哉、孙蔚如相识后，都采取“拜把兄弟”来结义。据孙蔚如讲，他和冯钦哉结拜属于官场中的拜把兄弟，并不是志同道合，但无论怎样，这种关系确实起了良好的作用。杨虎城在离开部队去日本考察期间，外事托给冯钦哉，内事托给孙蔚如，嘱其共同代理军长职务。在孙蔚如和冯钦哉的合作中，冯钦哉自居大哥，对孙蔚如甘于退让，孙蔚如也自认为是小弟，对冯钦哉也不敢争执，二人合作使杨虎城部队在艰难中得以生存和发展。

“拜把兄弟”作为中国封建社会江湖义气观念的最高体现形

式，它有两个特点：一是在相互关系上“够哥儿们”“讲意气”。可以为大哥去拼命，可以为大哥去送死。大哥一般不加害对方。二是绝对的狭隘和盲从。杨虎城军事集团的发展壮大，与那些结义兄弟们的拼命努力是分不开的。杨虎城也很照顾他的兄弟们的利益。据历史学家秦晖讲：“我曾经看过关中地区的土改文献，比如在蒲城县那个地方，在杨虎城统治的时期，很多和杨虎城有关系的人在他的荫庇下不交税，老百姓骂他们是‘活绝户’。因为按照正式的条文，只有绝户才不承担赋税。”也正因为如此，杨虎城在关中蒲城、三原一带有很深的社会根基。杨虎城自己对部属也很重义气，在日常交往中，除了正式公文按职务称谓外，通常电报、信函，都以兄弟相称，极少官场腔调，所以第十七路军上下之间，习惯以兄弟相称，无话不谈，这样，部下便能主动服从，相互亲密无间，团结无间。即使这些结义兄弟半道离开杨虎城，也都没有与杨虎城交恶，更没有相互加害，而是仍保持兄弟关系。西安事变中冯钦哉叛离了杨虎城，使杨虎城一度处于相当被动的境地，并导致杨虎城军事集团发生了最严重的一次分化。1937 年 5 月，已被蒋介石撤职留任的杨虎城被迫出国游历。出国前，杨虎城很想再见冯钦哉一面，就把于右任请了过去。于右任对冯钦哉说：“当年的靖国军就剩这点人了，还不团结就真完了。”冯钦哉觉得在理，被说动了。再说，到底张依中是不是杨虎城指派的，终究是没有证据。会不会是张知道自己得了重病活不了了，死到临头疯狗乱吠挑拨离间，自己真的冤枉了二弟？就这样，冯钦哉和其他人一起来到了上海。这也是他和杨虎城的最后一次见面。两人一见面，冯钦哉也不客套，跑上来就问杨虎城：“张依中是不是你派来的？”杨虎城说道：“西安的事不要提了，反正我当时招了人的祸了。”冯钦哉还不依不饶地问：“什么不要提了，你给个明白话，他到底是不是你派来杀我的?”杨虎城也急了，发誓说：“人要是我派的，就让红炮子从眼窝穿进去!”要知道，这可是当时军人能发的最毒的毒誓了。红炮子是炸子，能把半个头掀掉，当时军人都不怕死，但都想留个全尸。杨虎城的话说到这份上，冯钦哉才真正释怀了。随后，两人芥蒂尽释，畅谈兄弟之情。

## 地域性

杨虎城军事集团起初是陕西关中东部的地方性武装集团，是以杨虎城为首的许多以弟兄情感为基础的组合，具有较浓厚的乡土意识。经过多年的革命活动，杨虎城领导的部队吸纳了不少进步和革命的青年军官，但还是未能从根本上改变这支部队根深蒂固的、以乡土和宗派为特征的封建联系。整个军事集团具有很强的地域性特点。

杨虎城幕僚中，不论是军事幕僚，还是政务幕僚，主要是以陕西籍，特别是渭南籍为主。渭南籍幕僚，主要以蒲城籍居多。蒲城地处关中腹地，有着深厚的历史文化底蕴，汇聚了来自四面八方的各色人物和不同思想，在不同思想的交融中形成了敢想敢干、敢作敢为的精神。在这种文化和精神的熏陶下，蒲城近代涌现出了王鼎、井勿幕、郭坚、岳维峻等一大批著名的政治军事人物。杨虎城早期的核心军事干部主要是当年中秋会的兄弟。中秋会成员大多是蒲城籍，但是他们大多文化水平不高。随着事业的发展壮大，杨虎城注重吸纳家乡有知识的文化人，或者在外地的蒲城籍知识分子，辅佐自己，出谋划策，组织训练军队，管理地方行政等。其中，对杨虎城事业发展起重要作用的有李子高、蒙浚生、姬汇伯、李仪祉、王雨亭、唐嗣桐、刘威诚等，他们长期追随杨虎城，也有的为杨虎城部队的生存和发展，血洒疆场，呕心沥血，操劳而亡。

李子高(1880—1930)，名德陞，字子高，陕西蒲城人。杨虎城的结拜兄弟，早年举荐杨虎城出任东乡民团团长，其后追随杨虎城转战陕西关中各地，多次冲锋陷阵，扼守要地。杨虎城率部退守榆林后，李子高出任陕北镇守使署暂编步兵团团长，代替杨虎城训练军队，广纳才士，养精蓄锐。杨虎城率部队参加北伐后，李子高一直担任杨虎城的副手，留守关中，后追随杨虎城到山东、河南。终因劳累过度，于1930年10月病故。

蒙浚生(1881—1938)，名发源，亦作浚僧，陕西蒲城人，是杨虎城部早期的"灵魂"人物。杨虎城待蒙浚生如兄长，称之为"蒙哥"，部下称之为"蒙丞相"。在杨虎城早期的军事活动中，蒙浚生追随杨虎城转战陕西各地，幕中策划，呕心沥血。中原大战后，杨虎城回陕主持陕西军政，曾电催在上海养病的蒙浚生速回西安，研究政务和人事安排。蒙浚生认为杨虎城已大功告成，自己应急流勇退，乃借病不归，直至九一八事变后才回到陕西。他长期寓居三原，仅任陕西省政府顾问名誉职务。1938年4月6日病逝。

姬汇伯(1893—1951)，名定娃，字汇伯，陕西蒲城人。早年加入杨虎城创立的中秋会，后参加杨虎城领导的民团，从士兵升至国民革命军第二集团军第十军第二师师长。1926年4月，刘镇华兵临西安东关，他与冯钦哉率部队从渭北驰援西安，奋勇击退刘镇华部队前锋。1927年随杨虎城北伐后，任中将参议。后因伤病缠身，离开部队，前往北京等地治病，逐渐脱离杨虎城军事集团。1951 年镇压反革命运动中，被判 10 年徒刑。同年病逝。

李仪祉(1882—1938)，原名协，字宜之，陕西蒲城人。著名水利学家和教育家，我国现代水利建设的先驱。应杨虎城邀请和国民政府中央批准，担任陕西省政府委员兼建设厅厅长。主持泾惠渠、洛惠渠、梅惠渠等水利工程的建设，造福于三秦人民。1938 年 3 月 8 日逝世于西安，安葬于泾阳县郑国渠畔。

刘威诚（1903—1992)，陕西蒲城人。1924 年参加杨虎城部队，历任司务长、排长、连长、营长等职，曾在驱逐北洋军阀陕西督军吴新田的战斗中负伤。1927 年 8 月加入中国共产党。在西安事变中，他起了骨干作用。抗战期间在第三十八军中任团长，1945 年 7 月，率领所部起义进入解放区。1946 年 9 月，任西北民主联军第三十八军副军长。新中国成立后，一直在西安工作。1992 年 8 月 17 日在西安逝世，终年 89 岁。

唐嗣桐(1900—1935)，字子封，陕西蒲城人。少时投笔从戎，入成都讲武堂。毕业后，任陕西靖国军第三路第一支队特务长。后被杨虎城保送黄埔军校学习。历任杨虎城创办的三民军官学校教练部主任、第十七路军总部少将参议、陕西省公安局局长、陕西警备师旅长等。在陕南“围剿”红二十五军时，全军覆没，被俘被杀。

张廷芝(1885—1929)，字瑞卿，陕西蒲城人。早年留学日本，加入中华革命党。回国后，被选为陕西省议会议员。陕西靖国军时期，任总司令部咨议及第三路曹世英部参谋，兼代高陵县知事。1919 年北洋政府在上海召开南北和平会议，他代表靖国军出席，后任杨虎城部主任参谋。

周梵伯(1909—1993)，陕西蒲城人。青年时期就读于上海法科大学、中国公学大学部。1931—1937 年期间，担任杨虎城机要秘书，参加过西安事变。1943 年 7 月，任国民党第四集团军总司令部驻洛阳办事处处长。后回到家乡，任蒲城县参议会副议长、省参议员。新中国成立后，投身陕西教育事业，历任陕西省政协委员、常务委员。

王雨亭(1891—1967)，曾用名王玉柱、王都，陕西蒲城人。幼时家境贫穷，在孙镇结识杨虎城，中秋同志会的骨干。后追随杨虎城参加护国护法斗争，参加陕西靖国军，抵抗镇嵩军围攻西安。北伐中曾任杨虎城部旅长。后一度离开杨虎城部队。杨虎城主政陕西后，王雨亭曾任省政府咨议。西安事变后，杨虎城被迫出国，王雨亭返乡务农。1948 年春，合阳解放，率自卫队起义。新中国成立后，任省人民代表和省政协一、二、三届委员。

寇遐(1884—1953)，字胜孚，号玄疵，陕西蒲城人。著名政治家和书法家。早年投身辛亥革命，是陕西学生运动的代表人物。1906 年在井勿幕的影响下，参加中国同盟会。杨虎城主政陕西，邀请寇遐任省政府委员、高等顾问等职。1935 年，张学良率东北军入陕，寇遐在促进张、杨相互了解、消除隔阂、合作抗日中起了很大作用。寇遐曾为杨虎城的住宅题名“止园”。杨虎城被囚禁后，陕西省政府主席祝绍周准备用“止园”作蒋介石来陕时临时居住的行邸，愿送 5000 大洋，要求寇遐在“止园”的“止”字上面加一横。这样，就有了蒋中正名字里的意思。寇遐拒绝祝绍周邀请，并讲：“钱这个东西我是见过的。园子的主人不在家，要我改园名，不合适。”新中国成立后，任陕西省人民政府委员。

韩望尘(1888—1971)，原名作宾，又名峻，字望尘，陕西蒲城人。1911年秘密加入中国同盟会。后投笔从戎，参与耿直领导的反对陈树藩的西安起义。1913年赴日本留学。1918年8月出任陕西靖国军第三路曹世英部参谋，与第三路第一支队司令杨虎城结为挚友，遂改任杨虎城部参谋。杨虎城率部从陕北南下关中后，任杨虎城部西安办事处处长。杨虎城率部东出潼关策应北伐，韩望尘留在西安。1930年10月，杨虎城回陕主政，韩望尘任陕西印花税局局长、西安绥靖公署参议，并协助杨虎城创办蒲城尧山中学、三原靖国小学等。西安事变后，韩望尘按照杨虎城的安排，改《西北文化日报》为民办报纸，并任董事长。抗战时期对杨虎城的母亲及其家庭多方照顾，被反动势力诬蔑为杨家的“大管家”。新中国成立后，曾任陕西省人民政府委员、西安市副市长、陕西省政协副主席、陕西省工商联主任委员、全国工商联副主任委员等职。1971年9月21日因病逝世。

党晴梵(1885—1966)，名沄，字晴梵，号待庐，别署晴帆、听梵，陕西合阳人。上海中国公学毕业。陕西靖国军改编后，任陕西督军公署上校秘书长、国民革命军第十七路军秘书长。在反围城斗争和西安事变中，协助杨虎城处理军政事务，尽心尽力。抗日战争时期，弃政从教。1944年在西安加入中国民主同盟。1948年冬奔赴延安，任陕甘宁边区政府参议。新中国成立后，任西北大学教授、西北军政委员会文教委员会委员兼教育部副部长、西北行政委员会文教委员会副主任等职务。

王保民(1885—1928)，字佑庶，陕西白水人。农民出身。1908年因抱打不平，而被收监。曹世英、高峻杀清朝知县后出狱。1913年投陕北军阀井岳秀部，任连长、营长，驻防榆林、神木、府谷一带。1924年任国民革命军杨虎城部骑兵团长。

1926年镇嵩军围攻西安之际，率骑兵团坚守渭北，与镇嵩军麻振武、梅发魁的部队对峙，曾战于关山、高陵、三原一线，牵制镇嵩军对西安围攻之兵力。西安解围后，先后任骑兵旅旅长，步兵旅旅长，驻防韩城、合阳一带。1928年因肺结核病逝，终年43岁。

杨虎城的事业主要是在陕西及西北地区，为开展陕西的各项建设事业，扩张自己的军事势力，实现西北大联合的政治目标，就有意识地吸纳了一批陕西籍和甘肃籍的幕僚。其中影响较大的有杜斌丞、魏野畴、邓宝珊、姚丹峰、王宗山、王泰吉等。因此，杨虎城曾说自己的部队有“很浓厚的地方色彩，绝大部分官兵为西北人”。

杜斌丞(1888—1947)，陕西米脂人。毕业于北京高等师范学校史地部，曾任陕北联合县立榆林中学教务主任、校长。1922年冬，在榆林与杨虎城相识。1930年11月，杨虎城就任陕西省政府主席，电邀杜斌丞回陕参政。杜斌丞到西安后，被任命为陕西省政府和国民政府军委会潼关行营高级参议，后被任命为陕西省清乡局副局长。为杨虎城设计推进西北大联合的计划，参与西安事变善后工作，被任命为省政府秘书长和政治设计委员会委员。杨虎城被迫出国考察和被囚后，国民党任命孙蔚如为陕西省政府主席，杜斌丞继续任省政府秘书长，1938年秋被解职。1941年秋，杜斌丞到重庆加入了中国民主政团同盟。又经屈武、王炳南介绍，加入中国民主革命同盟，并被指派为陕西小组负责人。1945年2月，民盟西北总支部成立，杜斌丞任主任委员，并任民盟中央委员、常委。1947年3月20日被国民党逮捕，10月7日，杜斌丞在西安英勇就义。

魏野畴(1898—1928)，陕西兴平人。1917年考入北京高等师范学校。1919 年参加五四运动。1923 年经李大钊介绍，加入中国共产党。同年春，在榆林与杨虎城相识。1925 年在西安先后领导了驱逐军阀吴新田和反对教育界封建顽固势力的群众运动。1927 年 7 月，中共陕甘区委改为陕西省委，魏野畴任陕西省军委书记。省委同意魏野畴接受杨虎城的邀请，前往河南展开工作。1928 年 1 月，蒋介石派人打入杨虎城部活动，威逼其逮捕魏野畴等共产党员，遭到杨虎城拒绝。2 月 9 日，魏野畴主持召开会议，决定在皖北举行武装起义，建立豫皖平原根据地。中共皖北临时特委成立后，魏野畴任书记。1928 年 4 月 8 日，阜阳起义因叛徒告密而被迫提前行动，在敌人重兵包围下，魏野畴仅率百余人突出重围，从阜阳转移到老集，但立足未稳又遭包围，最终被捕。1928 年 4 月 10 日牺牲，年仅 30 岁。

邓宝珊(1894—1968)，名瑜，字宝珊，甘肃天水人。民国时期纵横西北几十年的智囊人物，早年参加中国同盟会，国民军和国民军联军的重要将领。1932 年 1 月，淞沪抗战爆发后，国民党政府准备西迁洛阳，邓宝珊与杨虎城等被任命为洛阳的陪都委员。当时，甘肃地方军队与入甘的杨虎城陕军孙蔚如部矛盾尖锐，邓宝珊是甘肃籍的陕军将领，通达稳练，故杨虎城力荐他入甘调解，安定局面。2 月，国民党中央任命邵力子为甘肃省政府主席，邓宝珊为西安绥靖公署驻甘行署主任，主管军事。3 月，邵、邓联袂到兰州。在任上，邓宝珊不扩一兵，专务安民，任续范亭为参谋长、王新令为秘书长，悉力整编省内武装，协调与青海马麟的关系，争取和平环境，以利百姓养息，并与邵力子合作，整顿省政。1933 年 4 月，邵力子调任陕西省政府主席，邓暂时代理主持甘肃军政事务，继续稳定各派力量，安抚流亡人口。1935 年，邓宝珊改任陆军新编第一军军长。西安事变发生后，邓宝珊赞同张、杨义举，并应处境艰难的杨虎城之邀，前往西安相商善后之策。全面抗战爆发后，邓率部驻防榆林，长期与陕甘宁边区保持着睦邻关系。解放战争后期，参与北平、绥远、榆林等和平起义。新中国成立后，曾任国防委员会委员、西北军政委员会委员、甘肃省人民政府主席、甘肃省省长、民革中央副主席等。1968 年 11 月 27 日病逝，终年 74 岁。

姚丹峰(1893—1961)，陕西兴平人。1918 年加入靖国军。杨虎城坚持靖国军旗号，转移至陕北整编部队，姚丹峰屡为谋划军机。1922 年冬，奉杨虎城之命专程奔赴上海拜见孙中山，当面送上了杨虎城写在丝绢上的报告，孙中山非常高兴，让他转告杨虎城，约其亲至上海，并托他给杨虎城带回了一封信。姚丹峰从上海返回榆林后，负责杨虎城的对外联络工作，同时代购枪支弹药，选聘军事人才。1924 年春，孙中山在广东召开国民党第一次全国代表大会，杨虎城又派姚丹峰参加。1926 年姚丹峰回到杨虎城部担任高参。1929 年杨虎城部被蒋介石改编为第十四师，姚丹峰任副旅长。1931 年杨虎城任西安绥靖公署主任，姚丹峰任副师长，兼任南阳守备司令。1935 年任汉中专员兼保安司令。1941 年辞职回家兴办教育。新中国成立后，曾任陕西省政协委员。1961 年因病逝世，终年 68 岁。

王宗山(1896—1977)，名登云，字宗山，陕西礼泉人。曾就读于陕西高等学堂。辛亥革命后考入国立北京大学法学院预科。1919 年赴美国留学，先入威斯康星州立大学政治经济学系攻读，两年后转入华盛顿佐治亚城大学。1922 年获得政治经济学学士学位，被聘为广州革命政府派驻美国华盛顿联络处处长马素的秘书。1923 年回国，受孙中山之邀，担任大元帅府英文秘书。同年，参加由蒋介石率领的“孙逸仙博士代表团”访问苏联，担任蒋介石的英文秘书，会见了斯大林等苏联领导人。后参加了筹备建立黄埔军官学校的工作，担任蒋介石的英文秘书兼黄埔军校外语教官。1926 年任杨虎城部参议兼副官处处长。1931 年任国民革命军第三十四师师长，之后返回陕西，在陕南办理团练。1933 年任孙蔚如部少校参谋。1937 年孙蔚如任陕西省政府主席，王宗山任省政府委员。1944 年任陕西省参议会议长。1949 年由成都到台湾。1954 年筹办新竹私立“光复”中学及明新工业专科学校，任董事长。1977 年3 月5 日病逝于台北。

王泰吉(1906—1934)，字仲祥，陕西临潼人。1921 年考入省立三中。1924 年5 月，经中国共产党组织选派到广州黄埔陆军军官学校学习。在黄埔军校加入中国共产党。同年冬，被党组织派往河南开封，从事党的兵运工作，在国民军第二军胡景翼部学兵连任排长。1928 年春，在陕西省麟游县率部起义，起义失败后，到渭华地区组织农民武装斗争。5 月，参与领导了渭华起义，任工农革命军参谋长。起义失败后，被国民党河南当局逮捕，转押南京。后经杨虎城营救获释，任杨虎城部新兵训练处处长、西安绥靖公署骑兵团团长等。1933 年 7 月，在陕西省耀县率部起义，成立西北民众抗日义勇军，任总司令。1934 年 1 月，被派往豫陕边做兵运工作，途经陕西省淳化县通润镇时被捕。3 月 3 日在西安就义。

杨虎城就任陕西省政府主席后，深切感到陕西省的高级知识分子和专门人才实在缺乏，但楚才晋用者，大有人在。于是，他分电各方，敦请本省在外诸名流“幡然归来，理我陕政”。在其召唤下，陕西籍著名人士李仪祉、张寒杉、王典章、张奚若、薛键等纷纷回陕，杨虎城也因惜才爱才而被称为“礼贤下士”将军。因此，重用地方人士开展各项工作，是杨虎城用人的特点。

但是，过分重视地方人才也存在一些弊端。1931 年 3 月 23 日，第十七路军召开军事整理会议，杨虎城在闭幕报告中总结第十七路军发展存在的问题时指出，西安守城期间，驻守北关的士兵逃跑的很多，经过调查，原因是带兵的人本身眼光太小，地域观念太重，只知援引私人，用些亲戚邻居来当兵，对于外省人皆摒弃，不用且特别虐待，因此就发生不少变故，并形成很浓厚的封建色彩。所以，他提醒大家务要拿团体化来把多数与个人均化成一个单位来贡献给团体，以求整个的发展，否则其结果是分化。因此，应努力团体化，打破封建观念和地域色彩，要为大多数人谋利益。

## 包容性

杨虎城虽系地方实力派，但他用人，绝对不封建，而是五湖四海、东西南北各省人都有，也不是一派一系，而是国民党、共产党、第三党、无党派的人都有。只要是人才，有事业心，与他志同道合，就引用和信任。他曾说："我自己没有多少文化，但有一些知识，这些知识是在生活、斗争、军旅生涯、生死搏斗、社会磨砺、多次成功与失败的实际中得来的。"杨虎城没有文化，但他从自己奋斗的过程中深刻地体会到，要成就一番事业，没有文化知识不行，不依靠知识分子更不行。

杨虎城早年率部队东征西战，逐渐成为靖国军的一支劲旅。在战斗中，杨虎城感到自己受教育太少，文化和军事知识不能与之相适应，客观条件又不允许他系统地进行学习，他自己找的方法就是：广交知识分子，虚心向他们学习，请他们为自己讲授各方面的知识。通过这种方式，杨虎城接受了孙中山的三民主义。为提高他自己和部队的素质，在部队驻扎临潼县栎阳镇期间，杨虎城吸收了一批进步知识分子，如留日学生韩望尘、张瑞卿等。他以这些人为骨干组建“广益社”，经常定期向部队官兵讲授孙中山的革命理论、分析中国社会政治，讲授一些文化科学知识，力图提高部队的政治文化水平。通过这些学习和对自己苦难经历的反思，杨虎城坚定了革命立场，成为三民主义的忠实信徒。他认为三民主义就是他多年追求的理想，相信通过奋斗可以实现。他还认为靖国军所做的事情就是在践行三民主义，符合他们这些贫苦农民的利益。这就是他后来坚持靖国军大旗不放弃的根本原因。

就任陕西省政府主席后，杨虎城更加注重吸纳、团结、重用知识分子，吸收更多的知识分子来建设陕西。1930 年 11 月，杨虎城发布布告：“为布告事。现值训政时期，百废待举，需才恐亟，自非延揽群才，不足以备任使而襄郅治。凡属在陕国内国外各项专门毕业人员，其怀才待试者，当不乏人，明珠暗投，遗贤在野，深为可惜。为此布告，凡属专门以上学校毕业人员，自本月 16 日起，务于每日上午 9 时，至下午 1 时，携带证书，来本政府收发处报名，以备察验而资延揽。”

1931 年 3 月 16 日，杨虎城在出席陕西省政府举行的孙中山纪念周会的讲话中说：“本人在军队方面战场上工作，现已二十余年，吃苦耐劳，成绩颇堪自慰。唯对于军事学识，仍很疏短。但在长久的期间，能以维持至今者，就因能引用人才，备重贤能之故，所以每次都是化险为吉，转败为胜。这次到了陕西，对于政治设施，也是引用此法，多方罗致人才，接受好的意见，以建设新陕西，促进革命成功。”因此，杨虎城对于人才使用是不拘一格，具有很强的包容性。

杨虎城幕府中有很多国民党人士。杨虎城早年在革命斗争中，与陕西资产阶级革命党人井勿幕、胡景翼、于右任等结下深厚的友谊，通过和他们的交往了解和接受了孙中山的三民主义思想。他在隐居榆林期间，多次派幕僚姚丹峰赴上海等地拜访孙中山，并与国民党主要负责人取得联系，接受他们的指示。1924 年 1 月，在苏联和中国共产党的帮助下，中国国民党第一次全国代表大会在广州召开，杨虎城派姚丹峰代表他到广州参加会议。孙中山接见了姚丹峰，并为杨虎城正式办理了加入中国国民党的手续。其后，杨虎城率部参加国民军和国民革命军，坚守西安、参加北伐、主政陕西等，无不与此有关。在这个过程中，他身边的主要将领和幕僚很多都是中国国民党党员。

杨虎城幕府中有很多共产党人。杨虎城在榆林与魏野畴、李子洲相识后，就开始吸纳共产党人士在他的部队工作。1925 年杨虎城就任国民军第三军第三师师长时，杨虎城通过魏野畴结识了共产党人刘含初、赵葆华、吕佑乾等人，邀请他们帮助创三民军官学校。杨虎城在安徽省太和县驻防期间，在所部重要位置上安排了不少共产党员。他还创办了一所军事政治干部学校，以南汉宸为校长。这时，杨虎城部的共产党员有 200 余人。魏野畴、南汉宸、蒋听松等作为共产党组织的领导人。大革命失败后，杨虎城拒绝在所部进行清党。他在离开部队准备去日本考察时，十分担心部队中共产党人的安全问题，曾对第十军参谋长孙蔚如说："这些朋友是我们请来的，纵然不能合作，也要对得起朋友，要讲道义，要留有他日见面的余地。"杨虎城部驻防山东期间，收留了一批共产党人在部队工作，如姬子钟、王泰吉、董林哲、陈三俊等。对于原系中共早期党员、因大革命失败后的白色恐怖失掉组织关系的人，杨虎城同样加以信任与重用。如参加南昌起义的中共党员陈子坚来到杨虎城部，杨虎城见他工作认真负责，对他直言："我好意问你一句话，希望你真实回答我，你是不是共产党员？"陈如实向杨讲了自己的情况，杨说："我没看错你，很好，你以后在我这里安心干吧！"此后，凡有重要事情，杨虎城都与陈子坚商议，征求意见，或派陈前往联络。杨虎城驻守南阳期间，其教导队的队长张汉民、赵新任、王铭准备发动暴动，被扣押。1931年春，河南省方城县县长呈报陕西省政府主席杨虎城如何处理三人，杨虎城要张汉民仍到西安。此后，杨虎城委任张汉民为省政府警卫团营长，后又相继提升为团长、旅长。杨虎城在主政陕西期间，先后任命共产党员许权中为独立旅旅长，王根僧为绥署参谋处长，金闽生为宪兵营营长，童陆生为副营长，李木庵为宪兵营书记官，谢华为教官，徐彬如为咨议，张汉民为警卫团团长，阎揆要为特务第二团团长，张希钦为步兵训练班炮队队长，崔孟博、崔仲远、谢祥荫、刘佛吾为省政府科长，蒋听松为西安日报社社长，宋绮云为绥署机关报《西北文化日报》总编。以上被杨虎城任用的共产党员，还不包括长期在部队中工作的一些共产党员，如后来当团长的刘威诚等人。还有被杨虎城送往国外留学的一些共产党员，如王炳南、江隆基、原政庭、潘自力、蒲子政、郭则沉、亢心栽等。

杨虎城幕府中有很多"第三党"人士。1930年12月间，杨虎城派连瑞琦去南京，联络邓演达扩大反蒋运动，向邓演达汇报他在日本东京制订的反蒋计划，以及暂时利用南京中央设法到西北建立革命根据地的想法。连瑞琦回到西安，把与邓演达联系的经过，向杨虎城做了汇报，杨虎城很高兴。后来，按照杨虎城的请求，邓演达给他介绍了大批干部，如周士第、王人旋、马明达、金闽生、黄国梁等。

杨虎城在用人方面坚持兼容并包原则。他邀请李仪祉为陕西建设厅厅长，来办理陕西水利事业。李仪祉是全国著名水利专家，杨虎城对李仪祉非常尊重。李仪祉常说："我不在中央，来地方，就是知道虎城有决心要实干，能做出成绩。"杨虎城用李百龄为省府委员，后来兼任教育厅厅长。李百龄曾建议杨虎城，对于陕西的进步青年学生，应该分别挑选出来，资送出外留学，为社会培养专门人才。杨虎城对李百龄的建议颇为赞成。杨虎城资助青年才俊赴德国留学的有王炳南、江隆基、郭则沉、王季陶、樊作栋、韩鲁，赴法国留学的有潘自力，赴英国留学的有原政庭、亢心栽，赴日本留学的有袁若愚。

杨虎城用杨叔吉负责陕西医药工作也是不拘一格。杨叔吉是陕西医学界的权威，因在刘镇华统治陕西时期担任过陆军医院院长，为陕西部分人士不满，于是就离陕在外地长期工作。杨虎城为了发展陕西当地的医疗卫生事业，求贤若渴，多方进行说服，希望大家从造福社会的角度，顾全大局，捐弃前嫌。最后做通了工作，邀请杨叔吉回到了陕西，从而加强了陕西医学界的团结。杨虎城接纳了许多黄埔军校的毕业生，任用黄埔生唐嗣桐为陕西省公安局局长。

杨虎城任用胡逸民很具有代表性。胡逸民（1890—1986），浙江省永康人，早年参加中国同盟会，追随孙中山反清举事，是国民党的元老人物之一。孙中山逝世时，他和于右任、汪精卫、宋庆龄等守护在病榻前。他曾担任过国民革命军军事法官，历任过江西高等法院院长，中央清党审判委员会主席和南京中央军人监狱、徐州军人监狱、汉口军人监狱的监狱长等职。

1930 年 7 月，蒋介石升任杨虎城为第十七路军总指挥。同年 11 月，杨虎城回到西安，组织陕西省政府，并任主席。为了控制、拉拢杨虎城，蒋介石派胡逸民到西安，任省政府委员。杨虎城委任胡逸民为驻南京代表。在杨虎城组建的新政府中，有不少是共产党员，这已经是公开的“秘密”。胡逸民睁只眼，闭只眼，还为杨虎城部的共产党员王炳南、江隆基、潘自力等人办理了赴法国、德国留学的护照，这些人后来都成了杨虎城部的重要干部。

蒋介石对于杨虎城的用人非常不满意。1933 年 3 月，杨虎城去石家庄见蒋介石。杨虎城请求率部北上抗日，说自己部队北上抗日比在陕西对国家的贡献大。蒋介石告诉杨虎城：现在抗日还用不上你的部队，你回去好好地训练部队就好了。会见中，蒋介石以关切的语气对杨虎城说：“你读书少，不知道古今兴衰全在用人的得失。例如，胡逸民欺骗了我，也欺骗了你，以前我告诉过你，你还用他。以后用人的事，要多加考虑，你那里还有些不三不四的人，回去要查查。”不久，蒋介石就任命邵力子由甘肃省政府主席接替杨虎城担任陕西省政府主席，剥夺了杨虎城的用人权力，削弱了杨虎城在陕西的政治势力。对此，杨虎城表示十分气愤。

# 第四章 主宾关系

杨虎城与幕僚的关系是建立在私人感情的基础上，这种私人感情的关系在维系团体存在中起到了一定的作用，使得他的团体从小变大，成为一个举足轻重的地方军事集团。但是，“革命，特别是在那生死相搏、条件极其艰苦的战争年代，没有远大革命理想和坚定的政治情操，是经不起严峻考验的，只相信和依靠个人感情是维系不住的”。当团体遇到风险和危机时，杨虎城幕府和幕僚的分化瓦解在所难免。

## 合伙关系

杨虎城生前曾多次回顾他这支部队的曲折经历和沉浮变化，他说：“咱们十七路军，前身是辛亥革命以前一部分被逼上梁山的贫苦农民组织起来的队伍，长时期内是一种合伙的兄弟关系。从民国初年建军，到靖国军时期，一直是这样。靖国军失败后，我们退到陕北，与共产党合作，并举办安边教导队，为后来参加北伐战争准备了条件。到了1929年，我们的部队开到山东集结后，经过几番整顿训练，才成为一支像样的队伍。”杨虎城部队的这种合伙关系，主要是依赖于地缘关系及“朋友义气”而维系着，并非纯粹出于相同政治志向。因此，杨虎城部队“内部非常复杂，各自成一系，每一小部分中，地域观念很盛，此派与彼派亦常有冲突，不过都服从杨”。

杨虎城部队起源于蒲城东乡民团，是当地几股会党势力组合而成。在其后的发展中，他的部队也是在吸纳、改编一股又一股的武装力量的过程中逐渐壮大起来的。但在杨虎城幕府中，其核心军事幕僚群体大致分为如下几个层次：

1. 李子高、姬汇伯是他拉杆子时的中秋会的兄弟，资格最老，地位高。李子高生前一直是杨虎城部的二号人物。姬汇伯后来争夺师长之位失败，因病引退。

2. 孙蔚如、冯钦哉原是陕西靖国军曹世英部下属，陕西靖国军失败后投奔杨虎城，逐渐成为杨虎城中后期的左膀右臂。马青苑是陕西靖国军的老人，在杨虎城参加北伐时投奔其部下，曾是杨虎城部的三驾马车之一，后来叛杨投蒋，所部被杨虎城消灭，马青苑只身逃脱。

3. 赵寿山、段象武是保定陆军军官学校学生，被孙蔚如从冯玉祥部队挖来办军训队，二人资历并不逊于孙蔚如，只是到杨虎城部来得晚一些，所以成为孙蔚如的下级。武士敏的资历也很老，但来杨虎城部更晚，后来一直跟随冯钦哉。

4. 王劲哉、唐嗣桐、孔从洲、张汉民、王泰吉、刘威诚、李振西等基本上是一茬的，大都读过军校，或者受过杨虎城举办的军事学校的训练，是第十七路军的后起之秀。

5. 李兴中原是冯玉祥部下，在西北军的地位很高，西北军解体后，来到杨虎城部，给杨虎城当参谋长，后来和赵寿山成为孙蔚如手下两员大将。

6. 共产党员许权中、西北军余部王志远，基本属于客串性质，在杨虎城部下时间不长。

孙蔚如(1894—1979)，陕西西安灞桥人。杨虎城后期第一大将。1915 年毕业于陕西陆军测量学校，1916 年加入中华革命党从事反袁活动。1918 年参加靖国军反段，靖国军失败后投奔杨虎城。1922 年任陕北镇守使署步兵团团附。1924 年出任安边军事教导队队长。后任国民军第三军第三师游击第二支队司令。1927 年后任第二集团军第十军参谋长，暂编二十一师旅长。杨虎城投蒋后，部队扩编，孙蔚如升任第七军第十七师师长。曾主持第十七路军与红四方面军的秘密联络。“雷马事件”爆发后，杨虎城派孙蔚如进入甘肃，赶走了吴佩孚、雷中田。杨虎城向蒋介石保举孙蔚如任甘肃省主席，想趁机囊括陕、甘两省，蒋介石不同意，只任孙蔚如为甘肃宣慰使，孙蔚如甚为不满。西安事变后，杨虎城出国考察，西安绥署及十七路军被撤销，改编为第三十八军，孙蔚如任陕西省主席兼第三十八军军长。第三十八军辖第十七师(师长赵寿山)和第一七七师(师长李兴中)。抗战期间，第三十八军升格为第三十一军团和第四集团军，孙蔚如任军团长和总司令，兼第一战区副司令长官，曾指挥中条山西段战斗。1945 年任第六战区司令长官。抗战胜利后，任武汉行辕副主任，拒绝去台湾，并授意部下参加湖南和平起义。新中国成立后，任国防委员会委员、陕西省副省长、民革中央常委兼陕西省主委、全国政协委员等。

冯钦哉(1890—1963)，山西万泉人。老同盟会员。原是陕西靖国军曹世英部下。曹世英被冯玉祥收编后，他和孙蔚如一起投奔杨虎城，成为杨虎城的左膀右臂。在杨虎城部先后任营长、团长。1924 年任国民军第三军第三师第六旅旅长，1927 年任第二集团军第十军第一师师长。1928 年第十军缩编为暂编第二十一师，冯钦哉任旅长。他趁杨虎城在日本游历的时机，四处活动，想当师长，未果。中原大战时升任第七军第四十二师师长，1932 年任第七军军长。西安事变时，冯钦哉拒不听杨虎城调遣，杨虎城派续范亭等人前去劝说也无效。冯钦哉通过与孔祥熙秘密联络，通报情况，然后公开通电反对西安事变，致使潼关防线不攻自破。西安事变后，脱离第十七路军投靠蒋介石，升任第二十七路军总指挥。抗战时期，任第十四军团军团长、第二战区副司令、察哈尔省主席、国民党中央委员。参与了娘子关抗战、中条山抗战等。解放战争初期，任第十二战区副司令长官、华北"剿总"副司令。1949 年随傅作义在北平起义。新中国成立后任北京市政协委员。1959 年因西安事变问题被捕入狱，1961 年因病获释。1963 年 1 月 22 日在西安病逝。

赵寿山(1893—1965)，陕西户县人。1913 毕业于陕西陆军测量学校。1917 年参加靖国军。其后，曾入保定陆军军官学校学习，毕业后在冯玉祥国民军效力。1924 年应孙蔚如之邀，到杨虎城安边军事教导队任教，担任第二排排长，后任国民军第三军第三师教导营营长。1933 年任第十七师第五十一旅旅长兼汉中绥靖司令。西安事变时，兼西安市公安局局长。西安事变后任第三十八军第十七师师长。抗战期间，曾率第十七师参加娘子关等战斗。1938 年升任第三十八军军长。曾赴延安见毛泽东。1942 年经毛泽东批准，秘密加入中国共产党，为中共特别党员。1944 年升任第三集团军总司令，调甘肃武威任职，脱离第三十八军。到甘肃后，完全被架空。1947 年投奔解放区，任西北野战军第二副司令。新中国成立后，任青海省政府主席、陕西省委常委兼省长、全国人大常委会委员、国防委员会委员等职。

段象武(1887—1942)，河南彰德人。早年入冯玉祥部当兵，被保送到保定陆军军官学校骑兵科学习，毕业后回冯玉祥部任参谋。1924 年应邀到陕北安边杨虎城举办的教导队任军事教官兼第一排排长。1928 年春夏，段象武任第十军军事政治学校副校长、校长。此后，杨虎城部先后改编为暂编第二十一师、新编第十四师、第七军、第十七路军，段象武先后担任团长、旅长、兰州警备司令等职。西安事变和平解决后，第十七路军缩编为第三十八军，段象武任第三十八军副军长，协同孙蔚如为稳定部队做了大量的工作。后参加忻口会战、娘子关战役、中条山战役等。1942 年 3 月，段象武在凤翔县城大操场向部队讲话时，突发脑出血，经抢救无效殉职。

武士敏(1892—1941)，河北怀安人。先追随弓富魁，后与弓富魁一起应胡景翼之邀加入陕西靖国军，由此认识杨虎城、冯钦哉并结为好友。后来，他组建了一支骑兵旅，隶属国民军第三军。五原誓师后，曾跟随鹿钟麟访问苏联，回国后加入杨虎城部队，在冯钦哉师当旅长，长期驻守潼关。全面抗战爆发后，升任师长，在河北、山西等地多次与日军作战。1939 年升任第九十八军军长。1941 年，日军 6 万余人进攻中条山，武士敏率部转移不及，被日军包围，经过浴血奋战，全军覆没，壮烈牺牲。

王劲哉(1897—1968)，陕西渭南人。西北陆军讲武堂毕业。1925 年加入陕西靖国军。1929 年投奔杨虎城部，任营长、团长，因打仗凶猛，人称“王老虎”。西安事变时竭力主张杀蒋。后脱离杨虎城投靠蒋介石。全面抗战爆发后，王劲哉参加中条山战役、台儿庄战役、武汉会战等。因不满汤恩伯吞并所部，带着所部 200 余人到鄂中，短短一年内扩充到了 9 个旅，建立了鄂中根据地，在敌后坚持了 5 年之久。1943 年，遭日伪军围攻被俘，佯装投降日寇，但不久逃出魔窟，回老家隐居。抗战胜利后，被胡宗南诱捕，再次逃脱，投奔延安，成为中共特别党员。1949 年任渭南军分区副司令。新中国成立后任陕西省政府参事、省政协常委。1968 年春，病故于西安。

孔从洲(1906—1991)，陕西西安灞桥人。1924 年投奔杨虎城部，参加安边军事教导队。1926 年后任炮兵连、营、团长，参加了西安守城、北伐等。为人忠厚老实，深受杨虎城信赖。西安事变时任警二旅旅长兼城防司令。抗战期间，先后任第三十八军独四十六旅旅长、新三十五师师长、第五十五师长。参与过血战永济、保卫中条山、激战中原等战役。1946 年任第三十八军副军长，成为继孙蔚如、赵寿山之后第三十八军的第三面旗帜。同年，率第五十五师起义并加入中国共产党。所部与1945 年起义的第十七师组建了西北民主联军第三十八军，加入晋冀鲁豫野战军行列。后任豫西军区副司令、中国人民解放军第二野特种兵纵队副司令。新中国成立后，一直从事炮兵领导工作。1991 年 6 月 7 日，在北京逝世。

张汉民(1903—1935)，山西稷山人。1924 年投笔从戎，参加杨虎城安边军事教导队。毕业后历任排长、副营长。1925 年冬，经魏野畴介绍加入中国共产党。大革命失败后，一度被解除军职，以乡村教员做掩护从事革命活动。1929 年春，再次投身杨虎城部，任省政府卫士营营长。1931 年该营扩编为警卫团，张汉民升任团长，该团有共产党员 200 余人，占全团十分之一，营、连、排长多为党员。1932 年冬，红四方面军经由关中转入四川时，警卫团奉命“尾追”红军到达汉中地区，驻防长达两年之久。1935 年警卫团扩编为警三旅，张汉民任旅长。同年 4 月 9 日，在柞水九间房战斗中，所部被红二十五军击溃，张汉民被俘，后被枪杀。事后，党中央经过调查，于 1945 年党的七大时，追认张汉民为革命烈士。

杨虎城部队早期是以朋友义气结合，意气相投他们就留在部队，意气不投就离开部队，将领们来去自由，部队的组织比较松散，缺乏严格纪律。王雨亭、姬汇伯、任子扬、王玉柱、党澄清、张自强等早期一直跟随杨虎城，后来都纷纷离开了部队。

王雨亭是杨虎城的结拜兄弟。1917 年随杨虎城部投靠于右任、井勿幕，被编为陕西靖国军第三路第一支队。1920 年任靖国军第三路第二团团长。1922 年，王雨亭率部与北洋军战于大王店，迭获胜利，身负数伤。于右任称之为“杨门虎将”。后随同杨虎城移驻陕北。1924 年冬，王雨亭随杨虎城部编入国民军第三军，任第四混成旅旅长。1925 年春，王雨亭率部驻合阳，攻打盘踞于县城的镇嵩军韩清芳部，收编赵桂堂、张平侯和王长安各散部。1926 年春，刘镇华围攻西安，王雨亭等部防守三原、泾阳。镇嵩军攻西安数月不克，转而派其驻大荔的麻振武部攻取三原，王雨亭即率部直捣麻振武老巢，致使麻振武急撤攻取三原的部队，解除了三原城之围。西安解围后，王雨亭为国民革命军第十路军第一师第二旅旅长。1927 年 10 月，王雨亭离开部队。1930 年杨虎城主政陕西后，王雨亭曾任省政府咨议。西安事变后，王雨亭返回家乡务农。

姬汇伯是杨虎城部早期重要将领。在杨虎城部早期发展中，他作战勇敢，多次负伤，在靖国军时期和坚守西安的过程中起到了重要的作用。在杨虎城率领部队出潼关参加北伐期间，姬汇伯曾离开部队长达一年多时间，他的两个得力助手任子扬和王雨亭，也在行军途中，在潼关、郑州自由行动，或回到陕西，或去上海。当部队发展前途不明，他们三人就离开部队；当部队被蒋介石正式改编，前途微明，他们就回来争夺位置。在山东单县杨虎城部队改编时，杨虎城还在日本考察，改编工作由孙蔚如负责。姬汇伯以为自己实力比较雄厚，具有一定的威望和号召力，就跃跃欲试，想取代杨虎城，内定任子扬为第一旅旅长，王雨亭为第二旅旅长，孙蔚如为第三旅旅长。但是，由于他们离开部队时间太久，得不到大家支持。在改编中，姬汇伯没有被安排，任子扬、王雨亭也因为一度离开部队，没有予以安排。由此，任子扬、王雨亭二人心怀不满。一次他们对孙蔚如讲，军队是谁的军队？随便就编呢！孙蔚如正色厉声地说："谁的军队？国家的军队。政府要改编国家军队，谁能挡住，怎么能说是随便呢？军政部对本军改编的命令，是马青苑送来的，哪个不知道？"任子扬、王雨亭一向认为孙蔚如忠厚懦弱，此时忽见其发怒，面面相觑，不吱声了。经过短暂沉寂后，孙蔚如辞色缓和了一些，继续对他们说：部队这次开往鲁南，不是做官，是祸是福，不可预料。如果仗打胜了，有团体在，大家无论走到什么地方，都可得到掩护。万一失败了，且不说把这些带出关的三秦子弟如何安置，我和钦哉无论走到哪里，给人当司书，都可以混碗饭吃。你们就不然了，岂止是吃饭问题，你们老上司王银喜（陕西护国军旧部，离开陕西后被仇家所杀）就是榜样。接着又说他们在部队开拔出关时，认为前途黯淡，就自由行动，此时看到有一丝希望，又来争权夺利，指出他们的这种行为是缺乏义气、不够朋友的表现。孙蔚如的一席话，说得二人面红耳赤，闭口无言。但是，任子扬、王雨亭还不死心。后来随军开赴鲁南临城、枣庄时，他们又相机自由行动了。为着保全团体免于分裂，杨虎城结束了在日本的考察行程，回国重掌部队。争取权力失败的姬汇伯也感到无趣，在杨虎城回到临沂驻地不久，终于第二次离开军队，从此离开了杨虎城的部队。姬汇伯所留的位置，由马青苑接任。

孙蔚如在杨虎城出国期间，对于保全第十军这个革命团体，在对内对外斗争中，确实绞尽脑汁，在胶东剿匪中又立战功，这样就滋长了他的自满情绪。在胶东战役结束后，孙蔚如一再向杨虎城请假，要到国内各大都会游览，兼治疗自己的胃病。杨虎城开始没有允许，孙蔚如就不高兴，并当面对杨虎城说："你可以到外国休息游历，我就应该病死在这里吗？"最后，杨虎城同意他去青岛看病，但派王子义跟随照料，杨虎城一再告诫王子义：你的任务是监视蔚如在青岛养病，不能让他离开青岛上别的地方去，否则你要负责任，并将受到处分。这说明杨虎城对孙蔚如是很倚重的，但也说明杨虎城部队的纪律性不强。

赵寿山是杨虎城后期倚重的将领。1935 年，赵寿山因不愿执行蒋介石攘外必先安内的政策，再加上新遭丧母之痛，思想上一度十分消极苦闷。这年 10 月，他以看病为名向杨虎城请假离开部队，而且一走就是大半年。他先到平津，拜访了宋哲元、韩复榘等，希望他们请冯玉祥出山组建北方政权，共同反蒋抗日。1936 年春，他南下宁、沪考察。在南京，他看到国民党政府派系林立、争权夺利、贪污腐化，对南京政府完全失去信心。在上海，他与全国各界救国联合会成员杨明轩、赵葆华等频繁接触，倾心交谈，又潜心研读马列著作和进步报刊，思想发生了重大变化，更加坚定了抗日、反蒋、联共的决心。1936 年 10 月，赵寿山回到西安。

"合伙"关系是建立在义气等情感基础之上的，不是建立在共同的理想信念或者共同的利益基础之上的，是不牢靠的。为了改变这种状况，杨虎城重视吸纳一批新的知识分子、共产党员，举办各种类型的培训班，目的是提高部队整体思想水平，但是，早期跟随他参加革命且有战功的“老人”对此表示不满，然而畏于杨虎城的声望，不敢公开提出。当杨虎城离开部队，特别是共产党发动的皖北暴动失败后，部队的给养、发展都无着落时，这些人便公开对杨虎城提出了批评，对杨虎城的领导产生了质疑。此时，这种“合伙”关系也就遇到了挑战。杨虎城也认识到这个问题，从日本回国后，便在山东加强部队训练，使用了一批黄埔军校毕业生，提拔了一批自己培训出来的干部，替代了一些行伍出身的军官，部队的纪律性得以加强，战斗力得到提升，在山东剿匪的行动中，部队作战效果很快就体现出来了。

## 合作关系

杨虎城与魏野畴结识后，长期与共产党人接触合作，他对共产党人救国救民的主张和英勇顽强的奋斗精神甚为钦佩。特别是在豫东、皖北时期，他和魏野畴、南汉宸等人的密切交谈以至全面合作，使他对中国共产党有了进一步的认识。杨虎城在从旧民主主义革命转向新民主主义革命的过程中，与中国共产党有过两次合作。

1923 年春，杨虎城率部驻榆林，其间有幸结识了榆林中学校长杜斌丞和共产党人魏野畴，彼此建立了深厚的友情。后又结识共产党员李子洲，李子洲帮助杨虎城分析当时全国和陕西的形势，坚定了杨虎城的革命思想。

1924 年，蛰处榆林的杨虎城率部南下，驻扎在陕西耀县。

杨虎城升任国民军第三军第三师师长时，特聘魏野畴担任师部咨议兼政治处处长，直接参与重要决策决定。杨虎城仿效黄埔军校，在耀县创办三民军官学校，聘请魏野畴为政治部主任，魏野畴又推荐共产党人刘含初、赵葆华、吕佑乾等担任教官，并介绍共产党员曹力如、张汉民等参加学习，为部队培养了一批骨干力量。

在反围城斗争期间，杨虎城在魏野畴的支持下，主张采取坚守西安的对策，毅然率军进入西安，开始了为期近8个月的坚守孤城之战。共产党员黄平万、魏野畴、雷晋笙、吴化之及张秉仁等发挥了重要的作用。西安被围期间，省立一中办起了暑期学校，共产党员赵葆华担任校务主任，王授金、雷晋笙、刘含初、黄平万等共产党员担任教员。同时，陕西地区的共产党和共青团组织在反军阀的斗争中也得到了很大的发展，党、团员人数突破千人。杨虎城深明大义、救国图强的民族责任，使他笃信共产党的抗战大政方针，这为其人生奋斗指明了方向。

大革命失败后，杨虎城不但没有执行蒋介石的“清党”命令，反而起用了大量的共产党员在军中担任职务，任魏野畴为政治处处长，胡英初为第一师政治处处长，曹力如为第二师政治处处长(兼中共第十军党支部书记)，武勉之为第一师第二旅旅长。中共皖北特委在杨虎城的部队中成立之后，南汉宸任书记，魏野畴任组织部部长，蒋听松任宣传部部长，党员迅速发展到几百人。这时，杨虎城、魏野畴二人成为肝胆相照的挚友。杨虎城在大政方针上尊重魏野畴的意见，并向魏野畴保证决不“清党”，成为当时的“杨魏同盟”。他不仅在白色恐怖气氛中表示了与共产党合作到底的信念，到达皖北后，还进一步提出加入中国共产党的请求。中共皖北特委将杨虎城的思想转变向上级党组织做了汇报。魏野畴表示愿意做杨虎城的入党介绍人，并写信给上海党中央说："杨虎城是一位革命将军，他有坚强的革命决心，他表示愿意与我党合作到底，他是绝对被掌握在我党的手中。"但是，当时党内"左"的思想占据统治地位，大批同情革命和同情共产党的中间力量被排斥在党外，并在一些条件并不成熟的地区仓促发动暴动，造成革命力量的损失。在这种背景下，杨虎城加入共产党的请求未能获得党的上级组织的批准。当时，中共河南省委仍继续动员杨虎城参加暴动，这使杨虎城无法接受。但皖北特委的皖北暴动、建立苏维埃政权的计划已经得到上级党组织的批准，势在必行，杨虎城不愿以党外人士参加暴动，也认为暴动的时机不成熟。如果杨虎城不愿参加暴动而留在部队，对暴动会产生一定的影响，甚至会使合作的局面产生破裂。为了摆脱这种尴尬，杨虎城表示"可以丢开部队，而不愿使自己与中国共产党的合作关系归于破裂"。阜阳"四九"起义失败，一批共产党员牺牲，中共第十军军委出了叛徒，将全军共产党员名单密报军法处，这些共产党员已无法在第十军中立足。参谋长孙蔚如派孔从洲将南汉宸、曹力如等负责人送到皖豫交界处释放。杨虎城在离开太和之前，要秘书共产党员米暂沉随他同去，特委的几位负责人魏野畴、南汉宸、蒋听松等都到杨虎城的住所送行。不久，杨虎城在上海接到太和刘集发生暴动，魏野畴壮烈牺牲，南汉宸等人被送走的来电，十分悲恸，潸然泪下。痛失了朋友，入党又不成，杨虎城感到十分苦闷。

1928 年，杨虎城赴日本考察。同年 10 月 9 日，中共中央函复中共东京市委：杨虎城中央已允其加入，交由你们执行加入手续。加入手续如下：须三个同志的介绍，候补期为半年。再望你们与他谈一次话，指明两点：一、目前党的任务主要是争取广大群众以准备暴动，而不是马上就要实行总暴动。总暴动是我党的前途，目前尚不是行动的口号而是宣传的口号，尤不是每个同志一加入就要派回暴动。二、每个党员加入后如在工作上有需要时，党仍须调其往他处工作，不给某个同志以固定时期的休息。由于交通原因，此指示信到东京时，杨虎城已回国到达南京，故杨虎城没有执行加入中国共产党的手续，这一愿望最终没有实现。同年 12 月，杨虎城从日本归国。在部队驻防山东期间，杨虎城先后任命共产党员纪子中为中校团副、陈子俊为少校参谋、董林哲为政治处科员、王菊人为中尉连指导员，并让王泰吉到孙蔚如旅长身边工作。杨虎城部开往河南南阳后，中共中央和陕西省委先后派孙永康、南汉宸、宋绮云、冯异僧等到部队重建组织。

1929 年杨虎城在山东剿匪后期，蒋、冯、阎、李四大派系争雄的格局基本形成。杨虎城认为他原来所追求的民族民主革命的初衷已难以实现，便找所部内的中共党员密议，说：江西朱(德)、毛(泽东)公开打出红军旗帜，领导农民革命，我们可否在华北也打出比较明显的革命旗帜，搞一个独立的军事局面。经反复密商，认为此议难行。杨虎城也认为：朱、毛有共产党，骨干是党员，所以主张一致，行动一致；咱们的部队骨干大都是历史上封建义气的组合，有些人思想落后，不可能同他们一样。可见，杨虎城是有政治经验、有独到见解的地方实力派，对国内局势的分析很透彻，把握得也很准确。

1930 年 10 月，南京政府发布杨虎城为陕西省政府主席的任命。杨虎城提名南汉宸为秘书长，将组织省政府的工作交给南汉宸。杨虎城还接受南汉宸的意见，释放了一批政治犯。其中有蒲子政、潘自力、李畅英、吕剑人、徐梦周、刘继曾、景瑞卿、亢心栽、原政庭、杜松寿、吴焕然、程士诚、魏斌辉、张子政、李建新、王汝昭、王曙等共产党员和共青团员。是年底，刘志丹在陕北驻军苏雨生部做军运工作，因受人诬告，遭扣押，在南汉宸、白冠五等通过杜斌丞的关系积极营救的同时，杨虎城批准，将刘志丹假释。杨虎城在主政陕西期间，在陕西省政府、西安绥靖公署和第十七路军中，公开和密秘使用了一大批共产党员和进步分子。

1935 年 5 月，西安绥靖公署改建特务第二团，阎揆要任团长。各连队先后成立党支部或党小组。当时在陕西临时省委工作的孙作宾通过陕西特委特派员姜旭与阎揆要取得联系，在谈国帆的掩护下将阎揆要送给红军的弹药运入苏区。1936 年 9 月，中共中央派汪锋到白水转送周恩来给阎揆要的信，传达周恩来关于如何在第十七路军中开展党的工作的谈话。汪锋和中共陕西临时省委的崔廷儒一起主持建立中共特务第二团委员会，统一领导各个营、连、排的党支部和党小组的工作。特务第二团有共产党员 200 余名，被称为“共产党的干部仓库”。

杨虎城的宪兵营于 1931 年成立中共党委会，其中有一个同中共中央军委驻沪办事处直接联系的秘密组织——中共宪兵营支部。同年秋，中共中央军委派谢华来第十七路军。支部建立后，谢华任书记，金闽生、童陆生任支委。中共中央军委指示重建陕西党组织，在宪兵营支部的基础上成立了中共西北特别支部，成员有谢华、徐彬如、李木庵。1936 年 8 月，中共中央派张文彬来到西北特支工作。同年 9 月，宪兵营改为特务营。杨虎城任随从参谋，宋文梅为营长，副营长先后由谢晋生、席珍儒担任。全营党员 60 余名。与此同时，中共地下组织在西安设立了一个秘密联络点——莲湖食堂。由于缺乏资金，便由宋绮云出面，请杨虎城帮助。在杨虎城的帮助下，莲湖食堂前后存在有近10年之久，为党的联络工作发挥了十分重要的作用。

杨虎城主张抗日，反对内战，与蒋介石存在着不可调和的矛盾，同红军有建立友好关系的可能。杜斌丞同共产党员徐梦周、武志平商量，决定由杜斌丞向杨提出与红军联络的建议。1933年4月，武志平随第三十八军军长孙蔚如前往汉中。在杜斌丞暗示杨虎城已决定与红军友好联络后，孙蔚如与武志平决定赴川北找红四方面军联系。5月，武志平到达红四方面军的川北驻地两河口，会见了红四方面军总政治部副主任傅钟，并将所带物品交给了傅钟。武志平在两河口先后会见了张琴秋、曾中生、郑义斋、张国焘等红四方面军负责人。当时，徐向前在前方指挥，由张国焘、陈昌浩、曾中生商讨决定，派川陕军委参谋主任徐以新为红四方面军代表，出使汉中联络议和。6月5日，徐以新返回部队汇报，24日再次到达汉中，双方达成了以巴山为界，双方互不侵犯；配合打胡宗南；红军可设交通线，第十七路军可提供一些物资的秘密协定。孙蔚如向杨虎城密报会谈结果："大门叫开，何以待客?"杨虎城电复："举杯!"

1935年8月1日，中国共产党发表了《为抗日救国告全国同胞书》(即《八一宣言》)。该宣言系统确立了抗日民族统一战线的政策。同年10月，中共中央和中央红军胜利完成二万五千里长征，到达陕北革命根据地。蒋介石在西安成立西北"剿匪"总司令部，调集东北军、第十七路军进攻陕甘苏区。11月的一天，贾拓夫通知汪锋到富县去见毛泽东。毛泽东要汪代表红军同第十七路军谈判，并叮嘱汪锋，对杨虎城要多鼓抗日士气，少谈以往不愉快的事情，我们的口号是“西北大联合”。汪锋带上毛泽东给杨虎城、杜斌丞、邓宝珊的亲笔信，前往关中特委所在地。经过艰难曲折到达西安，汪锋向杨虎城呈上毛泽东的信，并转达了毛泽东向杨虎城的问候。谈话中，汪锋解释了红四方面军进攻宁强、红二十五军错杀张汉民、红军如何帮助东北军和第十七路军三个问题。杨虎城听后表示理解，拥护毛泽东提出的建立“西北大联合”的政治主张。与此同时，王世英从华北到西安联系杨虎城。经过交流后，汪锋同王世英返回陕甘苏区。到达陕北后，王世英向中央做了汇报，中共中央决定王世英再同杨虎城谈。王世英到韩城见杨虎城，说明中共中央同意杨虎城的意见。中共党组织还安排与杨虎城有世谊关系的王炳南从德国回国。王炳南一回到西安，杨虎城即约王到三原县东里堡的别墅密谈了两天。杨虎城愉快地对王炳南说：“我与中共某些人士已有接触，但素不相识，谈话难免有顾虑和保留，现在你回来了，可以无话不谈了。”经过南汉宸、王世英、汪锋、王炳南代表中共中央陕北方面，中共中央和中共中央驻第三国际代表团先后同杨虎城谈判，1935 年底，达成反蒋抗日的秘密协议。杨虎城从而成为第一个接受我党抗日民族统一战线政策的国民党高级将领。

1936 年 8 月 13 日，毛泽东派秘书张文彬再次到西安，先后同杨虎城、王菊人商谈，达成了互不侵犯等一系列口头协议。同年 8 月，共产党员孙作宾去苏区时，孙蔚如要孙作宾给中共中央、毛泽东捎话。孙作宾到延安后，向毛泽东、周恩来等中共中央领导汇报了陕西省委连遭破坏和杨虎城、孙蔚如愿意建立联系、互不侵犯、互给方便的政治态度。临别时，毛泽东还写信给孙蔚如。孙作宾顺利地完成了这一历史使命。西安事变的前一周，1936 年 12 月 5 日，毛泽东派李涛持函去见杨虎城，提出联合救国等四条大计，这些条件都先后逐一实现。

为了团结杨虎城和第十七路军联合抗日，中共中央和毛泽东、周恩来、彭德怀亲自做工作，中共中央西北局、陕西省委、军内党组织共同努力，党的工作与民主人士的工作相结合，上层军官的工作与基层士兵的工作相结合，部队与地方的工作相结合，统一战线与武装工作相结合，取得了很好的效果。

西安事变以后，中国共产党在第十七路军中的力量不断发展壮大，组织不断健全和加强。第十七路军中的党组织在贯彻执行中共中央抗日民族统一战线政策、教育改造部队、提高战斗力、组织武装起义等方面，都进行了大量艰苦的卓有成效的工作，使这支形式上由国民党政府供给的军队，变成了中国共产党领导下的一支类似八路军、新四军的武装力量。这支部队曾被毛泽东赞誉为中国共产党“统一战线工作的典范”。

## 合散关系

杨虎城在出国前与孔从洲的交谈中涉及第十七路军历史上的分化问题。他说：“靖国军后期，段懋功由我们团体中拉出去了，并和我们打了很多年；到我们撤退陕北的时候，任子扬不跟着走了；西安解围后，冯华堂自动跟方振武，也走了；不久他们都完了。马青苑叛变，只落得只身逃走，成为军统特务的一个小喽啰。杨渠统(杨子恒)虽不算叛变，但出去以后，我看情况也不妙，终有被蒋介石吃掉的一天。最近这一次分化，我也不感到意外或者惋惜，冯钦哉也好，王劲哉也好，沈玺亭、唐得楹更无论矣，我看他们都不会有什么好的前途。他们走后，我们的部队更加困难，但也更加纯洁了。”杨虎城部主要将领的政治面貌参差不齐，个人品行操守千差万别，他与幕僚和部下的关系比较松散，合则聚，不合则散，这就决定了一旦面临军事危局或者政治大风浪时，其幕府中难免发生聚散离合的现象。

冯华堂(1889—1962)，字云亭，陕西扶风人。陕西武备学堂毕业。早年加入中国同盟会。1921年任扶风县保安团团长。1924年任国民军第二军第十二路第二混成旅备补连长，驻守扶风县城。1925年任该旅骑兵营营长。1926年任该旅第二团团长。刘镇华围攻西安，杨虎城、李虎臣率部坚守8个月之久，冯华堂率部在栎阳镇孤军镇守，牵制刘镇华的部队。冯玉祥国民联军入陕西解西安之围时，冯华堂率部配合国民联军包抄刘镇华部侧背，形成内外夹攻之势，迫敌仓皇溃退。西安解围后，冯华堂率部奉命北渡渭水，追剿叛军麻振武部于大荔。冯玉祥入主西安后，使用手段，借机吃掉了冯华堂旅，归方振武统辖。因此，杨虎城对冯玉祥、方振武产生不满。1928年冯华堂升任国民革命军第二集团军第三师师长，不久调任第九十三师师长，驻守北京城。1929年升任国民革命军第二十三军军长。1934年被授予中将军衔。1935年终因非蒋介石之嫡系，被摘掉军权，明升暗降任国民政府军事参议院参议。1937年向国民政府告假解甲归田。

马青苑曾是杨虎城的三驾马车之一。在靖国军时期，马青苑是第三支队的部将，在杨虎城升任第三路司令时，马青苑一度表示愿意接受收编，后来几经反复，才于杨虎城部北伐时期加入该部。对于马青苑投机和反复多变的情况，杨虎城幕僚姚丹峰，在酒酣时提醒杨虎城：“你一个冯钦哉就够受了，还要弄来一个马青苑，如果马将来不叛变你，你给我脸上唾。”但是姚丹峰的话没有引起杨虎城的重视。杨虎城开往河南参加北伐后，马青苑曾任杨虎城部参谋长，一度离开部队去南京活动。杨虎城从日本考察回来后，马青苑重新回到部队。杨虎城主政陕西后，南京政府曾经给马青苑部以陆军第五十八师的正式番号，但是杨虎城担心自己集团中的这支部队被抽走，就改其为陕西警备师。马青苑部没有中央委任的番号，粮饷全靠第十七路军划拨，陕西警备师各方面的待遇不好，其属下两个旅长全是杨虎城嫡系出身，指挥不便，马青苑对此颇有微词，常存异心。当马青苑率部到达陇南，脱离了杨虎城、孙蔚如的直接监视后，便和复兴社在西北的负责人葛武棨的关系逐渐密切了起来。马青苑与南京方面人员勾结的消息传到了西安，杨虎城便向马青苑下达了回陕述职的命令。但是马青苑心虚，只派第一旅旅长陈养虚代他前往西安。杨虎城听取了陈养虚的汇报，决定亲自到陇南调查此事。陈养虚将消息带回天水后，马青苑知道事情败露不可避免，决定立即发动叛变。1932 年 9 月 3 日，他先将返陇的陈养虚秘密杀害于天水以南的娘娘坝。5 日，又将师参谋长张韬安、第二旅旅长韩寅生以开会名义招到师部扣押，同时下令解决第二旅等部。杨虎城闻讯即率直属部队西进，命令第三十八军一同前往夹击，马青苑带着忠于自己的毕梅轩团和收编的回民武装马加麟部逃到成县、礼县，终被杨虎城部追击消灭。马青苑只身逃脱，后来入陆军大学进修，全国抗战前曾任平汉铁路局警务署长。

杨子恒（1897—1961），原名永时，曾用名渠统，甘肃灵台人。1917 年从甘肃警察学校结业后，在兰州当警察。1918 年前往陕西凤翔，投奔陕西靖国军第一路司令郭坚。1919 年 10 月任北洋陆军阎相文部第二十师班长。此后被保送到北京南苑军事训练班受训，结业后，历任冯玉祥的第十六混成旅司务长、排长、连长、营长、团长等职。南口大战后，杨子恒经于右任介绍，前往陕西投奔田维勤部队。1926 年 9 月，五原誓师后，杨子恒重新回到冯玉祥部队，出任新编第五师的团长。1929 年 10 月，杨虎城在驻守南阳期间，将当时驻扎于新野一带的杨子恒团予以收编，并委任杨子恒为游击第二支队司令。杨子恒后相继担任杨虎城部第四补充旅旅长、第四十九旅旅长，先后参加了驻马店战役和攻打洛阳龙门的战斗等。1931 年 12 月 10 日，杨子恒奉杨虎城和孙蔚如之命，为平定甘肃之乱，率第四十九旅攻入兰州。随后，杨子恒被委任为皋兰警备司令。1932 年 2 月 19 日，杨子恒以甘肃新编第十三师师长陈珪璋有“异动”为由，将其秘密处决，并将该部主力缴械。杨子恒此举引起甘军的不满，打乱了杨虎城经营甘肃及西北的部署，为蒋介石插手甘肃找到借口。5 月 7 日，杨子恒被杨虎城委任为陇东绥靖司令。此后，蒋介石为削弱杨虎城部队的实力，开始有意拉拢杨子恒。杨子恒自认为在杨虎城入陕的战役中立了战功，为此颇为自负，但是他同马青苑一样并非杨虎城的嫡系，自认为没有出头之日。在第四十九旅调来平凉后，杨子恒失去了陇东的财源，经费全靠陕西省政府拨给，点名发饷，手头大为紧张。在朱绍良的拉拢下，杨向南京方面表示了靠拢的意愿。1934 年 5 月 8 日，蒋介石在江西南昌召见了时任第十七师第四十九旅旅长的杨子恒。9 月中旬，蒋介石决定将杨子恒所部改编为新编第五师。同年 11 月，杨子恒正式就任新五师师长一职，并率部由陇东抵达河南归德，归河南省政府主席兼开封绥靖公署主任刘峙节制。当时第十七路军中的许多人对这件事都很气愤，主张将杨子恒部原来比较精锐的一个团留下来，拨一些较差的部队过去。杨虎城则不同意这样做，他说："子恒参加我们部队，一贯勤奋服从，并屡立战功，今天是蒋介石要把他调走，其用意不只在削弱我们的力量，还在于挑拨我们与子恒的关系，甚至会利用他来对付我们。我们如果这么处理，势必使他成为我们的敌人，恰恰中了蒋介石的诡计。"杨虎城不但允许杨子恒率部脱离，还补上了不愿随杨子恒出省的第四十九旅九十七团、补充团的缺，并将第十七师炮兵营也编入新五师建制。这是杨子恒万万也没想到的，其深受感动，敬佩杨虎城的为人。1936年1月，杨子恒被授予陆军少将军衔。当月，被任命为第一六七师师长。同年，杨子恒进入南京陆军大学学习。10月5日，杨子恒晋升陆军中将。西安事变爆发的当天，杨虎城曾连续两次致电正率部队驻防河南漯河的杨子恒，希望他将西安当局的"主旨转知各旅、团、营长及全体士兵为要"，并希望他"斟酌情形，速将所部集中，以备不虞"。杨子恒接到电报后，未做任何答复。1937年1月，杨子恒进入南京陆军大学将官班受训。6月下旬，入中央训练团受训。9月，南京政府军事委员会决定将新编第三十五师和第一六七师合编组成第五十军，由杨子恒任军长。12月28日，杨子恒因不服从刘峙关于撤销第一六七师番号的命令，被刘峙拘押。1938年3月，杨子恒被解除军长一职，第五十军番号也被撤销。同年11月12日，杨子恒开始恢复自由。1940年10月，杨子恒奉命再次进入中央训练团受训。结业后被国民政府军政部委任为中将参议，杨子恒未就职。此后，杨子恒参加民主党派活动，积极开展反蒋活动，参加新政协活动。

冯钦哉是杨虎城的结拜兄弟，二人交往20多年，其交情之深有非外人所能想象者。但自20世纪20年代末期始，两人关系已有较明显的疏远迹象。这一方面固然是由于冯钦哉性情粗暴且贪财，与杨虎城之为人处世作风颇有扞格之故；另一方面，恐与杨虎城大胆起用新人以至接纳大批共产党人，又不断追求民主、进步，而冯钦哉却甚为守旧不无关系。及至第十七路军入陕获得固定地盘后，杨虎城对孙蔚如日见器重，“杨不在军中时，孙总是代为留守。一般人都称孙部是杨的嫡系部队，而将冯钦哉部视为杂牌”。而孙、冯两师在装备、补充等方面，又确有差异，以至于冯钦哉竟产生了杨虎城歧视自己的感觉。在西安事变发生后的关键时刻，冯钦哉竟然置与杨虎城20多年的兄弟之情不顾，不奉杨虎城之命令。尽管杨虎城还尽力挽救相互的感情，派出多位幕僚去劝说冯钦哉，但冯钦哉不仅不听劝告，发了许多牢骚，甚至还杀了杨虎城派去的联络人员。在孔祥熙等人的撺唆下，冯钦哉最后投靠了蒋介石。叛投蒋介石后，冯钦哉曾在蒋介石面前痛哭流涕地哭诉杨虎城对他的歧视，还为蒋介石肃清杨虎城在陕西的力量和影响出谋划策。

王劲哉曾是杨虎城手下的一员悍将。1917年，王劲哉从西安单级师范学校毕业后进入陕军马青苑团任排长，后又入陕西陆军讲武堂学习。1925年在国民军第二军补充团二营七连任连长。国民军第二军失败后，转入陕军杨虎城部任营长。1928年随军开赴山东剿匪，因打开诸城后所部哄抢邮局被撤职。1930年元旦，杨虎城率部攻打驻马店的唐生智部，急需勇猛军官，王劲哉得以复职。是年底，杨虎城部第十七路军入陕，王劲哉因在乾县剿匪有功，升任第十七师九十八团团长。1932年9月，第十七路军陕西警备师师长马青苑在天水叛杨，杨虎城急调陕甘边部队征讨，王劲哉率第九十八团疾驰陇南，于徽县、成县等地打败了警备师主力。王劲哉即以“王老虎”而闻名，并被杨虎城提升为十七路军第三十八军第十七师四十九旅旅长。西安事变发生时，王劲哉力主杀蒋。在张学良送蒋介石回南京后，王劲哉负气拉队伍至秦岭子午峪。不久，王劲哉又投蒋，率部东出潼关，任新编第三十五师师长，受国民党中央军刘峙指挥。卢沟桥事变爆发后，新编第三十五师进驻河南开封，王劲哉兼任开封警备司令。后参加豫东会战、武汉会战等战役。武汉失守，王劲哉部撤至湖北咸宁，改番号为第一二八师，编入汤恩伯的第三十一集团军序列。汤恩伯调王劲哉去湖南整训，并告以将升任副军长职。王劲哉认为这是削其兵权，拒不赴湘，迅速脱离第九战区，北渡长江进入湖北沔阳境内，划归第五战区指挥。王劲哉乘机扩充实力，所部一度发展到万余人。王劲哉部控制着江汉平原这一战略要地，对侵入华中重镇武汉的日军构成严重威胁。1943 年 2 月，在日军进攻和内部叛变的夹击下，第一二八师全军覆没，王劲哉受伤被俘。面对日军的威胁利诱，他宁死不做亡国奴。

沈玺亭(1903—1985)，原名世成，又名汤有为，陕西汉阴人。1918—1920 年间，沈玺亭投奔陈树藩部当兵。1927 年秘密返回汉阴组织地方武装。1928 年 11 月，汉阴县政府将其收编为“清乡队”，沈被委以队长。1929 年 9 月，沈玺亭自改“清乡队”为“陕南人民自卫军”，自称司令，不再受县府保安队统辖。1930 年 4 月，他率部围汉阴县城月余未克，遂带部离开汉阴，活动于镇安、柞水、宁陕等地，拥兵 700 余人。1931 年 1 月，沈玺亭部被安绥军司令张鸿远收编为安绥军第一支队，委以支队长。同年春，随张鸿远攻打安康立功，被委任为安康城防司令。不久改支队为团，他任第四团团长，驻防平利县城。1934

年 9 月，安绥军改编为陕西省警备二旅，他仍任四团团长，先后被调往城固、洋县、商州驻防。同年冬，奉杨虎城令，沈玺亭部开往西安大营房整训。西安事变爆发后，杨虎城给警二旅下达任务，解除蒋系部队武装，并担任西安市区警戒。沈玺亭忠实地执行了命令。然而在西安事变次日，他私将蒋介石嫡系师长公秉藩放走。西安事变和平解决后，沈玺亭率部脱离了第十七路军开赴户县。西北行营主任顾祝同得知后，晋升他为独立第十九旅少将旅长，令开赴河南尉氏待命整编。后调往南京军政部任少将，不久又被派往军政部西安办事处，失去了兵权。1945 年在将校级军官总队受训，1946 年结业，同年办理退役手续，返回安康定居。

杨虎城率领的第十七路军，西安事变前，共有两个军，即第三十八军和第七军，军长分别是孙蔚如、冯钦哉，辖两个整编师(第十七师和第四十二师，师长分别由孙蔚如和冯钦哉兼)、3 个警备旅，再加上直属部队，总计 28 个团，6 万余人。从西安事变开始到杨虎城离开西安出国为止，第十七路军在蒋介石分化收买之下发生了大的分裂，这次分裂是杨虎城部队历史上最大一次分裂。首先是第七军军长兼第四十二师师长冯钦哉等一些右派军官，率部投蒋。后被蒋介石扩编为第二十七路军，下辖第四十二师、第一六九师，师长分别是柳彦彪和武士敏。接着警备第一旅王俊部、警备第二旅沈玺亭和唐得楹两个团、第十七师四十九旅旅长王劲哉部，先后投向南京，计有 14 个团，2 万余人。第十七路军所余不到 4 万人，编为陆军第三十八军，孙蔚如任军长，辖两个整编师(第十七师和第一七七师，师长分别是赵寿山和李兴中)、两个警备旅、两个直属团(教导团和骑兵团)。部队的实力遭到极大削弱，但政治上却进一步得到纯洁，战斗力更加顽强，在抗战时期获得“中条山铁柱子”的赞誉。在解放战争中，第三十八军官兵积极反对国民党内战独裁的政策，多次发动起义，投身人民解放战争的洪流，为中国人民的解放和新中国的建立做出了重要贡献。

# 下编

# 重要幕僚

# 第一章 军师与参谋

军师是早期的作战参谋者，是特定时期对参与作战的智力型人才的封号，主要起辅佐作用。参谋是近代直接参与军队作战指挥、专职研究战争、协助军队军事主官的专业军事人才。杨虎城幕府包容了这两种人才，其中主要的军师和参谋人才有李子高、蒙浚生、孙蔚如、马青苑、王一山、陈子坚等。这些人帮助杨虎城筹划计策、训练部队、指挥作战等，对杨虎城事业的发展起到重要的作用。

## 杨虎城盟兄——李子高

李子高(1880—1930)，名德陞，乳名满盈，字子高，陕西蒲城人。1914 年 4 月，收留因打死本县作恶多端的大恶霸李桢而被官府缉拿的同乡刀客杨虎城。当时李子高是本地民团的团总。杨虎城杀了李桢，在蒲城地面上名头很响。李子高撮合蒲城县孙镇区长委任杨虎城为东乡民团总团长，李子高甘当副手，并与杨结为异姓兄弟。许多东乡青年慕名来投，不到一个月，招募团丁百余人。东乡民团成立后，杨虎城带领民团四处剿匪，地方治安得到改善。李子高曾说杨虎城是“东乡百姓的希望”，是“将来率领百姓打天下的福星”。

1915年袁世凯称帝后，陕西资产阶级革命党人高峻在白水首举护国军旗帜，通电讨袁，杨虎城率东乡民团积极响应，与北洋军大战同州，连续攻占大荔、朝邑、韩城、宜川、郃阳、澄城、白水各县。杨虎城率领的民团在战斗中不断壮大。

护国运动胜利后，陕西各路护国军进行统一改编。东路讨袁军改编为陕西陆军第三混成团，东乡民团则被改编为该团所属第一营。团长王银喜拟定李子高出任营长，李子高诚恳谦让，举荐杨虎城任营长。杨虎城担任陕西陆军第三混成团第一营营长，李子高任该营第一连连长。

护法运动开始后，陕西靖国军在三原县成立。杨虎城率部参加陕西靖国军，改称陕西靖国军第五游击支队，杨虎城任支队司令，李子高任第一连连长。1918年2月，陕西靖国军左右两翼联合进攻西安，由于命令不统一，被陕西督军府陈树藩部突破。李子高仅率一连顽强抵抗，主动负起掩护重任，所部30多人在激战中牺牲，掩护全军安全撤离抵达渭北，博得友军一致称赞，史称“光台庙之捷”。同年4月，陈树藩勾结刘镇华，调动万余兵力妄图一举歼灭陕西靖国军。杨虎城奉命坚守关山以东的界坊堡，所部兵力不足一千。面对强敌，李子高身先士卒，指挥部队鏖战八个昼夜，终于遏止了陈树藩部的进攻，史称“关山界坊之役”。其后，杨虎城率领的第五游击支队改编为陕西靖国军第三路第一支队，杨虎城为支队长，李子高担任第一营营长。

1918年11月，北洋政府发起“八省援陕”的动员令，陕西靖国军大败和解体，第一、二路接受奉军改编，第六路投靠云南靖国军，第三、四、七路接受冯玉祥的改编，第五路接受镇嵩军改编。但是，陕西靖国军第三路第一支队的杨虎城坚决反对改编，毅然率部脱离第三路，攻占武功、扶风等县，高举陕西靖国军旗号，部队扩编为 5 个营又 2 个直属连，拥兵 3000 余人，杨虎城仍任第三路第一支队司令，李子高担任第一营营长。

1922 年 3 月，杨虎城迎请于右任在武功宣布重新成立陕西靖国军总司令行营。杨虎城部仍编为第三路司令，部队整编为 4 个团，李子高担任第三路副司令。由于杨虎城仍高举靖国军大旗，不愿接受直系军阀，遭到北洋军阀 3 万余兵力的进攻。在马嵬、武功战役中，李子高冲锋陷阵，扼守要地，“仅率两营，当直、皖、豫三师两旅之众，狙伺弈劫，裹创血战四十余日，声援并绝，几以身殉”。因寡不敌众，退守凤翔。北洋军阀继续反扑，组建不久的陕西靖国军再次瓦解。为保存陕西靖国军仅存力量，李子高建议杨虎城率部开往陕北，暂时依附陕北镇守使井岳秀部。同年 5 月，李子高随杨虎城率部千里转战，进入陕北榆林。杨虎城暂时脱离队伍，闲住榆林城内，部队改编为陕北镇守使署暂编步兵团，李子高为团长。依靠李子高的帮助，杨虎城在陕北训练军队，广纳才士，养精蓄锐。

1924 年 10 月，冯玉祥联合胡景翼、孙岳在北京发动政变，囚禁贿选总统曹锟，驱逐废帝溥仪出宫。陕北镇守使井岳秀响应冯玉祥、胡景翼、孙岳的行动，被推举为陕北国民军总司令。杨虎城再度出山，被井岳秀委任为陕北国民军前敌总指挥，将暂编第二团编为陕北国民军第二支队，李子高挂名为支队长。1925 年 8 月 29 日，北洋政府任孙岳为陕西督办，杨虎城率领第二支队正式接受国民军第三军改编，被授予第三师的番号，杨虎城担任师长，李子高任第五旅旅长。

1926 年国民军第二、三军在河南战败，镇嵩军首领刘镇华重新率部入陕，逼近西安。杨虎城率第三师主力和李虎臣率领的第十师等部队坚守西安城长达八个多月。李子高带领第三师一部一直驻守三原县，成为国民军坚守西安的支点。冯玉祥率领国民联军解围西安后，就任国民革命军第二集团军总司令。杨虎城率领的陕军第三师接受冯玉祥整编，被扩编为国民革命军第二集团军第十路军，后改为第十军，杨虎城任军长，李子高任副军长。

第十军改编完毕后，杨虎城率主力出关北伐，留副军长李子高率部留守后方。在前线，冯玉祥四处打压杨虎城，冯玉祥留守陕西的宋哲元又四处剿灭陕军，杨虎城无奈以离开部队的方式，促成第十军接受国民革命军第一集团军的改编。1928年9月，第十军在山东单县缩编为暂编第二十一师，杨虎城任师长，副师长还是留给李子高。李子高率领留守陕西关中的部队赶赴山东单县与杨虎城主力部队会合。长期的军旅生活摧残着李子高的身体，他到山东不久就病倒了，于是就留在山东单县养病。

1929年到1930年，杨虎城部先后改编为国民革命军新编第十四师、陆军第十七师和第七军、第十七路军，李子高都担任杨虎城的副职。他时刻关心前方将士，无心在山东养病，带病赶至河南南阳，终因劳累过度，于1930年10月病故。

1933年10月30日，在李子高去世三年后，西安各界在民乐园公祭李子高。杨虎城担任主祭，并报告李子高事迹。他说："纪念李副军长的意义，就是纪念陕西革命及十七路军革命历史。因他是十七路军革命创造者，他有许多地方，非平常人所能做到，冲锋陷阵，不肯后人，编遣时他亦站在人的前面，处处均依照国家及团体之需要来负责任。""三年前的今天，他在南阳离开我们团体而长逝了！那时我们军队奉命入陕，未得与他做最后之晤面，实为最痛心的一件事！迟到今日，始开会追悼他。”“关于他的历史，同仁知之者甚详，不必一再申述。(民国)十五年坚守西安之役。因他固守三原，奔走呼吁，艰苦八月，终于获得最后胜利。然他的身体，在这八月之中，已大受影响。十六年本军出关参加北伐战役，他留守后方，艰苦卓绝，及在山东会师一处时，他的精神惫困，气力早已不能支持。在山东养病时，本军在河南作战，他不放心前方战士，仍赶至南阳追随。其爱团体之热情，如何浓厚而伟大！以后本军入陕，他竟在南阳溘然长逝。当时噩耗传来，全体将士，无不沉痛欲绝。李副军长为革命奋斗，鞠躬尽瘁，终身未曾稍懈。”

从杨虎城开始从事自己的事业起，李子高就一直是杨虎城的副手。大战之时，两人并肩作战；发展之时，杨虎城带领主力开疆拓土，李子高带部队坚守大本营。李子高在杨虎城陕军中的地位仅次于杨虎城，可以说如果李子高不病逝，那么西安事变后的十七路军也不至于立即分化。李子高英年早逝，是杨虎城事业的一大损失。

## “蒙丞相”——蒙浚生

在杨虎城几十年的政治、军事生涯中，蒙浚生对杨虎城的事业给予了很大的帮助。他是第一个辅佐杨虎城的知识分子，“躬厉缔造艰难，备尝战阵帷幄之苦痛”，对杨虎城早期革命思想的形成有着重要影响。蒙浚生“一生胸怀若谷，疾恶如仇，治军严；其在事也，能理繁剧，任劳怨”。杨虎城在赠送蒙浚生的照片题词中写道：“吾陕在革命历史上经廿多年之牺牲，同志凋零无几。余同浚公患难十余年，常与相随。公见义勇为，凡于非常时多处之泰然，在平时善讲道义，多传先贤故事，余受益不浅，诚可为余之益友团体之导师。公今年来因积劳多病，不常在军中，然精神时刻未离。”这是二人多年交往的真实写照。

蒙浚生，名发源，字浚生，亦作浚僧。1881 年出生于陕西蒲城孙家镇，和杨虎城是同乡。少年入私塾，聪颖过人。上县学时，即名噪一方。及科举制度废除，转入西安高等学堂学习。蒙浚生在西安高等学堂就读时期，正是清政府腐败无能，内外交困，国运濒危之秋，加之陕西地区连年荒旱，农村经济破败，目睹民族灾难、人民疾苦，遂立志改革。在蓬勃发展的革命思潮的影响下，蒙浚生逐步接受了孙中山的民主革命思想。当时，在中国同盟会领导下的陕籍留日学生与国内革命活动相互响应，给陕西传播了许多资产阶级民主革命思想。蒙浚生在西安高等学堂、师范学堂及三原、同州、蒲城等省内有影响的学校中，传播资产阶级民主思想，发展同盟会会员，酝酿革命运动。1908 年在资产阶级革命党人井勿幕的策动下，蒲城县成立了教育会。同年 10 月，蒲城县知县李体仁仇视革命活动，捣毁了县教育会，逮捕并残酷迫害县高等小学师生，遂爆发了震动全国的“蒲案”。正在西安高等学堂就读的蒙浚生，积极投入了这场斗争。他发表文章、进行演讲，抨击腐败朝政，宣传民主思想。在为死难学生原斯健举行的追悼大会上，蒙浚生以陕西高等学堂同人的名义撰写祭文，怒斥清政府的暴行，革命激情感人至深。清政府慑于日益壮大的革命势力，终于被迫退让，“蒲案”斗争取得了胜利。在这次斗争中，蒙浚生进一步坚定了民主革命信念。1909 年蒙浚生加入中国同盟会，与中国同盟会陕西籍会员于右任、井勿幕、刘允臣等常有书信来往，研究推翻帝制、建立共和国等问题。这一时期，杨虎城在蒲城东乡一带组织中秋同志会，进行反清抗暴斗争。蒙浚生对杨虎城十分看重，杨虎城对蒙浚生也很敬仰。

1911 年秋，辛亥武昌起义之后，西安举旗响应，10 月 23 日西安光复。27 日秦陇复汉军政府成立。张凤翙为大统领，不久，中华民国军政府任命张凤翙为中华民国秦军政分府大都督。蒙浚生在大都督府掌管文书，张凤翙颁布的文告、函电等，大都出于蒙浚生和郭希仁之手。1913 年，蒙浚生奉命出任麟游县知事。1914 年，杨虎城在蒲城打死大恶霸李桢之后逃至麟游县，在知事公署藏匿了一段时间。

袁世凯就任中华民国大总统后，下令缩编秦陇复汉军，井勿幕、胡景翼、曹印侯被迫离开部队，张凤翙则屈于压力，倒向袁世凯，下令解散了州、县议会和省议会。不久，张凤翙被调入北京，袁世凯派其亲信陆建章为陕西将军，完全控制了陕西局势。面对复杂多变的形势，蒙浚生处于苦闷、彷徨之中，感悟到了军队在革命事业中的重要作用。蒙浚生对藏匿在身边的杨虎城说："没有武力，革命难以成功。"劝杨虎城等待时机，发展武装力量。后来，蒙浚生迫于形势，离开麟游任所，返回故里蒲城县孙家镇，在县小学任教。

1915 年袁世凯复辟帝制，激起全国人民反对。高峻联合曹世英、郭坚、耿直等竖起护国军旗帜，通电讨袁驱陆。蒙浚生当即参加了曹世英部，投入讨袁护国运动。袁世凯死后，代之而出的段祺瑞却废除临时约法并解散国会，孙中山于是在南方竖旗护法，陕西成立靖国军响应。1918 年 1 月三原起义后，曹世英任陕西靖国军左翼总司令，蒙浚生任曹部参谋。这时，杨虎城率领一支武装力量参加陕西靖国军，杨虎城被委任为陕西靖国军左翼军第五游击司令。杨虎城当时给曹世英提出的唯一要求，是请蒙浚生帮他整训部队，由此，开始了他们长达10多年的合作。

1918年8月，于右任回陕就任靖国军总司令，靖国军整编为六路，杨虎城部编为第三路第一支队，蒙浚生任第一支队参谋长，继续协助杨虎城整训部队，被视为杨虎城部的“灵魂”。蒙浚生定期给杨虎城和他的部队教文化，讲军风军纪的重要性，要求官兵要严格遵守纪律，不能随意欺辱百姓，还给官兵讲军事知识，灌输革命思想，向部队官兵讲解中国社会政治形势和孙中山的革命主张，不断地提高部队官兵的文化素质和思想觉悟。这对于杨虎城部队中那些只知勇敢作战不知国民革命为何物的官兵，是十分必要的，杨虎城部队的面貌发生了极大变化。当时人赞誉蒙浚生是杨虎城军中的“蒙丞相”。即使对杨虎城本人来说，蒙浚生也是一位难得的良师益友。在杨虎城早期戎马生涯中，蒙浚生成了他的左膀右臂，两人并肩携手转战于陕西各地，蒙浚生对杨虎城的事业兢兢业业，忠心耿耿。他们的友情，几十年如一日，杨虎城待蒙浚生如兄长，称之为“蒙哥”，待之如严师畏友。

陕西靖国军是北方唯一响应孙中山所领导护法战争的军事组织，但它是一个由来自不同方面、不同出身的领导人物组成的庞杂而松散的军事集团。1921年在北洋军阀的威迫利诱下，陕西靖国军内部逐渐分化，纷纷放弃靖国军的旗帜，接受北洋军阀的收编。只有杨虎城独扛陕西靖国军大旗，转战在陕西境内，在武功(后迁凤翔)重建陕西靖国军司令部。在转战中，蒙浚生一直辅佐在杨虎城左右，支持他“跟随孙中山先生走，把靖国军的旗帜打到底”。为不使这支部队被瓦解，蒙浚生再次发挥了重要作用。

蒙浚生利用自己同陕北镇守使井岳秀的朋友关系，引荐杨虎城率部退往陕北，进入井岳秀部防区，保全实力。杨虎城率部抵达富县时，派蒙浚生先行去和井岳秀洽谈，经过双方协议商定，达成了三条协议，即杨虎城目标过大，宜暂时离开部队，住在榆林城里；把部队改编为陕北镇守署暂编步兵团，以李子高为团长，孙蔚如为副团长，下编三个营；部队分别驻在定边、靖边、安边等地。

在陕北，面对陕西革命处于低潮，杨虎城非常苦闷。蒙浚生长与他谈古论今，并教他练习书法、学作诗词，排遣心头的烦愁。蒙浚生还在部队中开展文化学习活动，以提高官兵的文化水平。士兵们都尊称他为“蒙老师”。

杨虎城自辛亥革命以后，一直没有和孙中山取得直接的联系。这时他很想面见孙中山。蒙浚生也希望杨虎城率领的部队能直接听到孙中山的指导，但他认为部队刚到陕北立足未稳，杨虎城身体又不好，不宜离开部队南下，建议派人去联系孙中山。杨虎城听取他的意见，派姚丹峰到上海见孙中山，并报告了杨虎城部队的情况。孙中山对杨虎城的革命精神和坚强意志深表赞扬，并指示一定要保存革命武装，以待后命。这给苦闷中的杨虎城以很大的鼓舞。

1924 年 1 月，中国国民党第一次代表大会在广州召开，蒙浚生以陕北代表出席，拥护孙中山“联俄、联共、扶助农工”的三大政策。10 月，冯玉祥、胡景翼、孙岳发动北京政变，推翻直系军阀政府，成立中华民国国民军，并电邀孙中山北上共商国是。在蒙浚生等人的推动下，井岳秀同意胡景翼的提议，将其部队改编为陕北国民军，任命杨虎城为前敌总指挥，蒙浚生就任前敌指挥部参谋。不久，随杨虎城部离开陕北南下，以配合国民军在豫西的军事行动。

1926 年，面对革命形势的蓬勃发展，北洋军阀十分恐慌。在吴佩孚的支持下，刘镇华率领镇嵩军向陕西进军，妄图夺取西安，杨虎城率部进驻西安，与李虎臣等部合作，共同抗击号称十万之众的镇嵩军的进攻，坚守西安孤城近八个月之久，演出了西北人民在北伐战争中最为可歌可泣的一幕，最终在国民军联军的援助下取得胜利。守城期间，在外无援军、内无粮草的严峻形势下，蒙浚生身为参谋长，事事处处替杨虎城出主意想办法。西安守城之战是杨虎城巩固兵力、树立威信，为以后的事业打基础的关键时期。

西安守城之役是极为艰苦惨烈的。在敌众我寡、装备悬殊的条件下，大小战役日夜不停，牺牲巨大。此外，还时时面临着内部团结问题，反对投降派的斗争及日益紧张的粮食和军需供应等，杨虎城的压力是可想而知的。守城期间，蒙浚生作为守城主力——杨虎城部的参谋长，运筹帷幄，深谋远虑，表现出了卓越的政治和军事才能。守城一开始，杨虎城就接受蒙的建议，取消守城各部原来的番号，统称“陕军”，并推举李虎臣为总司令，杨虎城和田玉洁(守三原)任副司令。这项措施不但使守城各部号令统一、行动一致，而且减少了各部之间的摩擦，团结了友军，对守城部队的团结起了积极作用。其次，蒙浚生建议加强对守城部队的教育，整顿纪律，打击内部投降势力，保持了部队旺盛的战斗力。守城部队面临的另一个关键问题是粮草问题。在极端困难的情况下，蒙浚生更是宵衣旰食，不遗余力地筹粮、筹草、运水，以保证城内官兵和百姓的温饱。在紧要关头，他亲自杀了自己的坐骑，以解燃眉之急，对守城官兵以很大的鼓舞。依靠蒙浚生等人的协助，在长达近八个月的守城战中，守城部队有勇有谋，浴血奋战，打退敌人无数次进攻，取得了最终胜利。

在围城期间，还有一个改名的小插曲，被传为美谈。杨虎城原号虎臣，在敌军攻城的炮火声中，蒙浚生建议杨将“虎臣”改为“虎城”，意为西安是坚不可摧的“虎城”，杨虎城欣然同意，并用了一生。蒙浚生原名浚僧，他也将“僧”改为“生”，意味着“新生”。

西安解围后，杨虎城部被编为国民军联军第十路军，1927年春又改为国民革命军第二集团军第十军，东出潼关，参加北伐。蒙浚生被任命为总参议长，负责协助副司令李子高留守陕西。在极其复杂的军事、政治形势下，蒙浚生协助李子高保存了这支部队。直至1928年冬，留守陕西的部队开往山东单县与杨虎城部主力会合。在此期间，国内各政治势力不断分化组合，可以说是危机迭起，风云变幻。杨虎城在北伐失败之后，愤而出走日本。为了保存杨虎城部这一战斗力量，蒙浚生呕心沥血，备尝艰辛，沉着冷静地应付着当时错综复杂的局面，继续整顿前后方的部队，终于保存了这支革命力量，并电催杨虎城从日返回，投入北伐战争。他不愧为辅佐杨虎城的得力助手。1928年11月底，杨虎城回到部队，老友相见，分外兴奋。但这时蒙浚生积劳成疾，身体很差，经杨虎城同意，离开部队到杭州治疗休养。

1930年10月，杨虎城率部回陕，主持陕西军政，曾电催在上海的蒙浚生速回西安，研究政务和人事安排，有意让他主管民政厅。蒙浚生由沪杭转赴汉口，不久又去平津，迟滞外地不归。蒙浚生认为杨虎城大功告成，周围人才济济，无须他个人再煞费苦心，而且自己体弱多病，应急流勇退，直至杨虎城人事安排好，他才返回陕西，被杨虎城聘任为陕西省政府高等顾问，但长期寓居三原。

杨虎城常给蒙浚生去信，每封信都是厚厚的，信基本是用大字写的。一是问候，同时也是让蒙浚生评他写的字。杨虎城也常去三原看望蒙浚生，每次去都是住在一起，彻夜长谈。一次，杨虎城对蒙浚生说："蒙哥，省上组织一个代表团，要到南京开会，大家都推选由你率领。"说着，将代表团名单递给蒙浚生。蒙浚生看了看，用毛笔将自己的名字抹去，反问杨虎城："谁叫写上我的名字？我不去，我能给老蒋去稍息立正吗？"看着耿直的蒙哥，杨虎城无奈地笑了笑，也只得作罢。

1931 年，杨虎城在西安为母亲祝寿，将蒙浚生也接到西安，住在张家巷一个院子里。杨虎城问："蒙哥，这里怎么样？"蒙浚生看着修葺一新的房子和宽大的院子说："好啊！"过了几天，杨虎城又来了，一进门就说："这房子我买下了。"一边将房契递过去。不料蒙浚生生气地一口回绝："谁叫你给我买房子？我不给孩子置产业，更不在大城市置家当。长安非久居之地。"蒙浚生就是这样一位不图名利地位、不贪房产钱财的正直的知识分子。他唯一的嗜好就是书，杨虎城常"投其所好"，送书给他，每次见面，杨虎城说："蒙哥，有好书，把书名给我开来，我给你买。"蒙浚生也一定痛快答应："好，好。"他常说，最大的愿望就是给家乡办个学校，但是始终力不从心。幸而杨虎城接受他的建议，创办了尧山中学和崇实中学，也算了却了他的夙愿。

九一八事变后，日本帝国主义侵入中国东三省，蒙浚生和杨虎城都认为这是蒋介石打内战的"报应"。之后，蒙浚生对蒋介石不派军队抵御日本帝国主义侵略，反而命令杨虎城部队和东北军到陕北“剿共”的行为表示强烈不满。当他得知杨虎城部队和东北军不是真正“剿共”，而是掩蒋耳目时，连声说：“这样好！这样好啊！”当他看到中国共产党《八一宣言》(《为抗日救国告全国同胞书》)时，深深地为中国共产党全民族团结抗日的诚意所感动，表示“共产党看得远，咱们要向他们学习”，并称如果杨虎城与红军合作，前途不可估量。

西安事变爆发后，蒙浚生对共产党提出的和平解决办法非常拥护，红军南下途经三原时，蒙浚生不顾重病只身走到三原街头看望红军。事后当蒋介石逼杨虎城辞职出国考察时，蒙浚生鼓励杨虎城要冷静，坚持等待时机。这些足以说明蒙浚生在政治上信任共产党，反对蒋介石打内战的政策。这些有胆识的论断给杨虎城在如何解决“西安事变”，以及帮杨虎城最后下决心起到了重要的作用。

1937 年 11 月下旬的一天，陪杨虎城出国考察的樊雨农来看望蒙浚生，蒙浚生十分惊喜，忙问：“杨先生回来了吗?”樊雨农回答说是杨先生叫他回来看老太太和蒙先生，他是提前离开香港的。蒙浚生听后十分着急，立即催樊雨农：“你快去东里堡见老太太，不要停留，马上去香港接杨先生。你对杨先生说，叫他无论如何先回西安为上策。一定要汲取汉卿的前车之鉴，谨防坠入罗网。切记！切记!”不幸的是，杨虎城没有逃脱罗网。听到杨虎城被关押的消息，蒙浚生身心受到极大的打击，心情极为沉重。

1938 年春，蒙浚生的病情越来越重。接替杨虎城执掌第十七路军的孙蔚如多次看望他，并从西安请来医生给他治疗，但没有好转。在病危时，蒙浚生拿出自己的日记给外甥看。他日记的后面用大字写着："要看仇人灭亡，要看敌人灭亡！老夫不死。"他问外甥："你懂吗？"随后自己回答："仇人是蒋介石，敌人是日本鬼子！"

1938 年 4 月 6 日，蒙浚生病逝于三原，终年 59 岁，归葬故里蒲城孙镇。遵照蒙浚生的遗愿，墓地无碑亦无任何纪念设施。于右任曾赠送给蒙浚生一副对联："移山不改当年志，表海希逢旷世英。"

杨虎城在狱中还惦念着他的"蒙哥"，他给蒙浚生写了多封信，在重庆通过一位好心的同乡医生秘密传递出来。但是这些信直到抗战胜利后才传回陕西，可惜蒙浚生已经病逝多年了。

## "折冲樽俎"之才——王一山

王一山(1884—1955)，原名治馨，陕西旬阳人。1898 年考入陕西陆军小学堂。毕业后考入陕西陆军中学堂学习深造。1910 年，已经加入中国同盟会，曾与王一山为陕西陆军小学堂同学的钱鼎，由保定陆军速成学堂毕业回陕西，在陕西军界发展同盟会会员，于是介绍王一山加入中国同盟会。此后，王一山在陕西陆军中学堂的学生和新军中积极宣传同盟会的革命主张，又与陕西同盟会中的骨干人物师子敬、焦子静、茹欲立等交往密切，共同进行反清活动。曾在旬阳参加哥老会组织的反清暴动，制造了外形似梨，用铜铸成的炸弹——麻辫子炸弹。暴动失败后，哥老会大爷王久昌被清政府杀害，王一山因涉案被捕，后被营救脱身，返回西安。

1911 年 10 月 22 日，陕西同盟会联合新军、哥老会在西安率先响应武昌起义。王一山与陆军中学堂教官马晋三、同学牛策勋根据同盟会领导人的命令，组织学生军，担负起守卫藩库、进攻满城、维持城内社会秩序的重任。在保卫陕西革命政权的东西路战役中，王一山任炸弹队副队长，与队长宋向辰、参谋长杨叔吉等率部在西路乾县薛录镇与重重包围的清军拼死血战，给清军以沉重打击。返回西安后，又担负起西安城防的重任。

袁世凯派陆建章主陕期间，王一山奔走渭北各地，参加反袁逐陆斗争。接替陆建章主持陕政的陈树藩，与王一山有同乡、同学之谊。但在陈树藩投靠北洋军阀政府之后，王一山与其他进步人士一起反陈树藩，引起陈树藩的不满，欲除掉王一山。幸得友人师子敬的帮助，王一山方免于难，被迫于1920年离陕赴沪，寓居上海。

1926年王一山返回陕西，在西安高等学堂以教书维持生计。刘镇华围攻西安期间，王一山经人介绍结识了杨虎城，再次涉身军界。1927年5月，杨虎城率部东进参加北伐，王一山应邀随军，任军务处处长、第十军第二师参谋长，与直鲁联军激战于归德、徐州一线，后转至皖北太和休整。1928年4月，杨虎城赴日本疗养。毗邻驻防的方鼎英部不守诺言，与杨虎城部发生摩擦。代理军务的孙蔚如派王一山据理交涉，求得了和平解决。

1928年秋，杨虎城部移防山东，到达金乡县时，当地政府和帮会武装以未奉上级命令为由，拒绝军队驻扎，并包围了王一山率领的先头部队韩世本团，两者面临刀兵相见的形势。孙蔚如派王一山到红枪会驻地劝说，终于使其撤去包围，避免了武装冲突。由于王一山的努力，杨虎城部数次避免在困境中遭受损失，时人赞誉王有“折冲樽俎”之才。在山东，杨虎城部被改编为国民革命军暂编第二十一师，王一山任师参谋长。

1929 年 12 月，唐生智与阎锡山、冯玉祥联合反蒋。杨虎城决定奇袭驻马店，但是连日大雪，天地皆白，杨虎城亲率部队不分昼夜，经唐河、泌阳向驻马店急进，留参谋长王一山守卫南阳并筹备供应。当杨虎城到达总供给站时，发现运送辎重的车辆尚未备足，即在电话上把王一山申斥了一顿。过了不久，王一山给杨来电话说有病，要请假搬出司令部休息。杨虎城很生气，厉声说："王一山，这是战争时期，你要敢搬出司令部，贻误了军机，我就以军法从事。你若是因病死在司令部里，我回来给你披麻戴孝。"说完，哐啷一声放下话筒，王一山再也不敢旧话重提了。杨虎城奇袭了唐生智部的大本营驻马店，俘获了唐生智部官兵四五千人。此役，王一山协助杨亲临前线指挥，终于使唐生智部全线溃退。

1930 年 3 月，杨虎城部改编为第十七师，7 月又扩编为第七军及第十七路军，王一山一直任杨部参谋长。11 月，第十七路军进入陕西，杨虎城被国民政府任命为省政府主席，王一山为省政府委员。因工作关系，他与省府秘书长南汉宸有密切交往，并盛赞南汉宸为人光明磊落，理财有方，是难得的人才。1932 年春，日、美等国几个间谍在新疆、甘肃、宁夏等地搜集情报，途经陕西被杨虎城部下扣留，查出密码本及其测绘的新、甘、宁等省地图，遂上报西安绥靖公署要求将其处决。绥署主任杨虎城当时在三原休养，时任参谋长的王一山为了国家利益，同意部下的请求。日、美等国为此事向南京政府提出交涉。南京国民政府屈从于外国列强的压力，加之蒋介石对陕政十分不满，正在寻找借口撤换杨虎城。王一山为了不使这一事件成为蒋介石撤换杨虎城的借口，遂以治境无方为由引咎辞职，独自一人承担责任，顾全了大局。此后，王一山改任第十七路军总参议。1934 年，王一山赴上海治病，与进步人士杜重远及共产党人多有交往。

1936 年，王一山应杨虎城电召返回西安，参与组织领导第十七路军的军务工作。西安事变发生后，王一山以第十七路军总参议的身份出任陕西省政府民政厅厅长、代理省府主席。上任第二天，王一山就将关中几个与国民党有关的县长撤换，换成同情革命的进步人士。随后，又将其部属李焕卿的西安北大街二府街 3 号公馆、西安南院门荣盛合瓷器店等处提供给中共陕西临时省委、西安中心市委、渭北工委、中央北方局驻西安交通站等党的地下机关作为活动的据点。西安事变发生后，中共代表团到达西安，王一山同周恩来、叶剑英等人密切合作，处理西安事变期间的行政事务。

1937 年 2 月，王一山辞去陕西省政府主席兼民政厅厅长职务。5 月，在送杨虎城赴国外考察后，又辞去第十七路军总参议职务，去北京治病。七七事变爆发后，王一山秘密前往天津，乘船绕道香港回到陕西。此时，杨虎城旧部已经被改编为第四集团军，由孙蔚如率领开赴山西中条山抗日前线，王一山只好携带家眷到陕西城固县暂时居住。1938 年秋，王一山返回西安居住，闭门谢客，不问政治，过起了长达 10 年的半隐居生活。但是他与中共地下党员宋绮云、杨晓初、李敷仁，爱国人士杜斌丞来往密切。1939 年，蒋介石来西安，曾让当时任陕西省政府主席的熊斌转嘱王一山，希望王一山能够出来工作，王一山以身体有病难以支持为由推辞。1946 年 3 月，国民党特务分子冲进西安八路军办事处，捣毁进步报刊《秦风日报》《工商联合报》营业部。王一山、韩望尘等联名抗议国民党反动派的暴行。

1948 年至 1949 年，王一山曾写信争取合阳县县长潘禹九及胡宗南部军长李振西起义。中华人民共和国成立后，王一山被选为陕西省和西安市各界人民代表会议代表。这时他已积病在身，却一反国民党统治时期闭门居家的态度，积极参政议政，充分表现了对新中国的热爱。1955 年 1 月 1 日病逝于西安。

# 第二章 重要部将

杨虎城把一支农民武装力量，在短短10多年中发展成为一支6万多人的武装集团，并取得地方政权，成为陕军仅存的部队。这支队伍的发展壮大，在中国民主主义革命各个历史时期都能够顺应时代的潮流而不断发展，首先取决于杨虎城本人的思想，他能够不断接受新思想、新事物，能够数度与共产党合作，几经整训，部队素质不断提高；同时也由于这支部队中有一批爱国的、思想革命或进步的、能征善战的将领。孙蔚如、冯钦哉、姬汇伯、赵寿山、孔从洲、李兴中、马青苑、武士敏、刘威诚、阎揆要、王劲哉等一批将领，他们与杨虎城多年共事，南征北战，成为这支部队的核心力量。在这些将领中，杨虎城有两个“三驾马车”。早期的“三驾马车”是孙蔚如、冯钦哉、姬汇伯；中后期的“三驾马车”是孙蔚如、赵寿山、孔从洲。两个“三驾马车”是杨虎城倚重的核心军事幕僚和将领。

## “能蹲的”——孙蔚如

辛亥革命后，在陕西高举孙中山护法护国旗帜的是陕西靖国军；其后高举靖国军旗帜的是杨虎城及其所率之第十七路军；西安事变以后接过杨虎城旗帜的是孙蔚如及其所率的三十八军。

薄一波对孙蔚如统率的部队的评价是："三十八军及其前身十七路军，以其不断进步的表现和巨大牺牲，在现代中国革命历史上树立了光辉的形象。"杨虎城评价他的部下时曾说：冯钦哉能冲，孙蔚如能蹲。孙蔚如在杨虎城幕府期间，在内，他思维缜密，策划军机；在外，他勇毅干练，堪称猛将。

## 义结金兰

孙蔚如，1896 年 1 月 31 日出生于陕西省长安县(今长安区)豁口村一个"耕读传家的书香门第"。自学生时代起，他就博览新书，投身民主革命。1911 年 10 月 20 日，陕西革命军响应武昌起义，孙蔚如曾协同起义部队进攻西安城内旗兵。1913 年入西北大学预科，同年转入陕西陆军测量学校学习，毕业后任陕西陆军测量局地形课课员。1916 年加入中华革命党。

1917 年，孙中山在广东举起护法旗帜，陕西革命党人起义响应，组织陕西靖国军。1918 年 2 月，孙蔚如投笔从戎，在陕西靖国军曹世英第三路第二支队第一营任连长，参加了配合南方的护法战争。在反击北洋军阀八省军队的围攻战役中，他率领四排兵力，以少胜多，重创甘军陆洪涛部。孙蔚如英勇善战的名声于是在陕西靖国军中广为流传。1921 年，陕西靖国军在北洋军阀的分化瓦解下，纷纷接受军阀改编，唯一坚持革命旗帜的只有杨虎城部。杨虎城任第三路第一支队司令，听到了孙蔚如的名声并与孙相识。两人相识后十分投缘，孙蔚如佩服杨虎城不接受北洋军阀的威胁利诱，要把靖国军的旗帜打下去的决心；杨虎城也很赏识孙蔚如的文采和学识。因而杨虎城请准曹世英，于 1922 年初把孙蔚如调到陕西靖国军第三路第一支队任五营营附，不久升任营长，从此开始了两人长达数十年的合作共事。杨、孙二人遂义结金兰，誓同患难，孙蔚如逐渐成为杨虎城的主要助手，在杨部有很高的威信。

孙蔚如初入杨虎城部，即参加了在乾县铁佛寺伏击甘军陆洪涛部的战斗，获步枪千余支、子弹60余万发，军声大振。随后，在马嵬、武功附近，与直系军阀激战20余日，立下战功，因两臂负伤而留医凤翔。杨虎城部因军阀部队大举来攻，形势严重。杨虎城与于右任商议后决定，为了保存革命力量，于右任“南下请示孙中山”，杨虎城“率队北赴沙陀国(指陕北)”，暂依陕北地方实力派人物井岳秀，整训休养。

孙蔚如未及伤愈，即东出潼关，经河南，拜谒岳武穆庙。樊钟秀约他南下广东革命，他表示，由于与杨虎城的友谊，且北方革命力量只留此一根蒂，愿在北方与杨虎城一起革命。随后他赴北平，再行治伤手术。1922年12月初，孙蔚如到陕北与杨虎城、蒙浚生、姚丹峰等重逢，“经忧患后，相见倍欢”。

杨虎城部到达陕北后，部队缩编为陕北镇守使署暂编步兵团，驻防靖边、安边、定边地区。因杨虎城养病榆林，由李子高任团长。李子高为人忠厚但才疏，应付局面颇感力绌。孙蔚如回来后，受命为中校团附，着手训练部队，提高士气；剿灭土匪，以利商贾；铲除盐政积弊，便利人民吃盐；开办小学五所，提高汉蒙人民文化水平；开办军事教导队，培养干部。教导队于1923年春开办，孙蔚如着重招收各地进步青年学生，并聘请赵寿山、刘光甫、段象武等受过正规军校训练的人做教官，培养忠于三民主义的军事干部，孙蔚如自兼队长。吴岱峰、张汉民、孔从洲、刘威诚等都是当时招考来的进步青年学生，以后成了杨虎城部队的骨干力量。杨虎城军中向有“测、保、教”

是骨干的说法，“测”指军官毕业于陕西陆军测量学校，“保”指军官毕业于保定军官学校，“教”指军官毕业于安边教导队。“测、保、教”出身的干部在杨虎城部队占有十分重要的地位。安边教导队的开办，形成了杨虎城部“自力更生”培训军官的传统。

1924 年 10 月，冯玉祥发动北京政变，邀请孙中山北上。杨虎城起而响应，部队改编为陕北国民军，杨虎城任陕北国民军前敌总指挥，孙蔚如为参谋长，并兼教导营营长、第二游击支队司令。是年冬，杨虎城部挥师南下，又改编为国民军第三军第三师，杨虎城任师长，孙蔚如任参谋长，与北洋军阀作战。1925 年春，孙岳邀请杨虎城在潼关开会。杨虎城带孙蔚如参加会议，商定诸事后，各军开始行动。杨虎城国民军向大荔、朝邑、郃阳、澄城、韩城一带的刘镇华镇嵩军的帮凶麻振武部发起攻击，收复郃阳、韩城两县，配合了国民军第二军在豫西击溃刘镇华军的战斗。是年夏，在千阳、陇县地区接连击败北洋系甘军孔繁锦部；为接应国民军第三军入陕，追击北洋系陕西督军吴新田，在凤翔重创吴新田部第七师，使陕西的北洋军阀势力受到重大损失。

## 助杨守城

1926 年春，吴佩孚北联张作霖夹击国民军，国民军第二军在河南失败，吴佩孚又指使河南刘镇华、陕西吴新田、甘肃孔繁锦三支军阀部队号称“十万之众”，欲一举攻占西安。北方革命形势顿时紧张。面对危局，陕军联合御敌，以杨虎城、李虎臣、卫定一部共同坚守西安。坚守西安之役自 4 月开始。孙蔚如协助杨虎城指挥部队坚守城池，孙蔚如部守东北城隅，为最接近敌军之处，是敌军攻城之重点。围城期间，大小战斗，日辄数起。围城后期，斗争更为艰苦，军民几乎断炊，以油渣、谷糠、榆树皮为食，渐亦不继，每日饿毙者数十人以至数百人。在这种情况下，孙蔚如部仍然坚守阵地。一位绅士曾对孙蔚如说："把人都死完了，守下城做啥？"孙应声怒斥："以前死的都是官兵，李先生没说话。现在轮到李先生头上了，就不情愿了？"有一次，刘镇华部在城东北角外数百公尺处，一夜筑起炮台两座，高出城表，并以重赏为诱饵，纠合著名悍匪组成攻城肉搏队，以炮火配合，妄图一举攻破西安。孙蔚如守城一整夜刚下城墙休息，闻讯后又迅速登城接战。原守军一连人仅余官兵三人，来援之军也已伤亡过半，战斗仍在激烈进行。孙蔚如指挥官兵英勇抗击，始将敌击退。是役惨烈搏斗 7 小时，伤亡甚重，孙蔚如 14 名勤务兵伤亡 11 人，城角有一楼被摧毁无余，只剩一堆瓦砾。

在猛烈的攻击被击退后，有几天异常平静，城外没有新的进攻动向。侦察兵报告敌人在东关防地赶做棺材。杨虎城部参谋人员议论说这是刘镇华鼓励士兵为他卖命，活着有赏，死了还可以捞到一口棺材。杨虎城持否定态度，说："刘镇华把士兵看得狗都不如，死了不暴尸露骨就算福气，哪里还会用棺材埋葬！至于长官很少亲上前线的，子弹有眼也碰不到他们！"孙蔚如也不相信棺材用以埋人之说。为了解开谜团，两人一起到前沿阵地观察。士兵报告说近几天又发现有车在运土，出现了新的土堆。工事早已挖好，难道是在挖坟？孙蔚如肯定地说："这是曾国藩的故伎重演！"杨虎城也有所悟："这确实是个阴谋！"他们一个从历史经验着眼，一个从现实情况出发，同时识破了敌人的阴谋："刘镇华要挖地道炸城墙。"原来曾国藩在攻太平天国国都南京时，久攻不下，他命人从紫金山下挖到太平门城根，用棺材装满炸药，从地道运送到城墙下，炸倒了城墙，攻进了南京城。孙蔚如讲了这段历史上攻城的故事，杨虎城肯定了他的判断，两人一起制定了对策：在东稍门外的一个枯井里，窃听挖地道的声音，找来许多铜盆，内放豌豆，测听地下动静，测出敌人挖地道的方位和距离。杨虎城军预先准备大量柴草、辣椒及鼓风，一见挖透，即向洞口引火扇风，将辛辣的浓烟吹入地道里，使敌人无法呼吸，再向洞内猛烈射击，就用这样看似简单的土办法，把敌人挖的地道都破坏了，终于使刘镇华的地道攻城战归于失败。

就这样，孙蔚如协助杨虎城坚守西安达近八个月，直到冯玉祥的国民军联军来援，西安才解围。是役，史称“二虎守长安”，是中国近代军事史上著名的守城战役之一，有力地配合了南方国民革命军的北伐战争。经过近八个月的守城战，孙蔚如更看清了杨虎城的坚定无畏和无私，更加敬重他了。杨虎城也更加感到孙蔚如熟谙经史，遇事沉着冷静，是一个不可多得的人才。

## 代杨主军

1927年春，杨虎城部改编为国民革命军第二集团军第十军，孙蔚如任军参谋长，后调任第二师副师长代理师长，部队东出潼关，参加北伐战争。5月，第十军在归德协同友军与北洋军阀张宗昌、褚玉璞、孙传芳等部展开豫东会战。孙蔚如在程大庄一役，仅以步兵1营和师部手枪连抗击了步、骑、炮联合进攻的数倍于己的敌人。战斗中，他三面被敌包围，仍坚守不退，沉着应战，予敌以大量杀伤，牵制了敌人，为总部争得了时间。豫东会战，杨虎城部损伤很大，在归德孤立无援，乃脱离战场，移防皖北太和、河南鹿邑一带整训。

1928 年初，杨虎城赴日本养病。此时杨虎城部正处于困难时期，编制、军饷两无着落，又夹于各派军阀之间，如果应付不当，部队前途将不堪设想。杨虎城在出国前，对派谁代掌军务的问题，经反复考虑，终认为孙蔚如“深沉稳练，工于心计，且驭下宽厚温和，兼收并蓄，托以重任，当不辱命”，因此，委托孙蔚如对内代行军务。当时蒋介石开始谋划二次北伐，他命令杨虎城的第十军从冯玉祥的第二集团军转到方振武的第一集团军第四军团加入北伐。冯钦哉赶紧找孙蔚如商量怎么办。孙蔚如说：“杨兄就是不愿归方振武指挥才远游日本，咱们怎能趁他不在参加北伐，万一北伐时方振武给个小鞋穿，部队造成损失谁也负不起责。”冯钦哉资历比孙蔚如老，又是三结义的大哥，但他知道自己不善筹谋，这种复杂的人事关系还得由孙蔚如来判断。于是，他同意了孙蔚如的建议，采取迂回战术。他俩派人去见方振武，表示愿听指挥，避免抗命之嫌，接着再提出三个问题，作为延缓开战的借口：第一，军中群龙无首，必须电请杨虎城回国；第二，先拨开拔费和欠饷若干万；第三，补充弹药和筹办运输工具。方振武无法解决这些问题，便对第十军不再过问。

孙蔚如在替杨虎城代行军务期间，坚决执行杨虎城“不危害革命，掩护共产党人”的主张，许多共产党人来到第十军开展工作。孙蔚如在砀山驻地纪念周大会上讲话时，严厉斥责反动派杀害共产党人的罪恶行径，认为这是“损伤国家元气，十分可恨”。1928 年春，中共皖北特委领导皖北暴动，有人叛变告密，交出杨部中的部分共产党人名单，蒋介石电令镇压。当时，受杨虎城委托在军部负责外事的师长冯钦哉等人主张照办，并与孙蔚如大吵。孙蔚如感慨地说："这些人一是我的乡党，二是我的学生，叫我杀谁呢？我杀了怎么能对得起陕西人，怎么能对得起我的学生，更怎么能对得起我的朋友！且这些人都有爱国之心，是有为之士，基于爱国救民之愿，不顾生命，参加革命，消灭军阀，打倒帝国主义。诚为可嘉，何为可杀！"遂命孔从洲将暴露的数十名共产党人以"遣送编余军官"的名义，给资护送出境，其中有南汉宸、曹力如等。不久，又发生多次因活动不慎而暴露的共产党人为蒋系特务侦知来电索要的事情，均经孙蔚如严词教训一番："你们这些娃娃，胡闹，十军容不得你了，马上走！"安排人开给路条，给资护送出境。

在杨虎城赴日，部队驻皖北和稍后调驻山东期间，部队没有正常的粮饷供应，生活极为艰苦，当时流传着"跑步以御寒，杀军马以充饥"的顺口溜。但孙蔚如治军严明，注意军民关系，不许军队扰民，部队常以帮助人民劳动的方式，换取稍许杂粮充饥。部队开往山东单县不久，第十军被缩编为暂编第二十一师。原来第十军第一师师长冯钦哉、第二师师长姬汇伯都四处活动，争夺暂编二十一师师长职位以取代杨虎城。孙蔚如和许多军官则坚决拥护杨虎城回部队主持大计。他派王宝珊、姚丹峰前往日本，促杨虎城早日回国。

杨虎城 1928 年 11 月回国，随后回到部队，移防山东临沂，奉命剿灭盘踞胶东多年的刘桂棠、顾震两股惯匪。这些土匪部队流窜各地，烧杀劫掠，无恶不作。孙蔚如协助杨虎城指挥武勉之、韩寅生、张自强、赵寿山、段象武各团，在莒县、诸城、日照、安丘一带，仅八天时间，就将土匪万余人彻底肃清，使胶济铁路以南地区的社会秩序大为好转。

1929 年 4 月，杨虎城部又离冯附蒋，改为新编第十四师，旋又改为陆军第十七师，孙蔚如仍任旅长。9 月，杨虎城部奉蒋令移防南阳，即卷入新军阀混战的旋涡。是年冬，孙蔚如率部在内乡、淅川等地，神速奇袭冯玉祥军之刘汝明部，获得蒋介石的嘉奖。

在这期间，杨虎城在南阳举办教导队，杨虎城自兼大队长，委孙蔚如为副大队长，负责实际工作。该队的共产党人很多，各中队的主要军官，除一人外，其余均为共产党员。第二年初，该队的共产党员酝酿兵暴。事情败露后，孙蔚如把暴露的中共党员用卡车送走。他说："我既反对右倾的屠杀共产党，又反对左倾的暴动政策"，"大家都是朋友，好合好散"。

1930 年中原大战爆发。是年 7 月，蒋介石任命杨虎城为国民革命军第十七路军总指挥，负责攻打洛阳和潼关。杨虎城派孙蔚如任南阳守备司令，任务是确保前线补给和后方安全。后因军情紧急，孙蔚如奉命率本旅和两个补充旅，协同其他部队，将抄杨虎城部后路的刘汝明部击溃。9 月，他又带领部队参与攻打洛阳和潼关，乘胜进入关中。杨虎城部进入潼关后，分头向陕西各地进军，扫荡冯部残余力量。甘肃省主席兼陕西省主席的刘郁芬带着两省文武官员和家属在一个手枪旅的掩护下逃跑，当获悉孙蔚如堵截的消息后十分恐慌，派人言和。孙蔚如派赵寿山与刘郁芬谈判，谈定在收缴所有武器后可以保证所有人员的生命安全，护送过黄河。孙蔚如将此向杨虎城做了汇报，杨虎城很满意。不料冯钦哉狭隘短视，要求杨虎城将刘郁芬等押送南京，向蒋介石邀功。孙蔚如得知后，十分生气，立即打电话给杨虎城，说明中国问题复杂，民国以来风云变化莫测，多一个朋友总比少一个朋友好，凡事要留有余地。杨虎城同意孙蔚如的意见，坚持原意，在刘郁芬交出武器后，将他们送过黄河。这件事情的处理，体现了孙蔚如的远见卓识和宽厚为人。孙蔚如有着渊博的中国历史知识和仗义崇信的人品，给杨虎城出过不少有益的主意。

## 经略甘肃

入陕后，第十七路军整编，孙蔚如任第十七师师长。1931年春，孙蔚如令赵寿山旅将驻陕南之川系军阀刘存厚、田颂尧等部击败，底定陕南。是年 11 月，吴佩孚借“国难”之机，策动川、甘、宁、青、新五省地方军阀联衔发出“咸电”，推自己为中国国防军总司令，主持所谓“对日军事大计”，企图东山再起。甘肃省保安总司令雷中田打出“甘肃独立”的旗号。蒋介石面临九一八事变后外患日亟的被动局面，复又添此北洋军阀余孽的联合作乱，大为震惊，全国亦舆论哗然。杨虎城为稳定西北大局计，请缨平乱，派孙蔚如以潼关行营参谋长名义，率领第十七师和其他部队入甘，平乱驱吴。孙蔚如为减小阻力，在平凉军民联欢大会上提出“西北团结、汉回不分、陕甘一家”的口号。11 月 29 日，首战会宁。守军师长王家曾拒不投降，声称：“你们杨虎城过去守西安八个月，我现在要守会宁一年。”但是，孙蔚如仅以一个团的兵力，攻打了 26 分钟就全歼守敌。捷报传到西安，杨虎城适与友人卧榻谈天，闻讯跃起，连说：“真的吗？!”接着，孙蔚如挥师乘胜攻打定西。定西既破，吴佩孚逃往北平。12 月上旬，孙蔚如率师进入兰州，地方军阀慑服，西北局势底定。杨虎城电蒋介石由孙蔚如暂代甘肃省主席。然而，蒋介石惧杨虎城部势力发展，拒绝其请，仅任孙蔚如为甘肃省宣慰使，暂兼军民两政。在主甘期间，孙蔚如发表《告甘肃民众书》，宣布要“整饬纪纲”“解除甘民痛苦”“融洽回汉感情，加强民族团结”“充实西北国防”，准备大刀阔斧，着意经营。

正当孙蔚如准备在西北大有一番作为之时，蒋介石为了打压杨虎城势力，委任邵力子为甘肃省主席，调任孙蔚如为第三十八军军长，免其宣慰使之职，移驻平凉，旋移天水。孙蔚如不甘心甘肃省政权为蒋控制，认为这是过河拆桥、排斥异己，一怒之下，电蒋大发牢骚，同时电召素以骁勇善战著称的第九十八团团长王劲哉轻骑赶赴天水，以防不测。杨虎城见电后，认为关系重大，不可轻举妄动，遂令扣发。孙蔚如回西安见杨虎城时，还意犹未平：“你们统治得太严了，一个军长连一个电报都发不出去！”1933 年，蒋介石为了让嫡系部队控制甘肃，进一步挤压杨虎城部势力，将第三十八军调往陕南，与川军刘湘、田颂尧等部执行围攻红四方面军的任务，并令胡宗南部进驻陇南天水，从侧背监视第十七路军。

虽然战事频频，内争不已，但孙蔚如一直关心日本侵略中国问题。他在《平甘通电》中表示：“本阋墙外侮之心”，“恢复协力对外，以报仇雪耻，规复疆土”。12 月 10 日控制兰州，稍事安顿后，即于 12 月中旬迫不及待地致电第十七路军总指挥部参谋处，要求详细了解日本侵华情形及我国备战程度，并希望随时得知势态发展情况：“自暴日强占东省，举国愤慨，我界同胞，尤深切齿、灭此朝食、咸具决心。……究竟暴日逞凶情形，及我方备战程度若何，请为详示，并将讨日消息，时时电知，至深切盼。”面对蒋介石对外奉行妥协，对内排除异己，继续进行反共内战的倒行逆施，他内心对蒋介石产生了强烈不满。为了实现自己的报国救国大志，他与杨虎城、杜斌丞等人经过多次秘密计议，决心与革命力量联络，谋求停止内战，一致抗日。

从1933年开始，孙蔚如在陕南“剿共”前线，以第十七路军全权代表身份，与红四方面军沟通联系，建立秘密停战关系。他先后11次派军部少校参谋武志平赴川北苏区与红军联系，红四方面军也派徐以新两次到汉中与孙蔚如谈判互不侵犯问题。孙蔚如在与徐以新会谈中表示，第十七路军是有革命传统的，个人对共产党人是抱友好态度的，希望红军将胡宗南部挤出陇南以至整个西北，第十七路军不向红军做真正的进攻，并愿给红军做后方掩护和接济适量军事物资。双方达成协议，形成了停战合作的局面。在与红军停战合作的两年中，他始终以互谅互让、维护和局的原则处理双方之间的关系，遵守共同协议，放松了与红军驻地接界地区的盘查限制，为红军的对外联系和物资交流创造了较宽松的条件。他还送给红四方面军一整套四川北部(包括甘南、陕南各县)的军事地图和一些通信器材、医药器械等物品。此外，他在所辖驻防区内减小对人民群众的抗日民主运动及革命活动的压力，使其得到相当的发展。

### 统战典范

1935年秋，孙蔚如部先后驻防关中、陕北。华北事变后，中日民族矛盾上升为中国社会主要矛盾，中共中央确定了建立抗日民族统一战线的策略方针，全国抗日潮流澎湃向前。孙蔚如同杨虎城一样，积极执行停止内战、团结抗日的方针，通过各种渠道打通与中国共产党及红军的联系，重建某种形式的合作关系。1936年秋，他托人向中共中央转告：“三十八军愿同红军互不侵犯，建立联系，互助合作，共同抗日。”中共中央对孙蔚如的态度“极表欢迎”。毛泽东在致孙蔚如的信中指出：“今则西北大局益急，舍联合抗日无以自救救国……自即日起，双方即应取消敌对行为，各守原防，互不侵犯。”同时，毛泽东还将发出不久的中共中央《致中国国民党书》送一份给孙蔚如。此后，驻防陕北“剿共”前线的孙蔚如，暗中掩护中共和红军的人员、物资过境，形成了与红军合作抗日的局面。

西安事变时，杨虎城召孙蔚如开会部署当夜行动，孙蔚如当即表示坚决拥护张、杨，主张：“要干就干到底！”当夜行动时，他在西安绥靖公署内配合张、杨掌握全局。在西安事变期间，他担任军事顾问团召集人、西安戒严司令、抗日联军临时西北军事委员会负责人、抗日援绥第一军团军团长。12 月 25 日，各方达成初步协议后，蒋介石被释放回南京，但陕西形势却异常紧张，张学良送蒋返宁被扣，而将事变机动处置权交杨虎城。但杨虎城根本无法协调东北军的行动，东北军内部矛盾重重，和、战两派之间剑拔弩张。主张和平解决而又具有实力的东北军高级将领王以哲成了两派斗争的牺牲品，杨虎城部也被蒋分化瓦解，孙蔚如成了杨虎城手下最具实力的高级将领。另外，蒋介石的嫡系部队源源不断开进陕西，压迫东北军和第十七路军，南京政府又逼迫杨虎城离军出国考察。在这种情况下，孙蔚如虽对和议条件多有争执，但他与杨虎城和中共代表周恩来的态度在根本上是一致的，将张、杨发动兵谏的初衷贯彻到底，主张和平解决，建立以国共合作为基础的抗日民族统一战线，坚决反对内战再起。西安事变后，杨虎城被迫出国，孙蔚如接任陕西省政府主席，第十七路军被缩编为第三十八军，孙蔚如任军长，成为陕西省的军政主要领导人。他以极大的耐心、平和的策略，煞费苦心地协调各方面的关系，保护了西安事变的成果，迎接全国抗日战争的到来。

1937 年七七事变发生后，孙蔚如派出第十七师（师长赵寿山）、第一七七师之五二九旅（旅长许权中）、教导团（团长李振西）次第开赴抗日前线，参加了保定、娘子关、忻口诸战役，以重大的牺牲迟滞了日寇的军事进展。孙蔚如在陕西省政府主席任上，密切注视着抗日战争局势的变化。1938 年 7 月，孙部改编为第三十一军团，辖第三十八军和第九十六军两个军及军团部直辖的教导、骑兵两个团。孙蔚如解去省主席职务，任军团长，率在陕各部由大庆关东渡黄河对日作战。孙蔚如率部防守中条山两年多，以伤亡两万余人的代价，先后 11 次粉碎了日军的扫荡，大量杀伤了敌人。日军称中条山为其华北战场上的“盲肠炎”，国人则把第四集团军称为“中条山铁柱子”。

1940 年 11 月，第四集团军调防河南，守备黄河以南之偃师、巩县、汜水、荥阳、广武百余里防线，在次年 10 月的广武地区战役中，又配合其他部队收复郑州。1943 年春，孙蔚如奉命赴渝述职。1944 年 3 月，在豫西战役中，孙蔚如部在虎牢关激战 7 日夜，杀伤日军数千人，坚守阵地两周之久，奉命转移阵地至洛阳以东，在完成任务后从容西退。孙蔚如在整个抗日战争时期都坚持了国共合作的立场，中国共产党对他的这一进步立场是深知的，毛泽东曾称赞以十七路军为前身的第三十八军是“我党统一战线工作的一个典范”。

1944 年 6 月，孙蔚如以战功升任第一战区副司令长官兼任第四集团军总司令。1945 年 6 月，孙蔚如升任第六战区司令长官，实际上失去了对第四集团军的指挥权，但他与原部属中继续带兵的核心将领孔从洲始终保持密电联系。1945 年 8 月日本投降后，孙蔚如受任武汉战区受降主官，19 天共解除日军武装

21 万人。

1946 年春，第六战区改组为武汉行营，旋改行辕，程潜为主任，孙蔚如为副主任，完全成为有职无权的备员，他又电呈辞职而未获准。1948 年，武汉行辕撤销，孙蔚如调任战略顾问委员会。

1948 年底，解放战争已近尾声，蒋介石政权已呈土崩瓦解之势，正准备逃往台湾。孙蔚如认为自己“离开大陆，就对不起虎兄(杨虎城)和中华民族”，毅然决定留在大陆。他坚韧而有步骤地应对着个人安全问题、蒋介石催逼他逃台的问题、营救杨虎城的问题、联系第二三二师的起义问题等。

为了使蒋介石放松对自己的戒心，从而保证自己的安全，也从而减轻杨虎城在狱中所受的压力，孙蔚如决定移居杭州，深居简出，除每天坚持写日记、读书看报、练习书法、下棋打拳、散步聊天外，绝少出外联系、应酬。但他一直秘密保持对外联系，密切注意国内风云变幻。孙蔚如在杭州期间，始终记挂着狱中的杨虎城，要在蒋介石政权即将垮台的最后关头，为营救杨虎城进行最后的努力。还在抗日战争时期，他就两次向蒋介石请命释放杨，并列举种种理由，甚至表示，他愿意做人质代坐牢，但均被拒绝。同时，他又通过各种关系，与人联名上书请求，并托人四处打探。1949 年初，蒋介石“引退”，李宗仁代理总统后，他和于右任等人的努力有了眉目，报纸上曾披露了释放杨的消息。他看到后，欣喜若狂，泪流满面，简单准备后，就赴南京迎接杨虎城。然而，蒋介石仍旧大权在握，从中作梗，使得在南京翘首以待的孙蔚如失望而返。1949 年中华人民共和国成立后，传来杨虎城及其狱中家属全部遇难的消息，他捶胸顿足，痛哭不已，愧悔自己未能达到营救目的。

1949 年 4 月中旬，孙蔚如以经沪赴台为名，迁移到由中共地下党组织选定的上海住址。5 月 27 日，中国人民解放军进入上海，孙蔚如来到革命大家庭。第二天，陈毅司令员看望他，传达了周恩来的指示，邀请他北上参加即将举行的全国政治协商会议。1950 年 8 月，孙蔚如经邵力子介绍加入中国国民党革命委员会，此后历任民革中央常委，民革陕西省委员会主任委员，陕西省第一、四届政治协商委员会副主席，陕西省第一、二、三届人民代表大会代表，陕西省副省长，第五届全国政协委员，国防委员会委员等职。1979 年 7 月 27 日，孙蔚如因病逝世，享年 83 岁。

## “能冲的”——冯钦哉

冯钦哉是杨虎城的老部下和左膀右臂，深得杨虎城倚重。杨虎城后来曾评价说：冯钦哉能冲，孙蔚如能蹲。冯钦哉堪称杨虎城帐下“猛张飞”，对杨虎城早期军事事业的发展起到了重要作用。但是在西安事变期间，在南京方面和西安方面两军对垒的关键时刻，冯钦哉竟然叛离杨虎城，做出了自己的道路选择。冯钦哉对杨虎城反戈相向，导致事变双方军事事态失衡，使西安方面承受巨大压力。新中国成立后，冯钦哉的同窗好友南汉宸曾给中共中央统战部部长徐冰写信说：钦哉头脑简单，是一个粗人。

### 反阎讨袁

冯钦哉，1889 年出生在山西万泉县(今万荣县)南薛朝村，家族世代务农。幼时就读乡里，早年考入运城宏道学校，是学校的风云人物，常与归国日本留学生接触，披览新书，议论时政，接受了资产阶级民主革命思想。1909 年，经友人王弼臣、李正卿介绍加入中国同盟会。1910 年考入山西省优级师范学校(两级师范)。

1911 年 10 月 29 日，山西革命党人响应辛亥革命。冯钦哉积极活动，支持革命，主动找到同盟会会员、山西省议会议长杜上化，请示革命办法。他接受杜上化的指示，回家乡组织武装，成立了万泉县独立大队，自任队长。1912 年，中华民国建立，山西全省局势逐渐趋向稳定，他即于 3 月将队伍遣散，复入师范学校学习。此时，阎锡山与袁世凯勾结，引起人民不满，冯钦哉等组织了同志联合会，使学生不受阎锡山的影响。9 月孙中山到太原，学校奉命照常上课，冯钦哉等激烈反对，要求去欢迎孙中山，并在同志联合会会议上建议各校罢课，到监学处、提学使衙门抗议。欢迎孙中山之后，同志联合会的会员分别到各处活动。从此，冯钦哉结束了学生时代。

1913 年夏，山西都督阎锡山组织征蒙队，委任冯钦哉为侦察队二等侦探员，指挥一排兵力。同年冬，冯钦哉任张汉杰团二营军需长。此时，阎锡山已经和袁世凯完全勾结起来，冯钦哉十分不满，即于 1914 年 2 月脱离晋军，到绥远归绥城(今呼和浩特)，向都督张绍曾献上了一本《治绥远政策书》，颇受赏识。张绍曾聘冯钦哉为绥远罚款局局长，他以“愿当学生继续学习”为由谢绝。不久，同盟会员张汉斌来绥远，冯钦哉即与张等计议讨袁，成立江北元帅府，组织武装力量，于 1914 年 6 月 1 日在包头起义，发动了讨袁战争。冯钦哉攻打袁世凯的孔庚第九师，进攻司令部，打了一夜，不支而走，撤入晋北。袁世凯和阎锡山对冯、张等人发出通缉令。张汉斌掩护冯钦哉渡河入陕，不久牺牲。

1915 年 12 月袁世凯称帝，各省反对。冯钦哉与续西峰、史宗法、胡德甫、续范亭、岳维峻等人，率数百健儿南下陕西韩城、合阳一带，会合李岐山等起义讨袁。冯钦哉以偏师南下富平，渡河而东，打回山西，攻克荣河等县，行军到虞乡，遭阎锡山军队夜袭，队伍溃散，主要革命党人分别出走。

1917 年，冯钦哉辗转到上海，以山西讨袁军代表的名义拜谒孙中山。孙中山对冯钦哉慰勉有加，并对西北地区的革命运动做出了指示。其后，冯钦哉奔走上海、北京、天津、济南等地，联络革命。1917 年夏末，冯钦哉来到西安，与陕西省警备军统领耿直共谋组织革命军，以驱逐皖系陕西督军陈树藩。冯钦哉向孙中山写信汇报此事。到 12 月，耿直发动政变，成立陕西靖国军。到 1918 年，陕西各地靖国军统一编成六路，冯钦哉任第三路第四支队模范连连长。

1918 年 4 月中旬，陈树藩集结 4 万兵力与靖国军展开关山之役，首攻界坊，守军为杨虎城。开战后靖国军各路相继增援，冯钦哉带着配枪还不足六成的连队发起冲锋，大败陈军，缴获枪支，结果 100 多号战士全都配上了洋枪。杨虎城见状大为赞赏，与冯钦哉抵掌欢谈，一见如故。杨虎城经常请冯钦哉喝酒，冯钦哉不好意思也回请杨虎城。一日，饮酒中杨虎城问冯钦哉：革命成功后干什么？冯钦哉说：革命成功，天下太平，不需要军队了，去做生意当个大掌柜就行了。杨虎城说：要当个大将军。冯钦哉说：你要当大将军就不认我这个哥了。杨虎城说：我不管干啥，你都是我哥。杨虎城佩服冯钦哉参加革命早，见过孙中山，管理军队有经验，还会做生意。冯钦哉佩服杨虎城敢作敢为，二人越谈越投机，杨虎城邀冯钦哉到其部坐第二把交椅，当参谋长。冯钦哉说：第二、第三我不稀罕，我要实权，要带兵要打仗，你当司令，我当营长就行。要进攻，我打先锋；要后退，我当后卫，遇军事上的事咱俩多商量，我辅佐你这个大将军。杨虎城说：钦哉兄，今晚说话算数不？冯钦哉说：君子一言，驷马难追。杨虎城说：咱俩三击掌，谁也不要忘了今天的话。乘着醉意二人击掌三下。没几天，应杨虎城所邀，冯钦哉到杨虎城支队任实力最强的第三营营长。从此，两人开始了长期的共同军事生活。

冯钦哉作战勇敢，常以劣势之兵胜优势之敌。在反击北洋军阀八省军队的战争中，他参加了乾县、马嵬、武功等激烈战役，迭获胜利。杨虎城倚为主力，冯钦哉也成为杨虎城的结拜兄弟。据冯钦哉回忆：他与杨虎城结拜了两回，"第一回关山那一仗打完，俺俩磕了一回头。第二回加上孙蔚如三人磕的，结成了桃园三结义，大哥冯钦哉和二哥杨虎城多了一个小弟弟，孙蔚如"。对于冯、孙二人，杨虎城有个评价：冯钦哉能冲，孙蔚如能蹲。冯钦哉后来回忆说：关山那一仗虎城才把我考验过关了，打完仗后俺俩磕头拜了八字。还说：当时打仗也不懂战术，反正感觉硬守吃亏，发动反冲锋能缴获枪支弹药，就能多添人。拼就是那一会儿，你只要不怕死，冲到人家(指对方)跟前他就害怕了，扔下枪就跑了。也有硬拼的，不过很少。冯钦哉在此役受了两处伤，冯钦哉说：那都是小伤，包一下，还得打。

陕西靖国军虽然取得多次胜利，遥相呼应了孙中山在南方进行的护法斗争，但终因本身缺点和敌我力量悬殊之故，形成了瓦解之势。各路靖国军纷纷接受了军阀改编，只有杨虎城部独自坚持靖国军旗帜。杨虎城部编为靖国军第三路，冯钦哉任第三团团长。1922年7月，根据于右任和杨虎城商议，于右任南下见孙中山；杨虎城率部“北走沙陀国”，依附陕北地方武装井岳秀，以保存革命力量。部队缩编，改称陕北镇守使署暂编步兵团，冯钦哉驻安边堡任中校团副兼第二营营长。其间，冯钦哉在当地开了“万发店”，在宁夏地区开了个“万盛奎店”经营生意。

### 驰骋沙场

第一次国共合作，促进了革命形势的高涨。1924年10月，冯玉祥倾向革命，发动了北京政变，成立了国民军。孙中山指示杨虎城迅速响应，编为陕北国民军第二支队，冯钦哉任第二支队第二营营长。1925年部队改编，冯迁任团长，不久任旅长。当时冯钦哉驻同官，奉命南下关中，对北洋军阀作战。在八女村、九龙村一带激战数日，击败刘镇华之麻振武部。在追击吴新田部时，冯钦哉旅为前锋，紧咬逃敌，与后续部队失去联系，孤军进到银渠，冯钦哉亲自率一团与敌一混成旅展开血战，他亲自上阵拼搏，终于以寡胜众，毙敌400余人。次日又猛追到高店镇，在敌未及关城门之际，他便冲入城内，展开巷战，俘获敌人团长以下官兵200余人。后续部队到达后，吴新田部被全歼于渭河南岸。这一次战役，冯钦哉立了大功，缴获大炮8门，此为杨虎城部建立炮兵之始。

1926年春，直系军阀吴佩孚遣军扑入关中，进逼西安。适冯钦哉部驻防西路，他以攻势防御手段，节节抵抗吴军，不断取得胜利。3月2日，他奉命后退至西安地区，乃乘吴军不备，突然猛烈反攻。冯钦哉亲临前线冲击，忽为流弹伤其颈部，血流浃背，犹冲锋不止，敌不支溃退，乃率军大步退至泾阳、三原地区，及敌侦知，已远离多时了。随后，冯钦哉又奉命抢在刘镇华之前冲进西安，他率骑兵一连，连夜渡河，率先进入西安，即在东关与刘镇华之前锋部队接火，与后续部队一起，勇挫敌锋，使西安转危为安。

在艰难困苦的守城战役中，冯钦哉的第六旅 4 个团配属黑宪章的第一游击支队负责守御西安东城及东关，距敌主力刘镇华部阵地最近，为敌之进攻重点。冯钦哉将指挥部设在东门城楼上，住在里面一边养伤一边指挥战斗。战斗极为频繁激烈，特别是后期，军民断粮，街头饿殍者比比皆是，斗争极为艰苦，而冯部均能守住阵地，还曾成功击退了敌人通过掘地道发动的潜攻。在西安南郊小雁塔的战斗中，他抽精锐部队增援反攻，并亲登南城墙指挥炮兵射击。在守卫城东北角的激战中，他亲率骑兵增援，参与指挥，并派队袭击敌军侧后，取得战斗胜利。11 月 28 日，冯玉祥国民军联军大举来援，城围得解。冯钦哉部移驻耀县，他个人留省城，共筹善后，兼养病疴。

1927 年春，杨虎城部队改编，参加东征、北伐。5 月，冯部协同友军与北洋军阀张宗昌、褚玉璞、孙传芳等在豫东会战。在马牧朵成战斗中，冯钦哉指挥对张敬尧的反攻。始则枪战，继则肉搏，战经两小时，将敌击溃。郑大庄一役，敌人步、骑、炮兵联合进攻，冯钦哉指挥部队收缩据坚大量杀伤和牵制了敌人，使整个部队得以安全转移。

1928 年春，杨虎城赴日本，外事托冯钦哉，内事托孙蔚如，二人合作无间，共同代理军长职务。此时，各地军阀进行所谓“清党”运动，独第十军保持着国共合作局面。蒋介石电令第十军镇压已查明的共产党人，孙蔚如主张不镇压并放走，而冯钦哉则主张“最少要抓几个应付一下”。两人为此大吵，孙蔚如晓之以理，冯钦哉终让步。是年秋季，冯钦哉随部队转入冯玉祥之山东防区。不久，第十军缩编为第二集团军暂编第二十一师，杨虎城任师长，冯钦哉任第一旅旅长。冯钦哉首先暴露了个人野心，他凭借自己资格老，派人四处活动，想当改编后的第二十一师师长。他与姬汇伯均跃跃欲试，“想取杨将军而代之”。为此，冯钦哉曾“在南京多方活动，马青苑也为之奔走”，终因“对内威望不足”而未果。冯钦哉此时已有离杨之势，且为杨虎城部主要负责人所俱知。

1929 年 4 月，杨虎城部离冯附蒋，编为第二编遣区陆军新编第十四师，冯钦哉仍任旅长。但冯钦哉在离开山东时，带了几车厢食盐，被山东盐务局查知，并报告财政部孔祥熙。孔祥熙大怒，便以蒋介石名义发电对杨虎城斥责。电文十分严厉，要求杨虎城彻查具报。杨虎城不愿把自己部下查报上去，但他刚附蒋，看到电文词句严厉，就电告在南京的李志刚，嘱咐李志刚设法了解。李志刚去见邵力子，邵力子看了电报认为不是总司令部拟发的，而是财政部用蒋介石名义发的，答应与蒋介石沟通此事，并告诉杨虎城不要有顾虑，以后不要再这样做就行了。

1929 年冬，蒋介石与冯玉祥之间的战争爆发。唐生智在洛阳以西打退冯军主力以后，突然以“护党护国军总司令”名义通电，倒戈反蒋，沿平汉路南下，进攻武汉。蒋介石十分惊慌，亲到武汉主持军事，电令杨虎城部相机侧击唐军右翼。杨虎城调冯钦哉旅随他去打唐生智。冯钦哉认为打唐没有把握，推病不肯去。杨虎城说：“你不能去，我把你的部队带去打！”最后，冯钦哉还是同部队出发了。杨虎城以冯钦哉部第一旅为主力，率师东进，此时，唐军总司令设在驻马店。冯钦哉对杨虎城说：

“我给咱打头阵，你们在后边打接应就是了。咱来他个‘李愬雪夜袭蔡州’。”当时，风雪交加，雪深没膝，冯钦哉率师两昼夜急行军200华里，利用暗夜偷袭驻马店，一战成功，1930年元旦完全占领驻马店。继而又英勇追击，将唐军全部消灭。冯钦哉为了邀功，他进驻驻马店后就用俘获的电台用明码给蒋介石发了一个电报，说他率部已经攻占驻马店。蒋介石在武汉收到冯钦哉的电报后半信半疑，稍后收到杨虎城的电报，才确信杨虎城攻占了驻马店，打垮了唐生智。蒋介石颁令给冯晋升一级，以奖勋劳，并亲自到驻马店召见冯钦哉。当着众人他对冯钦哉说：“你的队伍打得好，是一员猛将！”并赏洋两万元。冯钦哉得意忘形，拍着胸膛对蒋说：“打山西吧，打阎锡山我包了！”当时蒋、阎之间矛盾虽重重，但脸皮尚未撕破，此话使蒋介石很尴尬。此后，冯钦哉受到蒋介石的注意。国民党召开五大期间，蒋介石提名冯钦哉为中央委员，因冯钦哉未拜访陈果夫，未得选上，冯钦哉十分不满。但正是经此一役，“蒋认识了冯钦哉，从此逐步挑拨，成为限制杨部发展的环节之一”。

中原大战爆发后，冯钦哉部参与攻打旧县、洛阳，西进打开潼关，乘胜进入陕西。之后，杨虎城部正式扩编为国民革命军第十七路军，冯钦哉任第四十二师师长，驻防大荔县一带。1930年杨虎城回陕后不到一星期便诱杀了原来的靖国军战友、陕西民军总司令甄寿珊。冯钦哉听到消息后大惊，赶回西安质问杨虎城：“都是靖国军的老弟兄，你就能下得了手？”杨虎城沉默。马青苑在旁讥讽道：“一山不容二虎么！”冯钦哉说：“陕西这么大，容不下谁？当年靖国军就在渭河北那么大一点地方，容了多少虎？以后谁还敢来投你？”1932年，冯钦哉升任第七军军长兼第四十二师师长。这时，冯钦哉已成为南京政府的重点注意人物。蒋介石派他的秘书长杨永泰到大荔拉拢他，着他当省主席，豫、皖、鄂由他挑，冯钦哉怕丢军权而谢绝；陈立夫也拉他入CC组织，也遭拒绝。

## 叛杨附蒋

杨虎城部入陕后，形势比较稳定，但陕西连年荒旱，百姓流亡甚多，土地荒芜价廉。冯钦哉在大荔成立了第四十二师土地办事处，购买土地2000多亩，用以安置军官和伤残兵员的生活。他用500多亩创办了尚勤小学，还成立了一个剧团。同时，在西安开办了西北通济信托股份有限公司、裕泰纱厂，在泾阳等地开办了磨坊、中药房、杂货店、食品店等五家小企业。他个人投资占投资总额的45%。这是他一生经济上最活跃的时期。

九一八事变后，冯钦哉主张抗击日本侵略。他在大荔利用双十节组织了永久对日经济大会，各界参加者六七千人。从1933年参加长城抗战开始，冯钦哉就是国民党内部坚定的抗日派，为此还得罪过蒋介石。事情的起因是蒋介石叫杨虎城“讨平甘乱”。杨虎城和冯钦哉、孙蔚如等商量借此机会向西北扩张。冯钦哉认为：“甘肃情况太复杂，咱把陕西能弄好就行咧，要那么多地盘干啥？再说，当时事变时不出兵，事变已经解决了。人家现时喊抗日，打的是一致抗日旗号，咱去打人家，挨世人骂呢，我不去，也不同意别人带自己队伍去。”杨虎城只得派孙蔚如率十七师向兰州进军。不久，孙蔚如奉命入甘，勘定吴佩孚策动的武装叛乱。此后，杨虎城向蒋介石保荐孙蔚如为甘肃省主席。蒋介石只同意任命孙为甘肃省宣慰使，他对杨虎城一部始终提防着。同时，杨虎城想让冯钦哉做陕西省保安司令。冯钦哉觉得这是要让他交出兵权，便断然拒绝。如此，孙蔚如说服杨虎城趁蒋介石“攘外必先安内”的时机放弃陕西，从甘肃向蒋顾不上的新疆扩张的策略便泡汤了。杨虎城对孙蔚如说：“小弟，上新疆，就你连我两个人去吗？”言下之意是冯钦哉不愿放弃陕西兵权，大西北主义就会落空。此后，杨虎城、冯钦哉、孙蔚如三人之间的关系一步接一步地发生变化了。1933年冬，冯钦哉到南京出席中国国民党第四次全国代表大会，蒋介石问他平甘情况，他在回答末了带了一句：“打下来也是丢人！”蒋介石不解，他却直杠杠地说出了别的将领不敢在委员长面前讲的活：“日本人已经占领了我们的东北，你不开兵打日本人，反而打甘肃的老百姓。”蒋介石虽觉刺耳，但也没有发作。

1933年春，日军侵占热河，南攻长城，冯钦哉请缨北上，抗击日寇。4月下旬，他奉命率第四十二师东出潼关，开赴北平以北的顺义、怀柔地区抗日，受北平行营主任何应钦指挥。5月中旬，冯钦哉部联络傅作义部，与日军接火。一次，傅作义指着天上的日军飞机和阵地前日军的战车对冯钦哉说：这些都是张学良前年留给日本人的。冯钦哉立马破口大骂：“真是羞了先人咧！日本人把你爸都炸死了，一万日本人把十几万东北军赶出了沈阳，还把飞机大炮留给日本人又用来祸害中国人。唉，亏人哩！”7月，冯玉祥领导的民众抗日同盟军取得了察哈尔抗战的重大胜利。何应钦调冯钦哉和庞炳勋、萧之楚等部进攻察哈尔民众抗日同盟军。这使抗日同盟军处在日、伪、蒋的南北夹击中。冯玉祥通电全国，呼吁各方主持正义。冯钦哉于7月下旬赴宣化见庞炳勋，赴张家口见冯玉祥。8月初，冯又赴北平见何应钦。他对何应钦说：“冯玉祥总司令是抗日的，我不能打他；我又是他的旧部，也不能打他；他姓冯，我也姓冯，虽不是本家，他抗日，我也觉得光荣，更不能打他！”冯钦哉率部“开到北平后，想脱离杨虎城”。杨虎城派南汉宸从日本回来劝说冯钦哉，冯钦哉勉强答应率部返回陕西，总算未公开叛杨。9 月，他奉命撤回陕西。

1934 年至 1936 年间，蒋介石曾多次召见冯钦哉或令其随侍出游，借机挑唆怂恿冯钦哉叛杨虎城。据蒋介石侍卫张镇供称，至少在 1935 年 9 月和次年春，蒋介石便两次召见冯钦哉，当面给冯钦哉 15 万元军费开支和特支费及部分枪械，又许给冯钦哉以中央委员等高官，并答允时机成熟后冯钦哉即可脱离杨虎城部。正由于冯钦哉叛杨趋向日益显露，1935 年 12 月 5 日毛泽东致函杨虎城时即明言：“冯钦哉已为蒋介石拉去。”1936 年春，杨虎城在与王世英谈判时，表现得异常谨慎，生怕泄露半点风声，主要也是因冯蒋勾结甚紧，唯恐冯钦哉向南京告密而已。

冯钦哉与杨虎城原是结拜弟兄，关系甚密。冯钦哉资格颇老，常因小事与杨虎城计较，有时竟倚老卖老不顾杨虎城的颜面。张学良到西安时，杨虎城曾请冯钦哉将自己在西安的房子让给张学良住。为让张学良高兴，杨虎城还令第十七路军的军官陪张学良打麻将故意输钱。一次冯钦哉和张学良打麻将，张学良要悔牌，冯钦哉不干，便说：你把东三省一枪没放让给日本人了，你都舍得，这点钱你不舍得，我多少还和日本人在长城打了一仗，你的飞机大炮是捅火的。这件事发生后，冯钦哉虽然在杨虎城的要求下，向张学良道了歉，但对杨虎城的做法甚不服气，此事也引来一些西北军将领的微词。1936 年的下半年，张学良、杨虎城屡派代表与阎锡山洽商联红抗日等问题，陕北"剿共"前线也早已无形停战，冯钦哉对此自然也大体知晓。冯钦哉既一心拥蒋，"自认为看清了张、杨的反蒋意图后，也暗中做了些准备……以便随时应付事变发生"。

杨虎城在西安事变前曾和冯钦哉讲了一点，说要和东北军成立西北联军，让苏联供枪械和援助，打抗日的旗号在西北形成割据。张学良、杨虎城发动西安事变时，为保密杨虎城并没有将行动计划透露给他的两位师长冯钦哉和孙蔚如。事变发生后，杨虎城第十七路军的两个师分成两派，态度对立。一派以冯钦哉为首，反对杨虎城发动事变。另外一派就是孙蔚如、赵寿山、孙从洲，他们是另外一个师，当时紧跟杨虎城，支持西安事变。

西安事变发生时，冯钦哉率部驻防大荔。临扣蒋的前夕，杨虎城等"当时也想到冯钦哉会不会跟上来"的问题，曾一度想派车去大荔接冯钦哉回西安。但又考虑到，几小时后还须令冯钦哉部袭占潼关，于是作罢。12 月 12 日，冯钦哉接杨虎城急电："西安政变，兵谏于蒋，联共抗日，希共谋此举。"并令他进驻潼关，防堵中央军入关。当冯钦哉赶到渭河岸边时，原来驻防洛阳的蒋军樊崧甫捷足先登，占领了潼关。在冯钦哉彷徨时，樊崧甫从潼关打来电话，询问西安情形和冯钦哉本人对事变的态度，冯钦哉告诉樊崧甫关于事变杨虎城没有和他谈过，并说我守备大荔，不打中央军，但是我和杨虎城的历史关系，要我打西安，我也不干。樊崧甫建议冯钦哉"固守原防，静等解决"，冯钦哉同意了，并派出联络官与樊崧甫保持联系。在樊崧甫的建议下，孔祥熙从南京打电报给冯钦哉，对冯钦哉勉励有加，备施恩惠。冯钦哉更是受宠若惊，此后与樊崧甫声气相应，在战和问题上基本保持一致立场，即樊屯兵不前，不急于进攻，冯钦哉固守原防，不参加张、杨的“叛乱”，各自保持现状，以求事变的政治解决。当时远在南京的何应钦，一再命令樊崧甫率部进攻西安，都遭到樊崧甫的搪塞和拖延。冯钦哉后来与樊崧甫等人联名通电，气势汹汹，大骂张学良是“千古罪人”，并将杨虎城派来的联络参谋杀害了，等于宣告自己脱离张、杨阵线，站在了对方一边。这对西安方面来说是一个极其沉重的打击。但冯钦哉表面还是中立，尚未弄到真枪真刀的地步，张、杨自然尚存一丝幻想。

杨虎城对这位老部下确实指挥不动了。1936 年 12 月 12 日晨，杨虎城将军打电话给冯钦哉说，蒋介石不接受联共抗日要求，张副司令已下令扣蒋实行兵谏，要冯钦哉迅速集结进驻潼关，防堵中央军进犯西安。冯钦哉回答说：“张副司令(指张学良)的命令我不听。你有什么办法，我们再商量。”不听调遣，冯钦哉的态度大出杨虎城意料。杨虎城急遣续西峰、许海仙、马文彦等人先后到大荔，劝说冯钦哉“应以国家、民族的大局为重，无论如何不能分裂”，“与杨虎城十年的交情不能断啊”。冯钦哉坚持己见说：“扣蒋这么大的事，杨主任为什么不事先通知我，这是不相信我冯钦哉。”马文彦给冯钦哉解释这件事情是在突然情况下决定的，所以来不及通知，就连在西安的孙蔚如，也是事后才知道的。冯钦哉说：“我不相信，杨一味就不把我当人看。”但无论马文彦怎么解释，冯钦哉始终没有接受。冯钦哉虽然以此为叛杨的一种借口，却也多少反映了一些实情。由于冯钦哉早已蓄有脱离十七路军之意，又与南京勾搭甚紧，其离杨附蒋当属早晚间事。与此同时，南京方面的于右任、何应钦、孔祥熙、刘峙等，也多次派人争取冯钦哉。一方面，和他谈合作改编问题，并送来 100 万银圆，冯钦哉的司令部也堆满了水果等物。另一方面，面临军事形势不利，顾祝同捷足先登，进驻潼关，沿华阴、华县进至渭南地界，与冯钦哉部犬牙交错相邻，并以飞机轰炸相威胁。冯钦哉在拒绝杨虎城令后，派人赴潼关面洽樊篙甫表明态度：“追随蒋公多年，决不盲从作乱，现已不受‘接潼关’之伪命。”在大荔会谈中，冯钦哉表示“当即勉效前驱。一不作共产党，二不拥护小张(张学良)，三不与中央军作战”。他与刘峙、樊篙甫等人通电全国，反对张、杨。他应孔祥熙的要求，将孔之电文转给杨虎城，劝杨虎城“另寻自处之道”。南京方面任命他为讨逆军渭北司令，其部队沿渭河西进，占领澄县、白水等地。这样，张、杨和中共与南京方面会谈时，失去了军事上的有力支持。西安事变解决后，冯钦哉部扩编为第二十七路军，冯钦哉任总指挥，辖第四十二师和一六九师，自此脱离了杨虎城第十七路军系统。

冯钦哉枪杀张依中，导致冯、杨关系破裂，但杨虎城似乎仍对笼络冯钦哉抱有最后一线希望，故在12月25日宣告蒋介石离陕之通电中，杨虎城仍将冯钦哉的姓名列在其中。此前，杨虎城已多次提议与冯钦哉在西、潼间晤面一谈，后又托冯钦哉的结义兄弟孙蔚如从中疏通，但却被冯钦哉一口拒绝。蒋介石回南京后，冯钦哉一直听命于南京中央，不论是大军威逼还是政治解决，均能与南京方面默契配合，并一度企图勾结西安的右派对杨虎城实施“兵谏”，因而深得蒋介石之赏识。冯钦哉以叛杨投蒋的方式获得了南京的奖赏，其部队实力亦略有扩充。在西安事变善后处理过程中，冯钦哉固然主张以政治方式解决，但也曾献计南京：“蒲城为杨老巢，颇有潜势力，须用力攻占，且必占领三原等要地后，杨等方肯俯首。”冯钦哉在与杨虎城政见不同后，竟连几十年的私人交情也抛至九霄云外了。自此以后，杨虎城、冯钦哉彻底分道扬镳，各自走上了人生后半段的不同道路。

## 坚持抗战

七七事变发生，冯钦哉于7月12日领衔致电卢沟桥抗日将领，声援抗日，并又一次请缨抗日得准，于8月率部开往河北参加抗日战争。保定战役，冯钦哉参与指挥，战斗十余日。后部队向南撤退，他在定县、安国一带部署兵力，阻击敌人，使10万大军得以安全转移。在滹沱河和娘子关战役中，由于部队伤亡减员，冯钦哉奉命将所部编为一个师，由武士敏带领开赴晋东南山区与日作战，他带领余部到荣河县补充待命。

1938年春，冯钦哉部编为第十四军团，冯任军团长。在晋南游击战争中，与友军配合，击退了进攻子洪镇的日军，接着又打了几次胜仗，曾在稷山县与日军小林联队对阵，收复了稷山县城。是年11月，冯奉命遣散其指挥部，调任第十四军团副总司令，失去了对旧部的直接指挥权。1939年冬，蒋令冯钦哉将第九十八军军长之职交武士敏接任，只带第十四集团军司令部驻河南省渑池县。旋又调任第一战区副长官，驻洛阳。自此，冯钦哉被剥夺了军权，结束了他手握重兵驰骋沙场的生涯。冯钦哉对升大官而丢兵权很不甘心。1940年2月，他赴重庆见蒋介石，要求带兵打回山西抗日前线，蒋介石大笑说："给你五个军，打回山西。"他等了一年，等来的总是"研究一下"而已。1941年秋，武士敏的第九十八军在中条山全军覆没。冯钦哉却被任命为察哈尔省主席，免去第一战区副司令长官职。当时，察哈尔省系沦陷区，他的省政府设在河南洛阳，他本人住在西安家中"办公"。河南吃紧，他将其"省府"全迁西安。1945年夏，在国民党第六次全国代表大会上，他当选为中央执行委员。

抗日战争胜利后，冯钦哉带领察哈尔省政府人员到达北平。解放战争爆发后，曾参与国民党军队在包头、大同的军事行动策划，参加对张家口的军事进攻。占领张家口后，他即被免去察省主席职务，调任第十一战区副司令长官兼张垣绥靖公署副主任。1947 年冬，张垣绥靖公署撤销，调任北平行辕副主任。翌年夏，北平行辕撤销，调任华北"剿总"副总司令。他调任的这些副职，实际上都是挂名，并未到职。

国民党军事上的失利，国统区人民爱国民主运动的高涨，已使冯钦哉看到了蒋介石政权必败无疑。加上对蒋介石排斥他的不满情绪，因此，他对国民党政府采取了消极态度。在北平人民"反饥饿、反内战、反迫害"的斗争中，他在北平报纸上登出"冯钦哉鬻字"的广告，表示我这个副司令生活不下去了，弄得李宗仁急找他谈话，问有什么困难。其实他何曾鬻字疗饥，乃不过因对蒋介石和南京反动政府不满，借此讽刺泄愤而已。

1948 年底，解放军对北平进行战略包围。蒋介石用飞机接运高级人员南下，冯钦哉不行。有人劝他说："你西安事变时反对共产党，不要坐等当俘虏。"他回答说："反正共产党不杀俘虏。"拒不同行。

北平和平谈判，他积极支持。在和平会议的关键时刻，傅作义要找一位地位高、资格老而又与共产党关系密切的人做自己的全权代表，有人推荐邓宝珊(华北"剿共"副总司令之一)，当时邓宝珊在陕西榆林。冯钦哉与邓宝珊旧交甚好，傅作义即邀冯钦哉去请。冯钦哉慨然衔命赴陕，并于 1949 年 1 月将邓宝珊接到北平，作为全权代表谈判，并顺利达成了"和平协议"。

北平和平解放后，冯钦哉经介绍加入民革，任北京市民革社会第十三支部委员。1957 年的反右斗争中，被错划为右派。1959 年，因西安事变时杀害杨虎城的代表问题而被捕入狱。1961 年因病释放，保外就医。1963 年 1 月 22 日病故于西安家中，终年 74 岁。1980 年 4 月，冯钦哉的问题得到复查和平反。

## 善战虎将——赵寿山

1985 年，在赵寿山逝世 20 周年的时候，习仲勋在《深切怀念赵寿山同志》一文中，对赵寿山的一生做了正确的评价。他说："赵寿山将军是杨虎城的部下，是国民党的爱国将领。他在西安事变中，为迫使蒋介石联共抗日起了积极作用。抗战爆发后，他率部北上，与士兵同甘共苦，浴血奋战，奋勇杀敌。""他所属的三十八军，经过教育、改造，由一支国民党的部队转变为一支革命的部队，受到党中央和毛主席的赞扬。他自己也由一个爱国主义者转变成为共产主义者。"赵寿山是杨虎城军事路线的忠实继承者和执行者。正如杨虎城的儿子杨拯民所说：赵寿山是"一位具有影响力的斗士"，是"十七路军中属于文武双全的将领"，"是杨虎城将军在战略上放心使用的大将"，在十七路军"高级将领中首先把红旗坚持到底的正是赵寿山将军"。

### 教官战将

赵寿山，原名赵生龄，号杜亭，1894 年 12 月 17 日生于陕西户县（今鄠邑区）一个贫苦农民家庭，全家靠租种地主几亩薄田为生。13 岁那年，地主突然收回租田，赵寿山的父亲因此发愁得病而亡，一家生活更为困苦。1910 年，16 岁的赵寿山考入陕西陆军小学。1911 年入西北大学预科，后转入陕西陆军测量学校学习。在校期间，他积极参加革命活动，广交有志朋友，先后结识志同道合的杨明轩、史可轩、孙蔚如等，这为他后来投身军旅并走上革命道路创造了条件。1914 年毕业后，他在陕西陆军测绘局任测量员长达四年之久，对陕西的城镇村落、山川关隘做了大量的测绘工作，这些工作经历又为他后来在陕西指挥作战提供了有利的条件。

1918 年秋，在友人史可轩的邀请下，24 岁的赵寿山从西安潜赴三原，参加陕西靖国军，出任陕西靖国军司令部科员，从此走上军旅生涯。1920 年赵寿山到北京，在冯玉祥部第十六混成旅任上尉参谋。1921 年任少校参谋、教官。赵寿山对连年混战的北洋军阀统治十分不满，当得知杨虎城不受北洋军阀收编，坚持靖国军旗帜，对杨虎城十分崇敬和赞赏。

1922 年底，杨虎城部在武功与直军激战，伤亡惨重，后转移到陕北。1924 年春，赵寿山毅然接受杨虎城的邀请，不远千里奔赴陕北安边加入杨虎城部。从此，他在杨虎城的率领下南征北战 20 年，成为杨虎城的重要将领和生死与共的挚友。赵寿山到杨虎城部任排长、教官等职，培育了吴岱峰、张汉民、孔从洲、刘威诚等军事骨干。在陕北期间，他结识了共产党员魏野畴、民主人士杜斌丞等人。在与他们的交往中，他接受了许多新的革命思想，对他以后的思想发展产生了重要的影响。

1924 年，冯玉祥、胡景翼、孙岳发动北京政变后，将其部队改编为国民军。杨虎城被委任为陕北国民军前敌总指挥，指挥部队南下关中，进驻耀县。在耀县，杨虎城仿照黄埔军校的形式，设立三民军官学校。教导队扩编为教导营，赵寿山先后任第二队队长、教导营营长等职。

1926年，在长达八个多月的西安守城战中，赵寿山任陕军副总司令部副官、副参谋长，协助杨虎城策划守城的各项事宜，两人关系密切，建立了深厚的友谊。同时，赵寿山还兼任三民军官学校分校教官，讲授测绘课程。他经常率领学员站岗放哨，侦察敌情，维持治安，在坚守西安的战役中发挥了重要的作用。在守城最艰难的时刻，由于粮食缺乏，每日有数十人乃至数百人饿死，路毙者也不断增加。就在这个时刻，城里出现了有些绅士希望打开城门投降的舆论，悲观论调不时暗地传播，串联请愿的事情时有发生。杨虎城对赵寿山说："守城守到这份上，这些有钱的财东家岂不是在动摇军心、瓦解士气？死了的人难道白死了？"赵寿山建议对动摇军心者杀一儆百，不然这城就会不攻自破。这时宁叫挣死牛，也不能叫打住车。杨虎城以危害革命之罪名，公开枪毙了投降倡议最坚决的几个领头人。投降主和的声音哑了，稳定了军心和民心。

西安解围后，宋哲元出任陕西省主席，于右任为驻陕总司令。杨虎城被委任为国民军联军第十军军长。赵寿山升任第二师混成团团长。赵寿山向杨虎城建议：宋哲元在陕西当主席要统一陕西，我们不必留在陕西，免得与他搞摩擦，还是随同冯玉祥出关北伐比较好。当时，杨虎城的部队发展到两万多人，杨虎城接受了赵寿山的建议，率7000人出关参加北伐。为巩固后方，保障前方供应，杨虎城任命赵寿山为补充团团长，协助副军长李子高，坐镇三原以经营渭北各县。渭北三原一带是杨虎城集团赖以生存的地方。杨虎城对赵寿山的信任，由此可见一斑。

赵寿山是杨虎城留守部队的实际负责人。李子高缺少文化，为人老成，杨虎城留下赵寿山做李子高的副手，与冯玉祥的部下陕西省政府主席宋哲元周旋。当时，杨虎城部留守部队的处境十分艰难。宋哲元为了完全控制陕西，排除异己，时刻图谋搞掉杨虎城部留守部队。宋哲元的参谋长张维藩曾暗示赵寿山，说宋哲元准备把杨虎城留守部队的1.3万人编成一个师，由赵寿山出任师长，归宋哲元指挥。面对高官厚禄的引诱，赵寿山不为所动，严词拒绝。赵寿山没有辜负杨虎城的信任，他在冯玉祥军队的包围之中，巧妙周旋于蒋介石、冯玉祥之间，不仅保存了杨虎城部的留守部队，而且又为前线输送了大量的兵员和物资。1929年秋，赵寿山趁蒋介石、冯玉祥矛盾激化，率领后方留守部队摆脱宋哲元的控制，开出潼关，在山东单县与杨虎城主力部队会师。赵寿山为杨虎城的留守部队的保全与发展立下一个大功。此时，杨虎城部官兵共计1.6万余人，军心为之振奋。这一时期，赵寿山对杨虎城很崇拜，所以追随杨虎城也是不遗余力。

1928年10月，杨虎城部被编为国民革命军第二集团军暂编二十一师(后改编为新十四师、十七师)，奉命开赴胶东剿匪，赵寿山担任第三旅第七团团长。1929年5月，赵寿山率部参加剿灭刘桂堂等部的战斗。一次杨虎城问赵寿山："胶东剿匪凶多吉少，我很为之担心，你看这仗怎么个打法?"赵寿山回答："敌我力量甚为悬殊，蒋、冯想趁机把我们消灭。但去胶东剿匪，也未必对我们不是有利之机。我们把土匪剿清以后，就可以胶东为立足之地，谋求发展与蒋斗争，这样才会有前途。"当时，杨虎城刚刚回国，对部队的发展满怀热情，对剿匪信心十足。赵寿山又自告奋勇，做前驱攻打胶东惯匪刘黑七，多次突击匪军获胜，荣获"奇袭团"称号。对于山东的刘珍年部，赵寿山认为虽然也是军阀，但军纪尚好，建议杨虎城争取与刘珍年合作，同力反蒋。杨虎城接受赵寿山的意见，后来与刘珍年达成合作协议。杨虎城部在胶东剿匪，从出发到战争结束只有 8 天，进展神速，成绩很大。

杨虎城部在胶东剿匪中展现的战斗力引起了蒋介石的不安，担心该部在胶东这个富庶地区扎下根，于是下令该部调往河南南阳。何应钦命令杨虎城把部队分为几路分散行军，以便于在途中予以消灭。赵寿山向杨虎城建议，何应钦对我们不怀好意，我们要提高警惕，不能分散行军，应集中作战行军。杨虎城也有同样的考虑，没有让部队分散行军，而是命令赵寿山做先头队伍，直接开到汉口以北的花园，然后转赴南阳。后来得知何应钦密令河南省主席刘峙在途中消灭杨虎城部，因为杨虎城部有准备而作罢。

## 驻守汉中

1930 年中原大战前，赵寿山任南阳后方留守司令，坚守南阳，转战驻马店，连败唐生智、刘汝明部。不久，赵寿山率部北上攻克洛阳，西进潼关，迫使该地守军宋哲元部北撤，保证了杨虎城率部进攻西安。赵寿山部又在朝邑黄河滩收编了宋哲元部 8000 余人，缴获 5000 多支枪。赵寿山在朝邑清扫了战场，把缴获的物资清理后，奉命开往大荔。

到大荔县后，杨虎城得知陕西省主席刘郁芬已经过了泾阳、三原向富平前进，要赵寿山率部赴富平迎击。赵寿山等把刘郁芬部困于蒲城孙镇，赵寿山单刀赴会亲自去见刘郁芬。他给刘郁芬说：“冯玉祥在政治上已完全失败，你现在剩下这些兵，又带了这么多眷属，拖累很重，如何打仗？你我都是多年的朋友，……有什么话，我也可以替你转达。”刘郁芬听后很感动，提出了三个条件：保证他安全过黄河去山西；保证所带眷属的生命财产安全；所部可以接受杨虎城改编，但不要遣散。在赵寿山的斡旋下，刘郁芬所部七八千人放下武器，并安全过了黄河。至此，刘郁芬所部接受改编，陕西战事和平解决。1930 年 11 月，赵寿山升任第十七路军第十七师五十一旅旅长，率部驻防三原。

当时，蒋介石利用杨虎城部消灭冯玉祥在西北的根据地，杨虎城也利用蒋介石和冯玉祥的矛盾打回陕西，但蒋介石不会就此甘心，必然要收拾第十七路军。赵寿山认为对蒋介石采取“水鸟政策”：政治上简化，军事上准备扩充，表面上对蒋介石可以恭顺一些，等待实力雄厚迫使他承认事实。具体的想法是：在政治上，用人要选贤与能，行政机构和措施要力求简化；在外交上，可以派人与苏联沟通关系，并与新疆盛世才取得联系；在军事上，三年内可以先不扩充，提高现有军队的质量，把现有的三个师练成精兵。关于军事发展计划，可以考虑轮训旧干部，培养新干部，办一个培训班，对现有的干部反复轮训，使其政治军事水平得以提高，增强对杨虎城的向心力。另外，招收三个教导团，招收青年知识分子，大量培养基层干部，为扩军做好准备。办一个军械所，自制一部分枪械。准备数年之后，扩充到十个师，造成既成事实，逼蒋承认。如果蒋不承认，就宣布独立，公开反蒋。这些想法赵寿山反复给杨虎城讲，杨虎城主政陕西后，雄心很大，基本上同意赵寿山的一些看法。

为了实现这一宏伟计划，首先要实现陕西的统一。当时，陕南汉中问题还没有解决。陕南当时的形势是，冯玉祥的残部王志远的警备师 6000 余人驻守汉中市。汉中东路有川军刘存厚的两个师，占据镇巴、西乡、洋县、城固等县。汉中西路有川军田颂尧的两个师，已经占领宁强、略阳、沔阳等县。这几个师都想接收王志远师。此外，当地还有土匪10余万。王志远曾是赵寿山的学生，他一面与川军联系，一面派人到三原找赵寿山。赵寿山写信告诉王志远要他守住汉中，不要与川军搞在一起，同时将情况急忙汇报给杨虎城。杨虎城觉得事关重大，又报告给蒋介石，派赵寿山带领四个半营的精兵立即开赴汉中。1930年12月，赵寿山率部进驻汉中，将王志远部改编为警备旅师，赶走了刘存厚、田颂尧的部队，剿灭了惯匪王三春、罗延辉、袁刚、李刚武等部，迅速统一了汉中地区，建立了川陕之间的屏障，为杨虎城统一和巩固陕西政权立了大功。正如杨虎城长子杨拯民所说："赵寿山在陕南汉中盆地为十七路军建立了一个根据地，适应了陕甘川鄂的各种复杂局面，为孙蔚如由甘肃入驻陕南奠定了基础。"赵寿山有功，1931年蒋介石委任赵寿山为汉中绥靖司令。赵寿山也成为杨虎城部的重要将领之一。

九一八事变后，赵寿山在汉中保境安民，并积极培训抗日骨干，发展抗日力量，准备开赴前线抗日救国。他为所部官兵每人特制筷子一双，上面烙印亲笔题词："每饭莫忘国难，举箸应念民艰。"这对官兵树立救国救民思想，提高军政素质发挥了重要作用。因此，此举曾受杨虎城的称赞。但是，赵寿山的所作所为，却受到蒋介石的猜疑和憎恨。蒋介石不仅暗中让川军挖走了王志远部，而且还指使南京《中央日报》攻击汉中治安不佳，致成土匪世界，究其目的，则在阻止杨虎城部占领陕甘与自己分庭抗礼。

1932年12月，红四方面军西征进入陕南。蒋介石采取借刀杀人的计策，下令杨虎城派赵寿山部阻截。不久，红四方面军冲破陕军追堵，顺利经城固、西乡进入川北，建立了川陕革命根据地。在此情况下，蒋介石派嫡系胡宗南部进入陕南围剿红军，监视赵寿山部。胡、赵两军斗争时有发生。远在西安的杨虎城耳闻赵、胡紧张对峙，每天打电话询问事态发展情况，一再叮咛，汉中那边的事情一定要谨慎处理。胡宗南是蒋介石的人，要小心，绝不能意气用事，惹出大祸。赵寿山让杨虎城不要惦念担心，若胡宗南造次，就缴胡宗南的枪，把枪直接交到南京，和胡宗南去南京打官司，如果蒋介石处罚，他担着。但是在和胡宗南的斗争中，赵寿山也很重视策略。他采取各种合法手段与胡宗南进行针锋相对的斗争。胡宗南对赵寿山不怀好意，赵寿山则积极备战；胡宗南指使宣传队在汉中书写反共标语，赵寿山则让红军之友社散发张贴传单进行揭露痛斥；胡宗南利用各种手段瓦解收买赵寿山部人员，赵寿山则让该部骨干利用胡宗南征兵之际打入胡宗南部；胡宗南下令赵寿山部攻打红军，赵寿山表示愿为胡宗南部后援。胡宗南既不敢进攻红军，又不敢逼赵寿山部就范，于是请示蒋介石撤离汉中，进驻甘肃天水。为了帮助杨虎城、孙蔚如与红四方面军建立统战关系，杨虎城部第三十八军参谋武志平与红四方面军签订了《互不侵犯协定》，并陆续互送器材、药品及被服等大量军用物资。这种友好合作的关系，一直保持到1935年春红军发动陕南战役为止。赵寿山在武志平开辟东线西乡至红四方面军交通线时给予了大力支持与协助。

### “寿山变了”

1935年3月，红四方面军撤离汉中挥师北上。7月，红二十五军徐海东部进入陕北与刘志丹部会师。同时，中央红军也向陕北胜利进军。这年秋天，蒋介石在西安建立西北“剿总”司令部，自兼总司令。他下令东北军和西北军围剿红军。8月，蒋介石下令赵寿山旅从汉中调往白水、洛川、黄陵驻防，防御陕北红军，而蒋介石嫡系万耀煌师接替汉中防务，与天水的胡宗南部南北监视陕军，迫其与红军作战。

在这种情况下，赵寿山一时陷入苦闷失望中。一方面，对于杨虎城枪毙甄寿珊，任用马青苑，大批招收土匪，行政人员贪污腐败，赵寿山向杨虎城提出意见，后来杨虎城到汉中，他还和杨虎城吵了一架，赵寿山说：“你这样搞，我们过去的血是白流了。”杨虎城听了不满意地说：“你好好练你的兵，你的意见太多了。”另一方面，日本侵略中国，蒋介石一心打内战，原来设想的大西北主义失败了，对共产党缺乏深刻认识，赵寿山不知道怎样救国，犯了消极主义的错误。他整天借酒浇愁，甚至借抽大烟解闷。正如他在《自传》中表述的那样：“十九年(1930年)杨部入关。我以为正是发展西北，为救亡图存奠定基础的绝好时机。曾力主之。不想为时未几，备受蒋贼压迫，计划一再受挫，精神既极颓废，生活的堕落腐化更不用问了。”加上母亲病逝，赵寿山的心情更加愁闷。赵寿山的这种变化，引起了杨虎城的注意和忧虑，他曾十分惋惜地说：“赵寿山腐化了，把身体搞得像个鬼一样，还能革命！”然而，赵寿山并未长此以往下去。

1935年10月，赵寿山以看病为名，向杨虎城请假，赴北平、天津、上海、南京、武汉等地考察。他在北平住了53天，在协和医院很快治好了肠胃病，并以坚强的毅力戒了毒瘾，身体也逐渐恢复起来了。在平津停留期间，恰逢“一二·九”运动前夕，华北轰轰烈烈的群众抗日救亡运动给了他很大鼓舞。他先后拜访了宋哲元、韩复榘等，希望他们请冯玉祥出山组建北方政权，反蒋抗日。他发现第二十九军中除过张自忠等少数将领坚持主张抗日救国外，大部分并不积极，他的主张无法实现。

1936年春，赵寿山南下宁沪考察。在南京，他看到国民党政府派系林立、争权夺利、贪污腐化，他对南京政府完全失去信心。由于赵寿山是第十七路军的老人，交往广、根基深，先前又有在冯玉祥部任军事教官的经历，很多学生已经担任要职，杨虎城对他十分信任。于是蒋介石派了一位高级官员见赵寿山，劝他拜访蒋介石。赵寿山却以自己官职小，没有必要去见蒋介石来推辞，并说自己跟随杨虎城已经多年了，还不愿意离开他。蒋介石周围的人听说后，都说赵寿山是个大傻瓜，还有人说陕西人就是有些别扭劲。赵寿山谢绝蒋介石高官厚禄的引诱，毅然赴上海考察。在上海的半年多时间里，赵寿山走访了许多抗日救国联合的爱国进步人士，阅读了大量宣传抗日救国的进步书刊，政治视野日益开阔，思想认识不断进步。他接触最多、常相过往的是在上海的陕西籍朋友杨明轩、杨晓初、赵葆华、李馥清等人。上海的这段经历，对赵寿山的一生产生了深刻而重大的影响。他后来回忆时曾说："通过这次考察、学习，使我明确认识到只有共产党才能救中国，只有马列主义才是救国的真理。因此，在未回陕西以前，我已逐步树立反蒋联共抗日的思想，并且曾在上海对一些进步的朋友吐露过。"他曾表示，回到西安看情况，必要时建议杨虎城把蒋介石扣起来，逼他停止内战，联共抗日；如果杨虎城不干他就学习张义安（张义安原来是胡景翼部营长，在三原扣押陕西督军陈树藩的旅长曾继贤，发动起义，成立了靖国军）。而杨虎城此时在西安也苦于无志同道合者可以完全信赖，前后六次打电话催赵寿山回陕西。

赵寿山因为当时对如何救国还不明确，加之对杨虎城在陕西军事政治方面的某些措施有意见，不愿立即回去。杨虎城为了逼赵寿山早日回陕西，甚至釜底抽薪，下令不准再给赵寿山汇钱。当赵寿山明确了“反蒋、联共、抗日”的救国道路后，就立即回到陕西。

1936 年 10 月，赵寿山回到西安。他一到西安，就找杨虎城汇报自己一年多来外出考察的所见所闻和思想变化，并向杨虎城提交了《抗日建议书》。在建议书中，他指出：“非团结不足以言抗日，非抗日不足以言救亡”，力主“停止内战，一致抗日”。杨虎城很快约见了赵寿山，详细询问他考察收获。赵寿山谈到华北形势很危险，日本企图灭亡全中国的意图很明显，但是南京国民党政府早已腐败。他说：“我在南京听一国民党大员说，南京政府就像一座梁柱被蚁空的大厦。”杨虎城点头同意说：“这个人算是深知国民党内情的。”随后又问对共产党、红军怎么认识，赵寿山回答说：“我在外面读了三本书《社会发展史》《政治经济学》《国家与革命》，受到很大启发，懂得了革命道理。我了解红军是人民的力量，人民拥护一定能取得胜利。”杨虎城连连点头，又征询他对团结抗日的具体意见。赵寿山建议要搞好与东北军的关系，杨虎城同意，并说：“一定要搞好关系，以前有一些猜疑，后经高崇民等联络解释，情况已经好转，还要更紧密！只有精诚团结，才能共同抗日！”最后谈到联络红军问题，赵寿山提出要派人与红军加强联络，订立互不侵犯协议。杨虎城听后说：“我同意你的看法，但要慎重考虑。”这时，杨虎城已经与红军和东北军初步建立了“三位一体”的反蒋统一战线。他对赵寿山的转变感到十分欣慰，曾对周围亲信高兴地说：“这次回来，寿山变了。”

1936 年 11 月，蒋介石调兵遣将，妄图对陕北红军进行最后一次“围剿”，完成他所谓的“内安”大业。西安形势已经十分紧张，赵寿山再一次见杨虎城，急切地说：“蒋介石这次对红军大举进攻，也要把我们拉入，乘机消灭。蒋如果来西安，是否考虑必要时把他扣起来，逼他联共抗日？”杨虎城实际已经有此意，但他故意问：“天大的事，我们敢干？”赵寿山答：“只要你把当年杀恶霸李帧的精神拿出来，就敢干！”杨虎城略停顿一下，以深沉而又带着责备的态度说：“你在外面转了一圈，回来脑子发热了，这样的大事要很好考虑，不要轻举妄动、随便乱说。”赵寿山进而表示：“如果这一举胜利了，整个国家就可以振兴，万一失败，我们就背靠北山，全部集中到耀县以北，或者干脆打出红旗与红军合作，将来我们还要打日本，就像当年由武功撤到陕北，又打回来一样！”杨虎城听后严肃地说：“这些话只能对我说，绝对不可对其他任何人讲。当国家民族生死存亡关头，一举一动都要慎重。国家好了，我们才能生存，国家亡了，我们不是死，就是当亡国奴！”停了一停，杨虎城最后说：“你近日谈的，有些是对的，有些很冲动，要冷静，咱们以后再谈。你离开部队很久了，赶快回部队，把部队整训好，以便应付时局变化。咱们整个十七路军，也要做一番整训。”尽管赵寿山三次向杨虎城汇报、交谈，但是杨虎城始终不明确表态。不过以自己对杨虎城的了解，赵寿山明白杨虎城正在酝酿着一次大的举动。不久，杨虎城又将赵寿山叫回西安，让他筹办训练班，训练全军团、营、连三级军官。

### 助杨捉蒋

1936 年 12 月 4 日，蒋介石飞临西安，住在临潼华清池。他威逼张学良、杨虎城部开赴陕北“剿共”，否则，就将东北军和第十七路军分别调往福建、安徽等地，由中央军入陕“剿共”。8日，在苦谏、哭谏无效的情况下，张学良、杨虎城决定实施“兵谏”，扣押蒋介石逼其抗日。11日晚9时许，杨虎城派小车将赵寿山接到绥靖公署住所。赵寿山刚进门，见到杨的秘书王菊人和警备二旅旅长孔从洲，就问杨找他有何事，王菊人说：“主任要亲自对你讲。”此时，赵寿山已知道有行动，他见孔从洲在一旁低头沉思，就说：“从洲，请你给我找一张西安市的地图来。”孔从洲说：“我这里带的有。”随手从衣袋里掏出一张图。赵寿山正展开图看时，杨虎城喊：“寿山，快来！”赵到内室后，杨说：“今晚要行动，叫你来商量作战准备。”赵问：“是否通知了冯钦哉师长？”杨说：“没有通知，来不及了。”赵问：“孙蔚如师长、李兴中参谋长知道不知道？”杨说：“没有通知他们。”赵寿山说：“冯远在同州，来不及可以另派人通知；孙蔚如、李兴中是否现在可以请来予以说明，共举大事？”杨问：“把他们请来，他们如果不同意怎么办？”赵说：“孙蔚如与你在一起多年，他心里也许不同意你的主张，但是你下了干的决心以后，他会跟着你走的。把他找来在你左右商量些大事有好处。”杨问：“那么李兴中呢？”赵说：“时甫（李兴中的号）比我还激烈。我这次回陕以后，跟他谈过多次，曾和他谈到蒋逼我们‘剿共’，是要消灭我们的，我们必要时可以扣蒋。他听了非常高兴，积极表示赞同。我看他是真正赞同，没有问题。”杨虎城听了，说：“时甫还是这样。”表示很高兴。随即，赵寿山和王菊人把孙蔚如、李兴中接到绥署。之后，就分了工。杨虎城与孙蔚如在绥署掌握全局，军事方面交给赵寿山和李兴中商定。杨虎城命他们立即研究提出一个军事计划。赵寿山把孔从洲也请来，三人在李兴中的办公室，根据敌我力量对比和居住位置，迅速拟定了一个解除蒋系武装的行动计划。

按照赵寿山他们制订的军事计划，命令陕西警备二旅孔从洲旅长担任解除宪兵团、保安司令部、警察大队、省政府常驻宪兵连和西关飞机场驻军的武装，并占领飞机场；增派许权中为副旅长；命令炮兵设在西安北城门上，对西安车站方面警戒，准备对外来敌军轰击；命西安绥署卫士队200人担任杨虎城公馆和绥署的警戒；命特务营长宋文梅负责逮捕西京招待所蒋系军政高级官员……赵寿山将计划向杨虎城做了汇报。杨表示同意，任命赵寿山为行动总指挥，并说："我们准备好等张副司令来确定后，与临潼统一行动。"不久，张学良带了11名军官来了。张学良说："虎城兄，干不干？不干了就取绳子，我将我的这11员大将都带来了，你赶快叫人去拴，拴了送往南京给你升官领赏。"赵寿山和杨虎城、孙蔚如等人听了，孙蔚如说："副司令，我们这些人绝不会出卖朋友。"当夜，张学良未归，在杨虎城处共同指挥战斗。

12月12日晨5时许，赵寿山听到临潼有枪声。赵向张、杨请示后，即放了信号枪，各部队同时开始行动。约到7点30分，大部分敌人已被消灭，枪声停下来，只有新城北门外警察大队一连武装还在顽抗。赵寿山即严令教导营长李振西说："限半小时内消灭新城北门外的据点！"李振西如期完成任务。上午8时，西安的军事行动全部结束，赵寿山向张、杨报告了解决战斗的情况。南京军政大员也被全部逮捕。9时许，蒋介石被押送到西安，即住在绥署大楼。

12月12日，为了迅速安定西安市内的秩序，杨虎城任命赵寿山为西安市公安局局长。西安《解放日报》的报道《公安局长赵寿山告诫部属阐述一二·一二意义》中说："他是号召全体警士，爱国家救民族的警士，不要做那帝国主义者的走狗汉奸的工具……"

12 月 17 日，中共中央代表团周恩来等飞赴西安，即向张学良、杨虎城通报了中共中央关于和平解决西安事变的主张，得到张、杨的赞同。赵寿山主张长期扣蒋，坚决反对释放。周恩来深知赵寿山是杨虎城的左膀右臂，在第十七路军中很有影响，因此说服他转变态度，这对争取第十七路军、和平解决西安事变具有重要的作用。周恩来亲赴赵寿山家拜访，两人推心置腹地进行彻夜长谈。周恩来向赵寿山详细介绍了国内外形势，分析了杀蒋或长期囚蒋的严重后果，阐明了和平解决西安事变对团结抗战的重要意义。赵寿山似有所悟，但感情上一时转不过弯来。他愤愤地说："我们十七路军长期受蒋介石压迫，我本人也备受蒋介石迫害，放掉他大家想不通。""自'四·一二'政变以来，蒋介石屠杀了多少共产党员和革命群众，欠下了多少血债，应该受到历史的惩罚。从感情上说，共产党内的许多人也不同意放蒋。"周恩来动情地说："但是，从理智上讲，大敌当前，民族危难，为了争取一切可以争取的力量抗日，则必须释放蒋介石。"中国共产党从民族大义出发，捐弃前嫌的无私精神感动了赵寿山。周恩来精辟的分析、动情的说理使他折服，他完全同意了中国共产党和平解决西安事变的方针。

12 月 19 日，杨虎城为了准备对南京"讨伐军"作战，拟将第十七路军主力部队集结到泾阳、三原一带，任命赵寿山为渭北警备司令，驻三原县，统一指挥在渭北的第十七路军。临行前，杨虎城说："今后任务重，一个是准备防御战，一个是联络红军，并将渭北群众发动起来，武装起来，以备万一，望你努力。”赵寿山到三原后不几天，巡视了渭北10多个县，对部队做了动员。

东北军、第十七路军在是否放蒋问题上是有分歧的。张学良提出放蒋时，杨虎城由于受过蒋介石多次欺骗，对蒋是否恪守共同抗日的诺言，是否不对东北军、十七路军进行报复，很有怀疑，因而对放蒋有顾虑，但是最后还是同意了。两部的上层官员对放蒋问题看法也不一致。在三原的赵寿山对释放蒋介石还是想不通，一直在憋气。杨虎城就委托马文彦去三原劝说赵寿山，告诉马文彦要从国内外形势的对比，从蒋、我实力对比去谈，讲清杀蒋与放蒋的利害得失，以及引起内战的后果等。同时，周恩来也动员云阳红军总部的人去劝说赵寿山。马文彦到三原给赵寿山讲了西安的所见所闻，并按照杨虎城的意见劝说赵寿山。赵寿山听完后，没有反驳什么。当天晚上赵寿山回到他的司令部。第二天，任弼时、博古、彭德怀、杨尚昆等来到赵寿山的司令部。谈话间，任弼时对杀蒋和放蒋的利害得失做了精辟的分析，并讲了很多宝贵的意见，大家听了无不佩服。赵寿山当时高兴地说：“现在我的思想通了！”赵寿山提议大家到外面拍一张合影，任弼时赞同地说：“好哇！大家照个相。”彭德怀开玩笑说：“这下你把‘通匪’的证据弄下了。”赵寿山认真地说：“不怕！我还准备上山入伙哩。”

### 坚持正义

蒋介石返回南京后背信弃义，一面软禁张学良，一面逼迫杨虎城出国考察。1937年4月27日，杨虎城被迫辞去西安绥靖公署主任及十七路军总指挥的职务。5月27日，杨虎城离开西安飞抵上海准备出国。对于蒋介石对杨虎城削职夺权、流放出国、缩编部队的报复行径，赵寿山满腔激愤，对杨虎城的命运和前途甚为担忧。6月，他亲赴上海为杨虎城送行。在上海的一个晚上，杨虎城对赵寿山、孔从洲就第十七路军的历史、现实和前途等问题谈了很久。这是杨虎城与赵寿山的最后一次谈话。杨虎城的历史经验和政治嘱托，在赵寿山的思想上引起了强烈的反响和共鸣。出于对杨虎城政治上真挚的关怀和爱护，赵寿山还想找杨虎城好好谈谈。但由于杨虎城出国前应酬繁忙，再无机会，他就单独找杨虎城秘书亢心栽谈过一次。他亲切地说："维恪(亢心栽的原名)，你就要随杨先生出国了。究竟你们在国外待多久，看来谁也难以肯定。但无论如何你记住，到了船行海上，盼望你转告杨先生：不管天变地变，'双十二'举义的初衷不能变，抗日的立场不能变。中国共产党的抗日民族统一战线政策已深入人心，最后胜利必属我们。务请杨先生坚持我们的正义主张，不可稍有动摇。"这是赵寿山对杨虎城政治上最大的关怀和发自内心深处的期盼。

当杨虎城乘坐的"胡佛总统号"客轮驶向大海时，亢心栽趁其他工作人员都去看电影的机会，同杨虎城进行了一次密谈。他把赵寿山托他转告的话，原原本本、一五一十地对杨虎城讲完，杨虎城嘘了一口气，然后微笑着说："寿山和我一起，出生入死，多年共患难。他进步很快，意志坚定，我极相信他。我这次到海外，纵然喝了洋水，但总不能换了脑子呢。寿山在政治上不断有所进步，我自然也不愿落后。我们在西安发动事变，是为什么？已经明确了我们的政治方向。所以我认为，寿山用意很好，我只是觉得他有点过虑。我将来还要回国，来日方长，让他等着瞧吧！"不料，杨虎城考察回国被长期扣押，赵寿山一直对杨虎城念念不忘，他经常对官兵讲述杨虎城的生平和功绩。每逢去南京或重庆，他都不忘打听杨虎城的下落，千方百计想营救杨虎城。

抗日战争中，赵寿山历任第三十八军师长、第三十一集团军军长等职，率部参加了坚守保定城、扼守娘子关、大战高平关、血战中条山和保卫黄河桥头堡等著名战役。1937 年 11 月下旬，赵寿山率部西渡黄河进驻绥德期间，他曾去延安参观，受到毛泽东、叶剑英的亲切接见。1942 年秋，赵寿山提出加入中国共产党的申请。毛泽东指示第三十八军中共工委：中共中央同意赵寿山入党，但为了防止过早暴露身份，暂不办理入党手续，等待条件成熟后再追认党籍，党龄从 1936 年 12 月 12 日算起，并将赵部的党员名单交给赵寿山。赵寿山得知中共中央批准自己为特别党员后，兴奋不已。

蒋介石当然不能容忍第三十八军“赤化”，他用种种阴谋妄图分化、瓦解、消灭这支部队，但都被赵寿山巧妙地应付过去了。1944 年 2 月，蒋介石先以受训为名，将赵寿山软禁在重庆，接着采取明升暗降的伎俩，撤销赵寿山第三十八军军长职务，任命他为第三集团军总司令驻防甘肃武威，派自己的亲信张耀明接任第三十八军军长。1945 年 7 月和 1946 年 5 月，第三十八军下辖的第十七师和第五十五师，在刘威诚、孔从洲等人领导下分别在河南故县、巩县起义。鉴于第三十八军已经大部进入解放区，赵寿山的处境日益危险，中共中央批准了他北上延安的要求。他借口去美国考察水利，由甘肃赴南京、上海，在中国共产党的秘密护送下，再由上海北上，费尽了周折，于 1947 年 3 月进入晋察鲁豫解放区。7 月 6 日，赵寿山发表了《前国民党第三集团军总司令赵寿山将军致全国各界通电》。《通电》高举和平、民主、团结大旗，列举了蒋介石卖国、独裁、内战的罪行，在全国引起很大震动。1948 年 1 月，赵寿山出任中国人民解放军西北野战军副司令员、前委委员，参加收复延安、解放西安和进军陕、甘、宁、青的战斗。

新中国成立后，赵寿山历任青海省人民政府主席、陕西省省长、全国人大常委会委员、国防委员会委员等职。赵寿山对杨虎城的感情很深，他经常说："没能救出杨(虎城)先生，是我终生的憾事！"第一个通知杨虎城长子杨拯民赴重庆为父亲移灵的，正是赵寿山；主持杨虎城追悼大会的，也是赵寿山；西安南郊杨虎城墓园园址，同样由赵寿山亲自选定；墓园门楣上的七个金色大字——"杨虎城将军墓园"，更是由赵寿山 1957 年 10 月亲笔题写。1961 年 12 月 12 日，中共中央、国务院在北京召开西安事变 25 周年纪念大会。赵寿山怀念战友，夜不能寐，充满激情地写下《双'十二'廿十五周年感怀战友》："地覆天翻廿五年，江山劫后更娇妍；如昨往事'双十二'，缅怀张杨各人天；国仇已报友仇在，生死恩义尚宛然；伏枥不觉白头老，每抚旧剑夜不眠。"1965 年 6 月 20 日，赵寿山在北京病逝。

## 得力爱将——孔从洲

1959 年 8 月，在孔令华、李敏完婚时，毛泽东会见了孔从洲。毛泽东称赞孔从洲在西安事变中有功，并说："他(指杨虎城)对你很信任啊！抓蒋介石的前一天晚上，别人不知道，就跟你说了，得保密啊，假使走漏消息不得了，你做得很好啊，杨主任对你很赏识吧？"孔从洲激动地说："杨主任是我的老上级，他把我一手培养起来……"确实，在十七路军发展的中后期，孔从洲是杨虎城非常信任的将领。

## “娃排长”

孔从洲，原名祥赢，后改名从周，字郁文。1906 年 10 月 2 日出生于陕西省西安市灞桥镇上桥梓口村（今西安市灞桥区灞桥街道办事处上桥梓口村）一户农民家庭。少年时代，孔从洲断断续续读过几年书。可是由于军阀连年混战，再加上天灾，家里更为贫困，16 岁时考上中学，家里却无力供应。

1924 年 4 月，18 岁的孔从洲听说杨虎城在安边军事教导队招收学兵。杨虎城的传奇故事他早有所闻，于是，他下定决心，长途跋涉千余里，沿途乞讨，费尽周折到达安边，参加了教导队。在教导队，经过 8 个月的严格训练，孔从洲各门功课都获优异成绩，深得队长孙蔚如、教官赵寿山的喜爱。从此，孔从洲在这支爱国革命武装中工作了整整 23 年。

1924 年，杨虎城任陕北国民军前敌总指挥，回师关中。在部队扩编中，教导队扩编为教导营，赵寿山任营长，孔从洲任班长。在耀县，孔从洲在三民军官学校学习，结识了魏野畴、刘含初、吕佑乾、赵葆华等共产党人，政治思想、军事技术、战术水平都有了明显提升。

在截击北洋军阀吴新田的一次战斗中，杨虎城部歼灭吴新田部一个步兵团和两个炮兵营，军威大振。杨虎城以缴获的 12 门大炮为装备，以教导营一队为基础组建炮兵营。任命保定陆军军官学校炮科毕业生刘光甫为营长，孔从洲为炮兵营第三排排长。从此，孔从洲便与炮兵结下了不解之缘，由炮兵排长升为连长、营长、团长，先后干了 10 年之久。

1926 年初，吴新田从汉中卷土重来，攻入关中，杨虎城率部星夜由岐山出发迎击。深冬的夜晚，飘着雨雪，道路泥泞，战士们艰难地行进着，拉炮的马匹不时翻倒在地，引来一片混乱。孔从洲不知道为什么要夜间行军，不由得发起牢骚："白天不走偏要晚上走，这要多吃多少苦啊，咱们炮兵更倒霉，人滑倒了还好爬起来，马绊倒了才真受命哩，叫那个出馊主意的人也来尝尝这滋味就好了。"天亮后，开始挖工事。"你们夜里行军辛苦!"孔从洲抬头看了一眼，杨虎城就站在不远的地方向大家慰问，他赶紧立正回答："不辛苦!"杨虎城笑着说："不辛苦？那昨天晚上行军时你嘟囔些啥？"孔从洲猛然记起昨天晚上一直骑马跟在后面行军的军官，原来那是杨虎城。他顿时脸上火辣辣地说不出话来。"你不是问谁制订的作战计划吗？计划是我制订的，你有什么意见，你直接对我提嘛。"看着和战士们一样跋涉了一夜的杨虎城，孔从洲羞愧交加。过了一会，杨虎城用缓和的口气说："你知道不知道，吴新田部队人比咱们多，枪比咱们好。只有利用夜间行军，出其不意，攻其不备，才能战胜他。弱军对强军作战要利用天时、地利、人和等有利因素，以攻敌的短处，才能取胜。夜间行军就是利用有利于我们的天候，这是打仗的一般规律，难道你不明白？"杨虎城的一番教导让孔从洲茅塞顿开，杨虎城又亲切地说："娃排长，好好地学习战术，仗才能打好，光发牢骚是不行的。"

中午时分，战斗打响了，不料，孔从洲打出的第一炮却近距离爆炸了。经过检查，是因大炮太老了，引信陈旧引起的，操作和指挥没有问题。杨虎城以鼓励的口气对孔从洲说："没关系，继续射击吧!"经过调整后，孔从洲连发几炮，炮炮击中目标。杨虎城满脸笑容地说："好啊！打得不错，你这个娃排长，还行，还行!"第一次和杨虎城近距离接触，杨虎城判断情况和处理问题实事求是，对部属赏罚分明、宽严得体，对青年人的亲切鼓励、大肚磊落，使孔从洲终生难忘。

## 炮兵团长

在坚守西安的8个月中，孔从洲一直战斗在第一线，从炮兵排长到炮兵连长，运用灵活机动、隐蔽突然的战术，先后率部打掉刘镇华部韩森寨、午门村、大雁塔的观察所和指挥部。杨虎城十分器重他，亲切称其为“娃排长”。孔从洲所指挥的炮兵连对击退敌人的多次进攻发挥了重大的作用。

1927年7月，魏野畴秘密来到杨虎城部，在部队向皖北转移时，魏野畴恰好和炮兵连一起行军，一路上给大家分析形势，指明前途，鼓舞士气。他还多次与孔从洲深谈，给他讲了马克思主义的基本原理和中国共产党的主张，使孔从洲的思想认识有了新的飞跃。部队到达皖北后，孔从洲向共产党员指导员郭乐山提出入党申请，又向魏野畴直接提出申请。魏野畴告诉他：“这个不着急，现在组织问题不解决，工作方便。”后来在杨虎城部，孔从洲一直没有入党，却为党做了大量的工作。

1928年春，杨虎城刚离开部队不久，一天夜里，主持工作的参谋长孙蔚如将孔从洲秘密叫到他的卧室，告诉他由于叛徒告密，部队共产党员名单已被交到军法处，这些人已经无法立足了。孙蔚如说：“虎公走的时候对我说了，这些人是他请来的朋友，万一发生什么意外情况，一定要保护他们的安全，妥善把他们送出去。我考虑再三，决定派你完成这项任务。你可要小心谨慎，万无一失地做好这件事情。”第二天，孔从洲带领几个战士，以“部队编余人员，遣送回陕西”为名，发给每人30元路费及衣物，护送他们安全离开部队。阜阳暴动失败后，幸存同志的处境更为险恶。有不少人找到孔从洲，他不顾个人安危，安排他们暂时住在连部躲避，他们离开时给了路费，开了路条，有的还给了国民党军的衣服和徽章，护送他们安全离开。

1929 年 9 月，孔从洲升任炮兵营营长。杨虎城升任第十七路军总指挥、陕西省政府主席后，积极主张抗日，除了加强步兵训练外，对炮兵的装备和组训也十分重视，将炮兵组建为炮兵团，孔从洲为第一营营长。孔从洲再次向南汉宸提出入党申请。南汉宸和他做了一次深谈。南汉宸说，依你的表现，入党没有问题。但从对这支部队的全面考虑，你深得杨虎城、孙蔚如的信赖，暂时留在党外更有利于工作全局。党对你是信任的，你还将担负更重要的任务。南汉宸的教育使孔从洲更加坚定了跟着共产党走的决心。

1932 年孔从洲升任炮兵团团长。他严格纪律，紧抓训练，在学科考试、实战演习等方面成绩都居全军首位，深得杨虎城赏识。孔从洲还率炮兵官兵参加泾惠渠的建设和西安至兰州公路的施工。

1933 年 4 月，孔从洲奉命至庐山军官训练团受训，因一黄埔生诬陷杨虎城为“土匪”，第十七路军为“土匪”部队，他怒不可遏，用板凳砸其脸部，引起一场风波。

## 城防司令

西安事变前夕，孔从洲调任第十七路军警备第二旅旅长兼西安城防司令。1936 年初冬的一天，杨虎城与孔从洲进行了一次长谈，他从这支部队的历史谈到当前面临的形势，又谈到第十七路军的处境和前途。杨虎城心情沉重地说：“民国初期，袁世凯以剿办白朗为名，派陆建章率北洋军入陕。结果，对白朗没有怎么样，却把张凤翙赶下台去，消灭了张原来用以进行辛亥革命的部队。蒋介石学袁世凯伎俩，以他的嫡系部队乘围追堵截红军之机，进入四川、贵州，吃掉了不少杂牌军队。这次蒋介石调集大批军队来到陕西，对红军进行‘围剿’，究竟能发生多大作用，我看很成问题。蒋介石大军压境，企图一石三鸟的用心，不可不防。我们这点力量，所赖以存在的原因。一是九一八事变以来，蒋介石对外对内搞得焦头烂额，没有机会对我们下手；二是我们扎根自己的家乡，除部队外，还有地方力量可以依托；三是我们的北面有共产党的红军，蒋介石不能不有所顾忌，搞得不好，会把我们逼上梁山。”“在我看来，抗日，国家有前途，大家有出路；打内战，大家完蛋，同归于尽。要抗日，就得停止内战，逼咱们打内战，咱们不干，坚决反对！”他又说：“现在我们正面临生死存亡的关头，你务必掌握好部队，以防万一。我和张先生已有密切联系，我们总要想个共同对付蒋介石的办法。至于我们同北边(指红军)的关系，你可能也知道一些，千万要严守秘密。”孔从洲跟随杨虎城多年，深知杨虎城沉稳持重。听了这些话，孔从洲也深知形势严峻。

12 月 7 日晚，杨虎城将孔从洲叫到办公室，命令他进行几次夜间演习，通过演习将中央军在西安所驻部队的番号、部署、驻地等情况了解清楚。

12 月 11 日夜，杨虎城又传令孔从洲到他的办公室，先听取了他有关演习的情况，看了他带来的标有中央军驻地的西安城郊图，杨虎城连声说：“好，很好！全城的情况你们调查得很清楚。”随后又专心致志地看了很久地图。突然，杨虎城抬起头向孔从洲挑明今晚十七路军和东北军联手兵谏，并问：“你的意见怎样？”孔从洲思想上已有准备，故异常兴奋地回答：“坚决执行主任的指示，一切听从主任的命令！”杨虎城又问：

“叫你去捉蒋介石，敢吗?”孔从洲坚定回答：“敢！什么时候去，绝不含糊!”杨虎城缓和语气说：“好！好！我是打个比方，并不是叫你去捉！你的任务是西安城防，担子是很重的。”随后又请孙蔚如、李兴中、赵寿山来一起进行研究，决定成立戒严司令部，任孙蔚如为戒严司令，赵寿山为公安局局长，孔从洲为城防司令。

12月12日凌晨5点，按照原定部署，西安城内和临潼方面同时行动。举世震惊的西安事变爆发了。孔从洲指挥西安城内的行动，由于计划周密，部署恰当，部队突然发起猛烈攻击，中央军完全没有准备，只经过两三个小时的战斗，扣押了蒋介石派驻西安的宪兵团、保安司令部、公安局、交警总队、军警联合督查处、国民党省党部、省政府等120多个单位的反动武装，活捉了住在西京招待所的国民党党政大员，并占领了飞机场、火车站，扣留了蒋介石调来西安的50多架战斗机、轰炸机，圆满完成任务。稍后，东北军也在临潼活捉了蒋介石。12月17日，周恩来率领中共代表团到达西安，杨虎城命令孔从洲负责保卫工作。

1937年2月2日，东北军警卫团团长孙铭九等以“请客”为名，逼迫孔从洲在《反对和平宣言》上签字，孔从洲当场严词拒绝，并感到势态严重，遂借口腹泻解手溜出孙家，直奔新城绥署向杨虎城报告并采取相应的保卫措施，同时打电话请孙蔚如速来绥署。孙蔚如刚到新城绥署，就得知一卡车全副武装的东北军士兵开到孙蔚如公馆，因为孙蔚如离开而扑空，一场可能发生的不测事件终于得到避免。随后不久，刺杀东北军将领王以哲的惨案发生了。

王以哲被刺事件发生后，杨虎城愤然离开西安移居三原东里堡。临近春节，孔从洲接到杨虎城的命令率一营兵力赶到东里堡，杨虎城对孔从洲说有人企图对他兵谏，叫孙从洲将原西安绥靖公署特务营缴械。孔从洲感到事关重大，建议采取换防的形式为好，被杨虎城采纳。杨虎城把特务营调出三原东里堡，由警二旅负责杨虎城的安全，避免了第十七路军内部公开分裂的悲剧。

### 沪上话别

西安事变后，蒋介石背信弃义，先是扣押张学良，接着逼迫杨虎城辞职“出国考察”。1937 年 5 月 27 日，杨虎城离开西安赴上海，孔从洲 6 月份专程赶到上海为杨虎城送行，他们长谈了一夜。

一见面，杨虎城就说：“兄弟，真对不起，临走的时候，我把家当都拆散了，分给各个师，可没分给你一个兵、一支枪。但是我给你交了一个好朋友，北边的朋友，这才是最宝贵的！”孔从洲明白“北边的朋友”指的是中国共产党和中国工农红军。他激动地说：“这个好朋友，胜过千军万马！”

谈到部队发展，杨虎城说：“回顾过去二十年余年的历史，我认为我们能够存在下来的根本原因，是我们能够跟着时代潮流前进，把自己放在国家民族的需要方面。辛亥革命是这样，靖国军时期是这样，坚守西安、响应北伐是这样，这一次发动西安事变也是这样。”谈到西安事变，杨虎城不胜感慨地说：“这次西安事变，我的任务只完成了一半，扣了蒋介石，使他没脸，不可能再打内战了，所谓‘停止内战’这一点，大体上做到了。剩下的一半‘救亡抗日’，我能不能亲自参加还很难说，主要靠你们了。我希望你们一定搞好内部团结。蔚如、寿山同你相处多年，你们都比较了解，一定要精诚团结，舍此，就会被蒋介石肢解消灭。要在抗日战场上积极作战。我们是国民党军队中首先提出抗日的部队，只要在战场上有好的成绩，就会得到人民的支持，我也得到安慰，蒋介石就不敢把我们怎么样。你们要力争让部队参加抗日，共赴国难。”杨虎城回顾了他在陕北、皖北和共产党的密切合作，接着说：“共产党发表《八一宣言》，使我感觉到了希望。毛泽东派汪锋带来他的亲笔信来找我，要和我们建立抗日民族统一战线，我觉得共产党的政策对头了，也和我们有了合作的条件。”“这次发动事变，扭转了十年内战的局面，得到了全国人民的喝彩，我们这个烂摊子，纵然这一次摔掉了，也摔得值，摔得响！要知道，蒋介石是集古今中外反动统治之大成的人物，中国军阀哪一个不是败在他的手里，我自己缠不下蒋介石，你们更缠不下他，能缠下蒋介石的只有共产党，没有同共产党合作，就不会有今天的局面。你们记住必须和共产党保持好联系。”最后说：“要记住：咱们部队的处境，北边（指陕北）是朋友，南边（指西安）是冤家，北边是光明，南边是陷阱。到了蒋介石压迫我们，使我们的存在发生危险时，我们就断然倒向共产党，跟着共产党走。兄弟！你负有更艰巨的任务，好自为之。我相信，十七路军的前途，你们的前途，都是光明的。”话，越谈越深；情，越谈越浓。他们两人都十分激动，禁不住热泪盈眶，相对唏嘘。谁知这次长谈，竟成了杨虎城对孔从洲的最后赠言。杨虎城的这些指示，对后来十七路军奋勇抗日，直到回到革命的大家庭起到了重要的作用。

抗日战争中，孔从洲历任第三十八军独立第四十六旅旅长、新编第三十五师师长、第五十五师师长，一直驰骋在抗日前线，参加血战永济、保卫中条山、中原战役等大战，战功卓著。但是，蒋介石对这支参加过西安事变的部队特别嫉恨，千方百计地瓦解吞并。1944年初，蒋介石将第三十八军军长赵寿山调离，任命其嫡系张耀明为第三十八军军长。张耀明到任后，即扬言要“清党”，大肆搞反共活动。孔从洲的处境越来越艰难，在征得中共中央西北局同意后，孔从洲率领部下于1946年5月15日在河南巩县起义。1946年夏，中共中央决定按照中国人民解放军组织原则，组建西北民主联军第三十八军，以孔从洲为军长、汪锋为政委。毛泽东致电嘉勉：“祝你们胜利地参加了人民军队大家庭！希望你们团结一致，为中华民族的解放而奋斗到底！”这年9月1日，中共中央批准孔从洲为中国共产党正式党员，实现了他的夙愿。

1949年12月，孔从洲在重庆参加了杨虎城的大殓。1950年1月15日，他又参加了为杨虎城将军举行的追悼会。他悲痛地回忆：“我个人一生的成长经历，同杨将军的教诲培育是无法分开的。”新中国成立后，孔从洲任西南军区炮兵司令员、沈阳高级炮校校长、炮兵工程学院院长、炮兵副司令兼炮兵科学技术研究院院长，对我国炮兵建设和炮兵教育、科学研究工作做出了重要的贡献。1991年6月7日，孔从洲在北京逝世。

## “时甫先生”——李兴中

李兴中，字时甫，1890年出生于河北省宁河县(今宁河区)。少年时期，目睹大沽炮台毁败遗迹，深感国弱受欺，决心从军雪耻报国。初入清河陆军小学，后以优异成绩，保送保定军官学校第一期炮兵科。毕业后，被分配至段祺瑞部，历任至炮兵营营长。因不满袁世凯的个人独裁，愤然脱离段祺瑞部，投奔了冯玉祥。他是第一个参加冯玉祥部的军校毕业生，深得冯玉祥的倚重，初期从事干部训练工作，曾任教于北平南苑学兵团、张家口军官干部学校，并主持洛阳军官学校、汾阳军官学校工作多年。西北军中，人们多尊称他为“时甫先生”。

1924 年，冯玉祥推翻贿选总统曹锟，组织国民军，李兴中被任命为京畿警备司令部参谋长，协助警备司令鹿钟麟，共同筹划并驱逐清帝溥仪出宫。

1926 年春，李兴中随同冯玉祥赴苏参观考察。同年 9 月 17 日，冯玉祥率部在五原誓师，参加北伐，李兴中任国民军联军总司令部参谋处处长，参与策划平定甘肃并解西安之围的军事行动。当国民军联军驻陕司令部组建时，于右任向冯玉祥要人帮助，冯玉祥派李兴中为其参谋长。李兴中到任，办事干练，对于右任十分尊重，深得于右任的信任。冯玉祥率部参加北伐后，李兴中被调任国民革命军第二集团军兵站总监等职，他恪尽职守，取得很大成绩。中原大战前，李兴中历任国民革命军第二集团军政治部部长、教育总监、秘书长、整编师长、参谋长等职。

中原大战后，冯玉祥部队瓦解，但李兴中仍追随冯玉祥左右。隐居泰山期间，冯玉祥经过多方探讨，得出的结论是：抗日必须反蒋，只有打倒蒋介石，才有抗战的可能。为联合各地方实力派，李兴中、邓哲熙等人多次奉冯玉祥的命令，去广州与胡汉民、陈济棠、李宗仁、白崇禧等接洽，进行抗日反蒋活动。

1932 年 12 月上旬，日寇调集重兵，进犯热河，冯玉祥深感国难日深，乃决心组织抗日武装，伺机发动抗日战争。在冯玉祥筹组察哈尔民众抗日同盟军时，李兴中受命去各地与原西北军旧部联系，动员他们参加抗日。如 1933 年 1 月，在李兴中、徐维烈等人的联络发动下，张人杰、鲍刚表示愿在冯玉祥的领导下共组抗日军，并派乔明礼持函赴南京邀方振武北上，到山西介休共谋抗日。当蒋介石多方阻拦，电请冯玉祥去南京被拒绝后，国民党当局则大肆造谣，混淆视听。为澄清事实，争取主动，冯玉祥向河北省、山东省派出使者，李兴中当时化名季时父去广州访晤西南政委会的负责当局，说明冯玉祥的抗日行动，请他们予以支援。6 月 15 日，抗日同盟军第一次军民代表大会召开，会上李兴中被选为军事委员会委员，但他未担任具体军职，依然作为冯玉祥的私人代表，奔波于外地和同盟军各个战斗部队，传达命令，了解情况，协助冯玉祥研究决策。抗日同盟军失败后，李兴中返回北平，闲居在家。

李兴中在北平闲居时，常为华北的政治、军事形势恶化深感不安，对国民党当局的处理措施不满，心情十分苦闷。这时，杨虎城接受于右任的推荐，邀请李兴中任西安绥靖公署参谋长。李兴中经过考虑，接受聘任。但是一些西北军的故旧却劝他说："时甫兄，以你的资历和威望，怎么能去给杨虎城当参谋长！"而李兴中认为杨虎城反蒋和抗日与自己的看法一致，到陕西做杨虎城的助手，对抗日大业，对个人抱负，均属上策，遂于 1934 年整装西行，就任了西安绥靖公署参谋长。

李兴中到职后，根据第十七路军急需整训的情况，抓了部队的政治教育和军事训练。如实行每星期六直属部队大会操等。据当时监操参谋苏济吾回忆，会操前多由李兴中本人或邀请别人先向官兵进行抗日爱国教育，李兴中的讲话内容，层次分明，深入浅出，从日本《田中奏折》开始，到九一八事变，再到日寇进犯察绥，每次讲话，都使官兵深受教育，无不痛恨日本帝国主义的侵略行径。李兴中为人幽默机智，有一次，国民党大员张继到西安视察，在与官兵见面时，李兴中先讲今天会议的主旨是揭露日寇侵华罪行。他先定了调子，然后请张继训话，张继见如此，也只好大讲日寇如何凶残，形势如何危机，以致引得台下官兵不断高呼抗日口号。会后李兴中向苏济吾讲："今天让他(指张继)骂日寇、骂汉奸，比我们讲更为有利，别人(指蒋介石)还不好说什么。"他针对战士文化水平低的情况，在歌曲中将政治、军事内容贯穿进去。如在行军中、吃饭前都唱"军人首重服从，军令何等森严……"等歌曲，使战士逐步懂得了服从命令的重要性。经过严格的管理训练，战士们的素质有所提高。对体育训练，他也抓得很紧。他认为这不但可以增强战士体质，也利于实战。因此，李兴中在第十七路军中深孚众望。

1936 年 12 月 4 日，蒋介石第二次到西安，拒绝了张、杨"联共抗日，停止内战"的正确主张，部署重兵，准备向陕北红军进攻，西安形势日趋紧张。12 月 9 日，在中共西北特支的领导下，西安广大青少年学生，举行了轰轰烈烈的大请愿。学生冲进新城时，杨虎城没有出面，由第十七路军参谋长李兴中代为接见，他站在一个土台子上向大家说："军人的责任是捍卫国家，现在我们国家被日本帝国主义侵略到这种地步，实在是我们军人的耻辱。对于上海七名救亡领袖，我是非常钦佩的，我们要请求政府赶快释放他们。关于警察开枪打学生的事，我向杨主任讲，一定要惩办他们，对大家所提的抗日要求，一定转达给杨虎城将军，请求政府从速办理。"

12 月 12 日，西安事变爆发前夕，李兴中应召见杨虎城，参与了张学良、杨虎城领导的“兵谏”谋划工作，受命与赵寿山、孔从洲一起拟订军事行动计划，供杨虎城决策。12 月 14 日，李兴中被任命为抗日联军临时西北军事委员会属下七人参谋团成员，参与联军的重要军事研究。为对付中央军的进攻，他直接命令机要科科长原政庭，通过电话用密码呼叫，调动三原、户县的部队，增强保卫西安地区的军事力量。在扣押里通南京，破坏“兵谏”的交通处处长黄念堂后，李兴中向杨虎城急荐李百朋任该处处长，保住了电讯机密。特别需要提及的是，“兵谏”当日夜间，李兴中在办公室发现一封匿名信，内云“委座蒙难，关系国家存亡，希望能运筹帷幄，救委座出险，以建千载不朽的奇功”，等等。李兴中当即将此信交给张、杨。张、杨知情后，认为蒋介石住在新城极不安全，为防不测，果断决定将蒋介石移往东北军驻区内的高桂滋公馆。事后证明，这次对蒋介石的秘密转移，直接粉碎了第十七路军内奸劫蒋邀功的阴谋。李兴中作为杨虎城军事上的助手，机智果断地完成了杨所布置的各项任务。

“兵谏”扣蒋以后，杨虎城召集第十七路军主要干部研究如何处理蒋介石时，杨虎城提出：“活捉蒋介石，还得放活蒋介石，杀是不能的，放是一定要放的。只要我们提出的救国主张蒋能接受并保证实现，中央军能退出潼关，我们便放他。”尽管李兴中对蒋介石的看法未变，但他能顾全大局，支持红军、东北军、十七路军“三位一体”，为和平解决西安事变，做了力所能及的事情。12 月 15 日、16 日，李兴中与陕西省银行行长李维城两电冯玉祥，电云“蒋委座暨留此诸将领在极安适，现正共商抗日大计，期赴成功”，告知了蒋介石的“安适”和“共商抗日大计”，对内对外宣传了张、杨“兵谏”的目的，并希望得到南京政府内部爱国抗日人士的支持。当西安事变和平解决的大局已定，涉及如何送蒋时，李兴中一直赞同杨虎城要有条件放蒋的主张。为此，他在12月24日发表了公开讲话，《解放日报》全文刊登了《李兴中广播救亡意见》。这篇讲话开始即说，“双十二”救亡运动完全是因为要求蒋委员长抗日。随后从为什么要抗日，并要立即抗日；怎样才能抗日；我们西北现在究竟是怎样的抗日等三个方面进行分述。最后重申了八项救国主张。这篇讲话有力地驳斥了所谓“抗日准备论”，特别是对“攘外必先安内”的政策，进行了深刻剖析。他说：“所谓‘攘外必先安内’……不是以抗日作标准，而是以服从个人为目标……所认为不安的，正完全是些有抗日意志的地方实力和热血青年以及团体组织，他的意思是恐怕这些抗日力量的发展，固然可以抗日，而个人的独裁，也就有被打破的危险……现在我们所希望的，只有作领袖的打破这种私心……而完全站在国家民族的立场，以全国民族所希望的抗日战争，来统一全国的行动……一致以枪口对外不对内，中国人不打中国人的主张，抛去以往作私人工具的错误，来发动为国家民族争自由独立的神圣战争。”讲话结束时，他重申了张、杨“兵谏”的正确主张，按照中国共产党的建议，规劝蒋介石改变过去的错误政策，积极进行抗日，并坦率地表明了个人的态度。

12月25日，张学良亲自送蒋介石回南京，李兴中大感意外。因为杨虎城曾提出保证放蒋介石的四项条件，并事先与张学良交换过意见，统一了看法。张学良突然送蒋介石，李兴中十分不安，因他深知蒋介石手毒心狠，故既为张学良的安全担忧，又为西安局势如何维持而愁烦。他对这一事件，直至多年之后仍遗憾地说：少帅匆匆送蒋，损失太大了。

西安事变和平解决后，杨虎城被迫出国，考虑到事变期间出力最大的特务营官兵的安全，决定将其并入教导团，但该营官兵不愿撤销番号，这时，仍是由李兴中出面，晓以利弊，才顺利地进行了改编。

由于李兴中同杨虎城在对国内大局上认识一致，所以不管事变期间形势如何发展变化，李兴中都在默默地、忠诚地协助杨虎城工作，他为西安事变的和平解决，促成联共抗日的局面，做出了一定贡献。

西安事变后，第十七路军进行改编，杨虎城提议任命李兴中为第一七七师师长。七七事变爆发，李兴中投身抗日第一线，直至胜利。他和他所属的部队，浴血奋战，屡挫敌寇，战绩卓著：出击晋南，收复十三县；固守中条山三年，屏障豫秦；破坏同蒲路，策应八路军百团大战；血战虎牢关，阻敌关道口。抗日战争胜利后，蒋介石准备内战。1946 年夏，第一战区长官部在西安召集师以上高级将领会议，会议主旨是按蒋介石的决定，动员内战，进攻解放区。会议由胡宗南主持，那些嫡系将领在胡宗南讲话之后，纷纷表示要按总裁手令，三个月内“消灭共产党”。李兴中则一直沉默不语。当胡宗南问“李老先生有何高见”时，李兴中回答说：八年全面抗战，国困民穷，国家需要休养生息。还是和为贵，双方和谈解决国事。我们“剿共”的经验说明，共产党“剿”不完，何况今日。那时，坐在李兴中旁边的副司令长官裴昌会听李兴中讲话与会议精神不合拍，怕他吃亏，便轻拉李兴中腰间的佩剑，亦未能制止。不久，第四集团军番号被取消，李兴中被解除军职，后经于右任提名，被任命为监察院委员，遂以此名义，居住上海，积极参加地下民主活动。

新中国成立后，李兴中任河北省政府交通厅厅长之职。1962 年 7 月 24 日，李兴中在北京逝世。

## 抗日先烈——武士敏

武士敏，字勉之，1892 年出生于河北省怀安县。父亲自幼习商，经营粮食业，在怀安县城颇有名气。武士敏是独生子，受到母亲的特别关爱，养成了无拘无束、豪爽奔放、重情有义的性格，这也是他后来投身军界，英勇善战，并成为抗日民族英雄的一个重要因素。

武士敏幼时在本地私塾启蒙，后入高等小学，1908 年考入宣化府公立宣化中学堂。该学堂是冀北的最高学府，教员都是大学或优级师范毕业，教学阵容整齐。武士敏在课堂上专心听讲，考试不追求高分，但求深入理解。

武士敏的家庭经济条件虽比较好，但他不乱花钱，有余钱总是主动帮助有困难的同学。他也爱打抱不平，经常帮助弱者，抑制强者，有时不惜大打出手。他这种乐善好施、抑强扶弱的品格，受到大家的赞赏，所以他和同学们的关系很好，甚至挨过他打的人，也从不记仇。

青年时期的武士敏，是一个有思想、有见识、有胆略，并献身民主革命的热血青年。辛亥革命后，沙俄怂恿外蒙独立，全国哗然，各地都有征蒙的议论。宣化中学堂成立了征蒙先锋队，武士敏毅然报名参加，积极接受军事训练，即使严寒凛冽，也从不间断，后因北洋政府无能，征蒙之议作罢，武士敏徒叹奈何。这是他尚武才思的锋芒初露。

1913 年，武士敏中学毕业后，随即考入天津北洋法政专门学校。这是一个很有名气的学校，但它专门培养政法人才，不合武士敏的志趣，所以他在行将毕业的那一年，放弃文凭，悄然离去。不过，他在这个学校还是获益匪浅，最大的收获是在进步老师的教育影响下，反帝反封建的思想意识益发成熟起来。

1915 年武士敏回到故乡。不久，跟随出任山西交城县警察所所长的族兄武士鋆，开始走入社会，被推荐到代县厘局当办事员，因不合志趣，两月后转入太原宪兵营当司书。其时，袁世凯帝制出笼，他决心为打倒袁世凯献力。这时他结识了郭宗道，这是他追随国民党人士，从事民主革命事业的开始。

郭宗道，字唯一，五台县人，早年参加辛亥革命，和阎锡山、续桐溪、弓富魁等山西著名国民党人士早有过从。护国军兴，他在云南受唐继尧的委托，秘密回到太原，拟说动阎锡山等反对帝制。阎锡山鉴于自己羽翼未丰，并慑于山西巡按使金永的威胁，不敢发动倒袁运动，遂将郭逮捕，押在宪兵营内，秘加优待，静观事态的发展。武士敏因此机遇结识了郭宗道，二人志同道合，成为契友。郭宗道被释放后，武士敏经郭宗道介绍与山西国民党志士续桐溪、弓富魁、李岐山等相识，并同诸人组织河东军，声讨袁世凯。后随续桐溪游北京，复去广东，见到了孙中山。

1917 年北洋政府段祺瑞解散国会，废除《中华民国临时约法》，孙中山在广东宣布护法，陕西响应，成立陕西靖国军，檄讨北洋政府段祺瑞和他在陕西代理人、督军陈树藩。续桐溪、弓富魁、于右任等先后到陕西，武士敏亦奉命赶来，支援陕西靖国军战争。在此，他结识了靖国军诸将领于右任、胡景翼、曹世英、杨虎城等。这就成为他在后半生里，长期服役西北军，在战争烽火里，出生入死，身经百战，从而成为一名抗日英雄的前奏。

武士敏到陕西靖国军前后四年，没有带兵，作为一般幕僚，往来于各军之间做联络工作。其间，曾受于右任委托，前往广州谒见孙中山，报告陕西军政情况，深得孙中山赞许，并且孙中山资助其 800 银圆，要他去苏联学习考察。他回陕复命后，因各种原因未能成行。

陕西靖国军解体后，武士敏经友人介绍到察哈尔省。该省督军张锡元要他当财政厅厅长，他拒绝了，要他当县长，他又拒绝了，最后，他到丰镇县担任警察所所长。该县是察西镇守使署所在地，物产丰富，人物荟萃，交通方便，商业繁荣。武士敏很想在此有所作为，遂和他带去的一帮同仁约法三章：不贪，不嫖，不赌，凡事秉公办理，不坑害百姓。不料他的清廉作风遭到地方恶势力的反对迫害，武士敏愤然弃职他去，在任仅四个月。

陕西靖国军胡景翼部被陕西督军冯玉祥改编为陕西陆军第一师，直奉战争爆发后，胡景翼率部出关，驻军在彰德一带练兵，武士敏被邀前往，任咨议，为胡景翼奔走联络。1924 年，武士敏随胡景翼参加了北京政变。北京政变后，胡景翼请武士敏出任河南省警察厅厅长，武士敏婉言谢绝。武士敏不为名利所动，耗尽家资，又奔走于绥远、察哈尔一带，组织流散各部，在保定组成国民军第三军骑兵一分队。从此，他置身军旅，转战直、鲁、豫，与北洋军阀多次搏战。1925 年，国民军分攻冀、鲁，武士敏出兵沧州，截断津浦路，有力地配合国民军攻取了天津，显现了他的献身精神和军事才能。

1926 年春，国民军一军败退南口，武士敏同弓富魁一起，率军转战雁北一带，声势颇壮。是年秋，武士敏同国民军一起撤到绥西，旋将部队交给弓富魁，自己加入了国民军所组织的苏联观察团，到苏联考察一年有余，政治上、军事上多有收获。

从苏联返国后，武士敏在上海闲住一年多。1928 年任国民党中央军第十七军顾问。不久回到西北军中，充任出关接应北伐的杨虎城部国民革命军第十军第一师(冯钦哉任师长)第一旅旅长，从此在杨虎城麾下长达 10 年，深受杨虎城器重。是年冬，随冯钦哉移驻胶东，参加剿灭刘桂棠等军阀余孽的战争，立有战功。1929 年杨虎城归附蒋介石，部队缩编为新十四师，冯钦哉任第一旅旅长，武士敏改任第一团团长。杨虎城部后又改编为第十七师，武士敏任九十七团团长。是年 12 月，唐生智倒戈反蒋，进攻武汉，驻军驻马店，冯钦哉奉命率武士敏等部，侧击唐军。部队冒着大风大雪，行军两昼夜，驰骋 200 余里，到达攻击地点，乘夜偷袭驻马店，唐军全军覆没。因是役，武士敏和冯钦哉受到蒋介石的嘉奖。

1930 年夏，武士敏跟冯钦哉参加中原大战，经方城、叶县一路北进，参加了攻打洛阳的战役，后又攻破潼关，进入陕西。杨虎城部进入陕西后，奉南京国民政府之命，正式扩编为国民革命军讨逆第十七路军，杨虎城任总司令，下辖十七师、四十二师，冯钦哉任四十二师师长，武士敏任第一二四旅旅长，在底定陕局中，有所建树。后部队长时间驻陕东一带，武士敏兼任潼关警备司令。这一时期，武士敏深受杨虎城进步思想影响，同时，也经受了如火如荼的政治风暴的洗礼，在错综复杂的矛盾斗争中，其思想认识有了很大提高。

1933 年春，日寇入侵热河，进攻长城一线。武士敏随冯钦哉出关抗日，进军河北顺义、怀柔等县，5 月与日寇在北平以北顺义、怀柔地区交战。同年 9 月《何梅协定》签订后，武士敏又随第四十二师回到陕西大荔。

1934 年奉命开赴陕北，与谢子长、刘志丹领导的红军作战，驻防延安、延川等县。1935 年元月，武士敏随第四十二师在陕南堵截红二十五军徐海东部，以失败告终。

西安事变中，武士敏深受张学良、杨虎城进步爱国思想的影响，赞成中国共产党“停止内战，一致抗日”的正确主张，反对蒋介石积极反共、对日妥协投降的反动政策，支持张、杨的革命义举。1936 年 12 月，武士敏正在南京进修，一队全副武装的宪兵，忽然出现在他面前。他们告诉武士敏，12 月 12 日张学良、杨虎城在西安发动兵变，扣押了前往西安督促“剿共”的蒋介石。听到这个消息，武士敏大吃一惊，他简单收拾行装，随宪兵离开了陆军大学，后被投入狱中。在第十七路军中，武士敏深受杨虎城的恩泽，两人曾经结为异姓兄弟，此次杨虎城大胆犯上，武士敏对第十七路军和杨虎城的未来极为担心。西安事变发生后，武士敏被国民党元老于右任从狱中保出来，两人代表南京政府一同赶往陕西游说，但身处于杨虎城和冯钦哉之间的武士敏感到左右为难。武士敏到达西安后，西安事变在共产党代表周恩来等人的斡旋下得以和平解决。

西安事变和平解决后，全国实现了一致对外团结抗日的大好局面，但因事变后张学良被扣，东北军 20 多万人群龙无首发生了内讧，少壮派军人杀死王以哲等元老。第十七路军中的两派也剑拔弩张，形势极为严峻。武士敏身为冯钦哉的部下，与拥护杨虎城的另一派孙蔚如、赵寿山等部密切沟通。杨虎城的一个秘书曾出面，与武士敏共同协商两派之间的关系。在武士敏等人的共同协调下，第十七路军最终没像东北军那样发生内乱，但第十七路军也未能逃脱分裂的命运。第十七路军分成两派，成为两个师。抗战爆发后，这两个师变成两个军，一个是第三十八军，军长是孙蔚如，一个是第九十八军，军长是冯钦哉。1937年6月，武士敏送杨虎城出国考察，在上海分手时，杨虎城对送别的将领们说，十七路军乃国内最先提出抗日之军队，抗日才能得到国人拥护，蒋介石才不敢把我们怎么样，我在国外也会安慰。多年后，武士敏仍对第十七路军部队分裂、主将下野之结局痛心不已。

七七事变爆发后，冯钦哉与武士敏等领衔致电前线抗日部队，表示支持。后该部奉命开赴河北保定抗击日寇，南撤时，又奉命在定县、安国一带阻击敌人，掩护友军10万大军安全转移后，又转战石家庄、平山、滹沱河一带，参加了著名的娘子关战役，前后与敌血战3个月。因伤亡过大，冯钦哉奉命将所部整编为一个师，交由武士敏率领，转入晋东南山区作战。继而开赴洪口，保护白晋公路，破坏敌人后方之同蒲路交通。敌人恨之入骨，调精锐来攻，武士敏率部打机动战，累挫敌锋。

1939年夏，武士敏率部与敌大战于沁源、沁县一带，利用有利地形，同敌迂回周旋，使敌受到严重损失。敌遂集结大批增援部队，鉴于敌众我寡，武士敏部奉命后退，安渡沁水。渡沁水后，武士敏率部在洪屯、阳沁间站稳脚跟，组织民众，奠定太岳政权，决计与敌做长久抗战。是年冬，武士敏以功升任第九十八军军长，改属第五集团军节制，移防中条山。1940年秋，武士敏率部开赴阳城，又改隶卫立煌的第十四集团军。此后，武士敏即在沁阳以东、白晋路以西地带，建立根据地，组织太岳区党政军联合委员会，他任主任，政治军事建设均有发展。这块根据地，成为威胁日寇侧背的重大保障，日寇衔恨至极，决定调集大军与武士敏决战。

武士敏抗战四年间，纵横驰骋于太行山、太岳山、中条山，从冀中平原到上党盆地，历经血战10余次，斩获颇多，屡建功勋，成为威震中外的抗日名将。1941年5月，日军集临汾、长治、晋城6万多兵力，分14路合击中条山。由于指挥失利，10多万中国军队，被日军赶过了黄河，只有武士敏率领的国民革命军第九十八军留下来坚持抗战，成为最后一支坚守在黄河北岸的国民党正规军队。日军派人到武士敏部劝降，武士敏大怒道："我是一个军人，我应当死在抗日战场。"武士敏亲临马头山前线指挥，与敌人拼搏冲杀，阵地几易其手，伤亡极为惨重。武士敏亲到前沿阵地指挥，不幸腿部中弹，经包扎后，仍继续督战指挥，日寇冲锋17次，被击毙300余人。武士敏和部下的子弹打完了，继以白刃血搏，他头部、腰部受重伤，誓死不下火线，犹卧地高呼"拼到底，不成功，便成仁"。及至部下官兵伤亡殆尽，敌兵逼近时，武士敏奋力从地上爬起，手执战刀，杀死数名敌人。9月29日，武士敏在突围时，不幸头部中弹，为国捐躯，时年49岁。

武士敏牺牲后，《新华日报》发表社论《悼武士敏将军》，痛悼"八路军失一良友，国家折一栋梁"。社论曾这样评价"武将军之死，实死于坚持华北敌后抗战大业，我华北亿万军民闻之，能不为之哀痛心碎"。晋冀鲁豫边区政府也曾通令追认武将军为革命烈士，还函请边区临时参议会举行全区追悼大会。八路军副参谋长左权，在追悼大会上为他敬献挽联，挽联云：尽忠于民族国家，努力求团结进步，磊落奇才，一世如君有几；坚持在敌后抗战，英勇至杀身成仁，感怀将略，数年知己情深。当年日军把武士敏的尸体抢走掩埋，新中国成立后，经过较长时间的调查访问，终于在1984年5月中旬，在长治市西南城墙脚下找到了他的遗骸。当年 11 月 29 日，武士敏的遗骨被移葬于山西省长治市太行太岳烈士陵园，并将武士敏牺牲地瑞氏县改名为士敏县(今属沁水县)。中华人民共和国民政部，追认武士敏为革命烈士。

1985 年 2 月 28 日，《人民日报》刊发时任中顾委常务副主任薄一波撰写的《追怀先烈武士敏将军》一文，高度评价了武士敏的一生："武士敏将军生前经历了推翻封建王朝的资产阶级民主革命和抗击日本侵略者的民族革命战争。在几十年的斗争中，他始终不避艰险，模范地实践了国共两党的团结与合作，分享了第一次国共合作时期赢得的北伐战争胜利的喜悦，经受了第二次国共合作团结抗日的严酷考验，并为此献出了宝贵的生命。他的一生，是光荣的一生，战斗的一生，是实践了他'为国报效'宏图大愿的一生。"

## 重要将领——马青苑

马青苑，1893 年农历四月二十八日出生于陕西省咸宁县东陵仓马寨村(今西安市灞桥区新合乡马寨村)。清末就读于陕西省陆军小学堂和陆军中学堂。辛亥革命期间，马青苑追随焦子静、张凤翙等人组织的革命军，参加辛亥革命在西安的起义，后在焦子静部任排长、连长、参谋等职。

辛亥革命后，袁世凯派陆建章督陕，陕西革命党人遭到迫害。1916 年，焦子静、郭坚、胡景翼等在富平一带组织讨袁军，推举陈树藩为陕西护国军总司令，焦子静为先锋支队司令。此间，马青苑一直在焦子静部任职，参加讨袁逐陆运动。陈树藩在护国军的支持下取代陆建章任陕西督军后，倒向北洋军阀。

陈树藩派部分青年军官到保定军官学校深造，马青苑便是其中之一。但马青苑不愿受陈树藩的支配，在去保定途中，借故离开转赴上海见到于右任，经于右任介绍到广州谒见孙中山。孙中山见马青苑年轻有为，派他回陕从事推翻陈树藩的活动。

1917 年 12 月 10 日，西安警备军统领耿直发动兵变，马青苑当时在耿直部任参谋。耿直派马青苑带精壮 20 余人在副官张振义的协助下刺杀陈树藩，行动中，因行刺枪手误击关中道尹陈友璋致死，使陈树藩得以逃脱，陈树藩随即组织反击。12 月 13 日，耿直部被迫退出西安，兵变失败。

1918 年于右任就任陕西靖国军总司令，马青苑在第三路司令曹世英部先后任营长、团长等职，部队驻临潼交口镇。其间，马青苑曾捐资兴学，还在高陵县金古都村为学校捐款购地修建教室。靖国军失败后，马青苑、甄寿珊等曾与杨虎城约定，杨虎城部若到三原附近，留在陕西潼关内的反对受编的靖国军部队就可以联合起来，重建靖国军旗帜。不料杨虎城在武功、凤翔失败撤退到三原时，马青苑等以前与杨虎城有约者，都不愿意履行诺言，杨虎城乃决定北上陕北，继续树立靖国军旗帜，坚持反对北洋军阀的斗争。

冯玉祥、胡景翼、孙岳发动北京政变后，胡景翼就任国民军第二军军长兼河南军务督办，派兵攻打吴佩孚。刘镇华受吴佩孚的指挥，侧击胡景翼。胡景翼命马青苑率部抵二华(华县、华阴)地区，侧击刘镇华军失利后，马青苑又到河南国民军第二军李纪才部任团长。

1925 年奉系军阀张作霖与直系军阀吴佩孚联合夹击冯玉祥部，冯玉祥部在平津地区失利，退守南口；国民军第二军在河南相继被吴佩孚等军阀击败，马青苑所率的团溃散，他只身流落郑州、汉口，暂居友人家中。第二年11月，西安解围后，马青苑返回陕西，被国民军联军驻陕总司令部任命为旅长，赴渭北召集旧部。但部队尚未训练即遭冯子明部袭击而战败，即被冯子明收编。

1927年春，杨虎城任国民军联军第十路军司令（旋改为国民革命军第二集团军第十军军长），马青苑任杨虎城部参谋长，开赴豫鲁地区参加北伐。在豫鲁地区作战中，杨虎城对马青苑有了了解和认识。在部队驻防太和时，杨虎城对马青苑言过其实、华而不实、反复无常、胆大妄为的表现不满，但是碍于面子，不好解除其职务，便采取了“送客”的体面方式，给些路费，嘱咐其在外面走动走动，替部队跑跑关系。

退守太和期间，杨虎城部队的生存环境很艰难。当时国民党军事集团中力量较大的是冯玉祥、蒋介石，杨虎城决定弃冯归蒋，派马青苑到南京活动。马青苑到南京找邵力子、何应钦，他们都不做正面回答。马青苑又去找孔祥熙，在南京进行了半年多活动，仍没有结果。马青苑就写信给杨虎城，请他自己进行活动。杨虎城随后到南京进行活动，也没有结果，于是决定经上海去日本考察，并表示不再回国。

马青苑在南京以杨虎城部代表的名义，招摇撞骗。不知道为何，国民政府军政部竟将改编第十军的命令，交给他送到山东单县。马青苑也想借此复职，但当时主持杨虎城部军务工作的孙蔚如对其置之不理，最后马青苑只得怏怏而去，仍回南京了。不料杨虎城从日本回国经过南京，却被马青苑说动了。杨虎城认为马青苑是一个人才，将其带回临沂，并逐渐提升其为旅长。对于杨虎城提拔马青苑，杨虎城身边很多人表示不理解。一次，杨虎城和姚丹峰等一起吃饭。在酒酣耳热之后，姚丹峰对着杨虎城说："你一个冯钦哉就够受了，还要弄一个马青苑，如果马将来不背叛你，你给我脸上唾。"杨虎城赶紧截住并连说："丹峰醉了。"

1929年蒋、冯分裂，蒋介石编杨虎城部为新编十四师(后改为第十七师)，马青苑任旅长，驻湖北老河口。其间，马青苑作为杨虎城的代表同胡逸民赴行营见何成浚，报告杨虎城部队防御刘汝明的情形；去南京见蒋介石，报告杨虎城部的清乡计划和剿匪情形，并报告部队状况。中原大战爆发后，杨虎城部又被改编为讨逆军第十七路军，杨虎城为总指挥，孙蔚如、冯钦哉、马青苑分别为第十七师、第四十二师、第五十八师师长。大战结束后，第十七路军奉命回陕，马青苑率第三旅于1930年10月27日最先进入西安，被杨虎城任命为西安警备司令。

蒋介石对杨虎城从未信任，唯恐杨虎城的实力扩大，在第十七路军各旅扩编为师不久，即下令限其只留两个师，即第十七师、第四十二师。但是杨虎城担心第五十八师从他的集团中被抽走，于是将该师改为陕西警备师。也有一种说法，说南京政府令杨虎城部减少一个师的番号，杨虎城圈选了五十八师。马青苑所部没有中央委任的番号，编为2个旅辖4个团3个直属营，粮饷全靠第十七路军划拨，第十七路军总部参谋长王一山，给陕西警备师各方面的待遇低人一等，加之马青苑属下两个旅长全是杨虎城嫡系出身，指挥不便，使他颇有微词，常存异心。

1931年5月，杨虎城派马青苑师东剿石友三部，师部驻洛阳。在暂住洛阳期间，马青苑去南京找门路，几经周折，由胡逸民引荐给蒋介石。蒋介石当即表示：如果马青苑能脱离杨虎城，即将其部编为一个整编师。豫西战役结束后，马青苑率部返回陕西。在此期间，他收编了甄寿珊的部下毕梅轩的人马，作为他的补充团，扩充实力，待机而发。

1932年杨虎城又令马青苑率部去陇南进剿马锡武部，后驻防天水。马青苑对杨虎城将第五十八师番号编为陕西警备师本已不满，杨虎城令他不时进剿河南与甘肃的土匪，使他更加愤懑。马青苑率部到达陇南，脱离了杨虎城、孙蔚如的直接监视。4月，南京政府委任邵力子为甘肃省政府主席。马青苑认为时机成熟，于是积极活动，蒋介石也派遣黄埔学生军统特务葛武棨往来策划。马青苑遂于6月间秘密赴兰州与邵力子密谈。回到天水后，他派工兵营营长胡起持到南京向胡逸民转告情况。当从胡逸民口中获悉蒋介石态度不变，仍愿意履行将马青苑部扩编为整编师的诺言，马青苑决心叛变杨虎城。

8月，马青苑与南京方面人员勾结的消息传到了西安，杨虎城便向马青苑下达了回陕述职的命令。但是马青苑做贼心虚，只派第一旅旅长陈养虚代他前往西安。杨虎城听取了陈养虚的汇报，又经和马青苑素有矛盾的参谋长王一山在旁添油加醋，便决定亲自到陇南调查此事。陈养虚将消息带回天水后，马青苑知道事情暴露不可避免，决定立即发动叛变。他一方面积极准备向青海方向去的驮轿和运输工具，一方面于9月3日晚调毕梅轩团开进天水，控制全城。9月4日，马青苑枪杀了陈养虚旅长等，正式拉开了天水事变的帷幕。

9月5日，马青苑以开会为名，将师参谋长张韬安、旅长韩寅生、团长周公甫等诱骗到师部，分别拘禁。同时，命令毕梅轩团迅速解决韩寅生旅部和周公甫的团部。战斗开始后，在混乱中，韩寅生乘机破窗而出，在当地一名绅士的掩护下，设法出城后脱险，向西安和平凉发报告之马青苑叛变的消息。当陈养虚赴西安谒见杨虎城时，马青苑曾将陈养虚旅驻防甘肃成县的团长严沛霖招到天水，威迫表态。严沛霖虚与委蛇，表示回驻地做官兵的工作，马青苑才允许严沛霖返回防地。严沛霖回到驻地，在得到天水事变的消息后，立即与驻防甘肃徽县的陕西警三旅曹润华团靠拢，商定采取共同行动。严、曹两个团长以个人名义致电马青苑，劝其悬崖勒马，释兵下野，马青苑不听劝告。9月7日，马青苑挟持被拘禁的张韬安、周公甫等，亲带直属营及毕梅轩团对严、曹两团进击。在双方相持中，第十七路军十七师王劲哉九十八团、刘伯超的补充团相继赶来，摧毁了马青苑的主力。马青苑见形势不妙，带着残部经成县连夜向武山方向逃窜，企图依靠驻武山的甘军鲁大昌的支持。由于第十七师王劲哉、刘伯超两团紧追不放，气势凌厉，鲁大昌未敢妄动。此时，马青苑所带的部队经过战斗伤亡很大，士气涣散，部队已经丧失战斗力，于是，马青苑北逃鸳鸯嘴山内，打算暂作喘息。由于山路狭窄，所有辎重和重武器全部弃置山外。被挟持的周公甫等人趁混乱逃出虎口。马青苑经过从甘肃张家川至陕西麟游地区的长途跋涉，途中士兵相继离散，所剩无几，日暮途穷，无可奈何只得和毕梅轩一起换便衣沿南山北麓东出潼关逃亡南京。途经冯钦哉防地时，冯钦哉不但未加扣留，且“礼送出境”。

天水事变之讯传到西安后，杨虎城即率直属团营亲临陇县指挥，命令各路部队分途截击。一周内平息了叛乱，陕西警备师失散的官兵陆续归队。陕西警备师后调往渭南、临潼进行整顿，恢复师的建制，师长是韩寅生，师参谋长是张韬安，第一旅旅长严沛霖，下辖两个团，第二旅旅长韩寅生，下辖两个团。

马青苑和团长毕梅轩出潼关到南京后，蒋介石给马青苑以军事委员会参议名义，后又入陆军大学十三期学习。毕业后，马青苑被国民政府授予陆军中将衔，派任平汉铁路警察署署长，驻汉口。西安事变期间，南京国民政府派马青苑为西北军事特派员驻潼关。西安事变和平解决后，又回汉口任平汉铁路警察署署长。抗日战争时期，马青苑曾率部驻守武汉。部队撤出武汉市时，奉命破坏市郊及平汉铁路交通设施。后到重庆任交通警备第十四总队司令，旋又调中央训练团任军事教官。1945 年冬，马青苑任西北军风纪视察团副主任。临潼县县长为讨好视察团，暗中差人给马青苑贿送一面袋钞票。他把这批钱送交胡宗南处，并将此事通报省辖各县，同时上报国民党中央党部。胡宗南对马青苑的做法极为不满，认为有伤尊严，借机向蒋介石建议，撤销了这个视察团，并迫其离陕。马青苑后任铜川煤矿理事兼主任，1947 年被选为“国大”代表，到南京出席“国民大会”后定居南京。

1949 年 4 月 20 日，人民解放军横渡长江即将进入南京之际，马青苑联合南京各界代表组织了治安维持委员会，于 4 月 23 日致电毛泽东，欢迎人民解放军进入南京。毛泽东曾复电嘉奖。南京解放后，他参加了南京市军事管制委员会的工作。新中国成立后，马青苑携眷回到西安，租赁民房居住。后任政协西安市第一、第二届委员会委员，陕西省人民政府参事室参事。1962 年 3 月 17 日，马青苑因病抢救无效，在西安逝世，终年 70 岁。

# 第三章　文职大员

杨虎城尊重知识，也尊重知识分子。他喜欢结交知识分子，或尊为师，或引为友。早年，他敬重于右任、井勿幕，从他们那里学习了许多民主革命的道理，后来他又结交了蒙浚生、杜斌丞、杨明轩、李寿亭、李仪祉、魏野畴、南汉宸等，这些师友给予他的事业以很大的帮助。

## 秘书长——杜斌丞

杜斌丞是著名的爱国民主人士，著名的教育家和社会活动家。毛泽东称他是“彻底的民主主义者，中国共产党的最忠实的朋友”。周恩来称赞他是“鲁迅式的共产党员”。

### 塞上相识

杜斌丞，原名丕功，字斌丞。1888 年 5 月 10 日生于陕西米脂县城内一个破落地主家庭。幼读私塾。1907 年考入三原宏道高等学堂，在校内他经常阅读《民报》《夏声》等进步秘密刊物，接受了最初的民主思想。1913 年夏，考入北京国立高等师范学校史地部，他如饥似渴地阅读中外历史书刊，研究世界各国的教育思想和学制，逐步形成了要改造社会、救国救民，必须从兴办新的教育、培养英才做起的教育救国的思想。

1917年夏，杜斌丞从北京国立高等师范学校毕业后，谢绝了朋友的挽留，放弃北京、天津就业的机会，毅然回到偏僻、落后、艰苦的陕北，在榆林中学任教务主任兼史地教员。1918年，杜斌丞升任校长。他不顾校内外旧势力的反对，不仅聘请了李鼎铭等学识渊博、在地方上有声望的人士任教，还聘请了魏野畴、李子洲、呼延震东、王森然等共产党员和进步人士来校任教。他力除陈规，改革旧的教学内容，主张“兼容并蓄”。他要求学生既要学习中国古代文史知识，又要学习世界近代科学技术。他特别注意引导学生学习、探索各种新思潮，开设了社会进化史、社会科学概论等课程，介绍学生阅读《新青年》《共进》等革命和进步刊物。在他的倡导下，校园里呈现出一派新气象。学生会、多种科学讨论会及进步社团、学术社团竞相成立。杜斌丞在陕北从事教育工作十多年，培育了一大批革命青年和爱国志士。其中，刘志丹、谢子长、霍世杰、曹力如、王子宜、武开章、李力果等成为中国共产党的优秀党员，为开创陕北、陕甘边革命根据地，建设和保卫陕甘宁根据地做出了重要贡献。为此，周恩称赞他是“革命的教育家”。

1922年秋，杨虎城率陕西靖国军余部，辗转千里到达陕北。当时，杨虎城流落陕北，寄人篱下，心情苦闷；加上疾病缠身，寓居榆林养病。杜斌丞十分钦佩杨虎城拥护孙中山、坚持民主革命的彻底精神；杨虎城则敬重杜斌丞的才学与人品。杜斌丞爱国爱民、崇尚民主的进步思想更让他耳目一新，两人一见如故。杜斌丞常给杨虎城介绍中国历史上的革命斗争，介绍法国资产阶级革命。杜斌丞让魏野畴同杨虎城交谈，向杨虎城介绍马克思主义和俄国十月革命的情况。杨虎城受到了新思想的启发和真挚友谊的感染，心情舒畅，逐渐恢复了健康。这一段患难逢挚友、病中遇良医的经历，成为杨虎城思想、事业转折的契机，也为魏杨、杜杨之间后来的合作共事奠定了基础。

1924年冬，冯玉祥、胡景翼、孙岳发动北京政变，推翻曹锟贿选政府，驱逐溥仪出宫，成立国民军。井岳秀任陕北国民军总司令。当时，陕西的政权掌握在刘镇华、吴新田的手里。杜斌丞和李子洲分析形势，权衡利弊，极力赞同杨虎城抓住时机，挥师南下，进军关中，驱逐刘镇华、吴新田。经杜斌丞斡旋，井岳秀授予杨虎城陕北国民军前敌总指挥的职务，并助其补充兵力。杨虎城于1925年初率领军队南下，浩浩荡荡进入关中，打出新的局面。

1926年4月至11月，杨虎城和李虎臣率部坚守西安长达八个月。在冯玉祥率领的国民军联军的帮助下，西安终于解围。1927年3月，杜斌丞作为陕北各界人士代表，带领陕北青年78人赴西安参加解围庆祝活动。他会晤了冯玉祥、于右任、杨虎城、邓宝珊等国民军联军将领。他对杨虎城率军坚守西安八个月的壮举表示十分钦佩。他参加了革命烈士陵园的负土筑基工程，表示对死难官兵和老百姓的哀悼。5月初，他应邀以陕北各界人士代表的身份参加国民军联军军事检阅大会，代表陕北人民表示支持国民军联军出关东征，策应北伐。

在西安，杜斌丞还和共产党人魏野畴、李子洲、杨明轩、史可轩、刘志丹、黄平万等联系、接触，听取他们对革命形势的分析，共同研讨国共合作、振兴中华的大计。杜斌丞对共产党真诚拥护，对国共合作积极支持。他介绍随同他到西安的62名陕北青年进入西安中山军事学校。在该校的开学典礼上，他还发表了热情洋溢的讲话。四一二政变后，西安城里议论纷纷，一些青年的思想产生波动。杜斌丞对青年说："你们要站在长线上（共产党），不要站在短线上（国民党）；要站在前线，不要站在后线。"引导青年在历史转折关头，坚持革命方向，不要随波逐流。

1927年6月，冯玉祥和蒋介石等在徐州举行会议，陕西形势进一步恶化，杜斌丞离开西安，到武汉、上海等地考察，后寓居北平。此后两三年中，杜斌丞对陕北地方的政治情况甚为关注，为陕北教育、赈灾等事业多方奔波，积极赞助，同时潜心博览群书，阅读马列主义著作，思想有了质的飞跃。他说："中国革命的前途，取决于人民大众的崛起，而人民大众的崛起，完全依赖于中国共产党的组织和领导。"1929年春，杜斌丞回到陕北。河北省主席徐永昌邀请杜斌丞在省政府任职，杜斌丞对友人说："道不同，不相为谋。"

1929年夏，杜斌丞召曹又参由绥远到北平，回顾总结他们几年"倒井"活动的经验教训。杜斌丞对曹又参说："我们数年来的'倒井'工作，所联络的还是升官发财的无革命性的旧军人们，即使'倒井'成功，仍是以暴易暴，我们谁有法统治他们？徒使人民遭乱战之苦。所以我主张'倒井'活动可以暂时停止。现在中国的问题，是南北两大军阀蒋冯如此的反革命，如此残杀青年的问题。现在我们和杨虎城、方振武、徐永昌、刘永程（刘允臣）等拟作一个全国杂牌军的大联合活动，以对付南北两大军阀。你火速回到西北去，联络西北的小杂牌军去，最主要是传达给为倒井运动羁留在陕北的好青年们，再不应耽搁光阴，可到处活动，去成立自己的队伍，或者参加好的队伍，以便养成将来的革命力量。"曹又参根据杜斌丞的指示，回到陕北和一批"倒井"的青年投入苏雨生部活动。1929年冬至1930年冬，刘志丹、谢子长、高岗、张东皎、张秀山、牛化东、李友竹等一大批共产党员，先后都随苏雨生部活动，相继拉出去一部分队伍，后来扩建成立红军游击队。

## 倡导西北大联合

1930 年冬，杨虎城率领第十七路军回到陕西，就任陕西省政府主席、潼关行营主任。杨虎城以“共建新西北”电邀杜斌丞由北平回陕西，任其为陕西省政府高级参议，后又任其为陕西省清乡局副局长。由此，杜斌丞成为杨虎城许多重大决策的重要幕僚。这时，蒋介石坚持其政策调动大军，对南方的革命根据地发动“围剿”；同时，加强对地方异己势力和主张抗日的爱国军队的控制和分化瓦解。杨虎城感到十分苦闷，问计于杜斌丞。杜斌丞分析了当时的形势，明确指出：十七路军要励精图治，有所作为，要防止蒋介石的控制，抵御蒋介石吞并异己的阴谋，必须实行西北大联合。他说：“一个杨虎城，一支十七路军，斗不过蒋介石，迟早要被吃掉，只有西北大联合，进而促进南北大联合，才能对付蒋介石。”这就是后来传说的“大西北主义”。用杜斌丞的话来说，这些主张就是：“回汉一家、陕甘一体、打通新疆、结好苏联，然后乃建设西北、巩固西北，并抵御日寇也。”他还形象地说这是“打开后门”(联合苏联)和“关住前门”(拒蒋介石于潼关之外)的政策。

杜斌丞的西北大联合的主张，是包括共产党领导下的革命力量和西北反对蒋介石独裁统治的地方势力的大联合。他一直仰慕共产党人，赞成共产党的救国主张，他也曾多次救助共产党员。1930 年秋，刘澜涛、张德生在绥德被捕，杜斌丞委托即将赴绥德赴任的县长高望之设法释放，刘澜涛、张德生于 1931

年2月获释出狱。1931年春，刘志丹被捕，杜斌丞设法通过省政府发出释放公函，7月份又亲自督促，在刘志丹被释放时送他一支手枪和200块大洋。正是因为杜斌丞这种亲共的进步政治态度，杨虎城和中共的关系以及联共反蒋抗日等方面的许多工作，杨虎城不便直接出面时，往往委托杜斌丞出面联系督促。

杜斌丞是“大西北主义”的倡议者，也是最坚决的推行者。他不畏艰险，不辞劳苦，八个月中，先后三次奔波于西安、兰州之间。蒋介石企图利用甘肃、宁夏回族地方势力，控制甘肃局面，先后任命马鸿宾代理甘肃省政府主席兼新编第七师师长，雷中田为新编第八师师长，同时，派马文车、谭克敏、严尔艾和杨劲支4人以行政院视察员的名义入甘，为控制甘肃做准备。杨虎城识破蒋介石的阴谋，筹划对策。杜斌丞提出先下手为强，加速实行“大西北主义”计划的步伐，联合甘、宁回、汉实力派人物，扩大兵力，打通新疆，开发西北。于是杨虎城派赵晚江以潼关行营代表的名义入甘，进行联络。不料赵晚江到兰州后与雷中田勾结，另做图谋，杨虎城和杜斌丞的计划未能实现。6月，雷中田、马文车突然举行兵变，新编第七师被缴械，马鸿宾被囚，马文车做甘肃省政府主席，雷中田掌管军事。7月中旬，杜斌丞奉杨虎城之命，以潼关行营高级参议的身份代表杨虎城首次去甘肃，调查雷、马事变真相和甘肃的局势。当时，甘肃的局势非常复杂，地方大小军阀各自为政，就地筹款，扩充兵力。雷中田部驻守兰州和定西一带，陈珪璋部驻守陇东，鲁大昌部驻守洮岷(今临洮、岷县一带)，马廷贤驻守陇南、天水，黄德贵部驻守海固(今海原县、固原县)，马仲英部驻守河西，马步芳驻守西宁。杜斌丞入甘后，先与平凉的陈珪璋、固原的李贵清、静宁的石英秀会晤，到兰州接见驻守靖远的王子元和鲁大昌的代表，并骑马去临洮与鲁大昌会晤。西宁的马步芳也派代表来接洽。杜斌丞开诚布公地说明民族团结、安定地方、共同开发西北的重大意义。各方颇为感动，表示愿意服从潼关行营杨虎城主任的指挥。杜斌丞对酒泉的新编三十六师马仲英部特别注意，认为该部是打开新疆的一支重要力量。在兰州，杜斌丞还和主管民政、财政、教育、建设的负责人以及知名人士进行洽谈，颇受各方重视。杜斌丞全面掌握了甘肃的情况，并同各方建立了广泛的联系。对雷中田，杜斌丞诚恳地向他分析形势，晓以利害，以大义，劝其让出兰州，由潼关行营派军接防。雷中田仗着兵多，不听劝诫。事变和平解决尚不可能，且吴佩孚又趁机前来兰州活动。杜斌丞断定甘局非以武力解决不可，遂克服重重险阻，离开兰州返回西安。

同年 11 月，杨虎城派第十七师师长孙蔚如以潼关行营参谋长的名义率部入甘。杜斌丞于是先行出发，在平凉半月，为进军做好联络和准备工作。孙蔚如率军开来，杜斌丞以高级参议的身份随军进取兰州，分理政务，这是他第二次入甘。由于上次入甘活动和多方面建立了联系，陈珪璋等都表示脱离雷中田，响应陕军。石英秀、王子元等旅协助孙蔚如在会宁、定西两个战役中击溃雷中田，雷中田经陇南逃到四川。12 月初，第十七师占领兰州，吴佩孚、马文车仓皇渡过黄河，往宁夏方向逃走。12 月 8 日，南京国民政府任命孙蔚如为甘肃宣慰使，暂时兼理民政。杜斌丞任宣慰使署秘书，襄理政务。

蒋介石对杨虎城、杜斌丞积极开展西北联合的活动十分惊恐，极力阻挠破坏，对杨虎城一再提请任命孙蔚如为甘肃省政府主席的报告不予以批准，并免去杨虎城潼关行营主任的职务，改任其为西安绥靖公署主任，以限制他在西北的活动，蒋介石、杨虎城之间的矛盾日益明显。此时，根据国内外军事斗争的形势，杜斌丞拟订了一个方案："暂让出陕西于蒋，以安其西顾之心。十七路军指挥部移驻兰州，由孙蔚如率领十七师走新疆，并分兵宁（夏）、青（海），即跨四省，整理训练，可为他日后革命根据地。"1932年初，杜斌丞携带此方案返回陕西，同杨虎城磋商。

杜斌丞在西安住了数日后即返回兰州，这是他为开发大西北第三次入甘。杜斌丞的方案因种种缘故未能实现。在杜斌丞回陕之际，杨虎城部的杨子恒在兰州借故杀害了陈珪璋，引起甘局动荡，陇东形势混乱。杜斌丞在西安闻讯，十分惊异，当即询问杨虎城："这是什么人的主意？"他认为"过莫大于失人心，失此一着，全盘皆输"，甚为不安。杨虎城解释说：孙蔚如来电，只简单说了几句，好像陈珪璋没有多大罪过。孙蔚如向我引咎。我平日约束部下不严，也只能自责。为此，杜斌丞立即由西安赶到平凉，派段真卿、马锡武等分赴陇东各部安抚陈部，平息叛乱，另外，派人赴陇南向鲁大昌等部做解释，从而稳定了甘肃的局势。

蒋介石乘机向杨虎城施加压力，破坏杨虎城西北大联合的计划。1932年4月，蒋介石任命邵力子为甘肃省政府主席，免去孙蔚如宣慰使的职务，改任其为第三十八军军长。9月，蒋介石收买驻守天水的杨虎城部警备师师长马青苑叛乱，迫使孙蔚如撤出兰州。蒋介石得手甘肃后，对杜斌丞封官许愿，尽力拉拢，杜斌丞皆嗤之以鼻，拂袖而去。邵力子接任甘肃省政府主席后，一再挽留杜斌丞，并在很长一段时间内保留杜斌丞省政府秘书长的职位，杜斌丞婉言谢绝，称病回陕。

## 联共抗日

1933年初，蒋介石控制甘肃后，命令驻守甘肃天水的孙蔚如部和驻守陕南的嫡系胡宗南部互换阵地，把杨虎城在甘肃的军队全部赶到“剿共”前线。在此严峻的关头，杜斌丞提出联共反蒋抗日的主张，博得杨虎城、孙蔚如的赞成，也得到杨虎城部不少高级将领的同情。

杜斌丞是联共反蒋抗日的倡议者，也是执行者。1933年2月，杜斌丞从西安到天水，与孙蔚如商谈大计。孙蔚如部参谋、共产党员武志平，2月2日赴马跑泉迎接杜斌丞。途中，杜斌丞和武志平交谈了对时局的看法：第一，蒋介石与各派军阀之间的矛盾更加尖锐，蒋介石借口“剿共”，将嫡系胡宗南部派到甘肃，利用饥民扩充军队，这对杨虎城是一个威胁。第二，蒋介石电催川、陕军合围红军，企图利用杂牌军打头阵，达到两败俱伤、消灭异己的目的。第三，第十七路军必须避免与红军作战，需要和红军打通关系，取得联络。杜斌丞说，他正向杨虎城、孙蔚如征询意见，如果被采纳，将推荐武志平进行联络。武志平于3月间，通过中共地下党员宋绮云向中共上海组织汇报此事。

杜斌丞与孙蔚如商谈后，回到西安。4月2日，孙蔚如由西安去汉中。5月上旬，武志平收到杜斌丞的一封密信，暗示杨虎城已经确定与红军进行友好联络，当时用语是“叫开门”。王宗山同时带来杨虎城给武志平的一封信，要武志平“辅佐孙军长，努力工作”。5月11日，孙蔚如找武志平密谈，亲笔给红四方面军指挥徐向前和政治委员陈昌浩写了一封绫书，交给武志平。武志平13日化装起身，通过巴中到达苦草坝，会见了张国焘等负责人。红四军和中共川陕省委军委研究认为，和第十七路军建立了联系，“不论从战略上还是从整个川陕根据地的发展上考虑，都是一个有利的也是极好的机会”，于是决定派徐以新代表红四方面军到汉中与孙蔚如会谈。6月24日，红四方面军与第十七路军达成“互不侵犯”的协定：“第一，双方互不侵犯；第二，配合打胡宗南；第三，建立交通线，给红军提供一定物资。”此后，近两年间，红四方面军与杨虎城部没有发生大的冲突，前线小的冲突，则是掩盖秘密协定的举动。

1935年10月，中共中央和中央红军到达陕北。毛泽东派汪锋为代表，持他分别写给杨虎城、邓宝珊、杜斌丞三人的亲笔信到西安联络。行前周恩来嘱咐汪锋，到西安后先通过杜斌丞从侧面了解杨虎城的思想动态。汪锋到西安后，先将三封信交给杨虎城，然后秘密拜访了杜斌丞。汪锋首先传达了毛泽东对杜斌丞的问候。杜斌丞非常激动，感谢中国共产党对他的信任，然后详细介绍了第十七路军的处境和思想状况。他说：“十七路军是杂牌部队，国民党中央军极不信任，蒋介石指使他的特务机关经常对十七路军造谣生事。陈立夫、陈果夫攻击杨先生周围有赤色分子包围，指责某某人为共产党等。部队发展也有困难，装备差，也没有来源，主要靠自己在西安的一个小兵工厂制造一点步机枪。杨先生部队的骨干以及他的幕僚都对蒋介石不抱什么幻想。”他还详细分析了第十七路军的人事构成、军事素质和政治情况，介绍了杨虎城本人的情况。他说：杨先生不像一般人所说的政治上没有涵养。杨先生政治上有见解、有主见、有爱国思想，刚直敢干。他自己决定的事情，别人不易改变。杨先生对蒋介石没有什么依赖。目前，蒋介石极力限制、削弱、瓦解杨的势力。使杨忍无可忍，对蒋介石更加戒备。所以，蒋介石、杨虎城之间的矛盾已经达到无法调和的程度。杜斌丞还指出：杨先生对红军有过怀疑，担心红军只珍惜自己的部队而削弱十七路军的力量。他热情地对汪锋说："你这次来是合时机的，毛泽东派你来，人选很恰当。和杨先生谈话要讲实在的，他喜欢直爽，是可以谈成功的。"杜斌丞还详细地介绍了杨虎城部和东北军的关系，并对如何合作提出了中肯的建议。通过与杜斌丞的见面，汪锋了解了杨虎城的政治态度，心里有了底。后来，汪锋又与杨虎城经过三次长谈，确定了双方的合作关系。从此，杨虎城和中共的合作进入了与中共中央直接发生关系的阶段。

杜斌丞还是第十七路军与东北军之间搞好关系的搭桥人之一。在东北军进入陕西后，杜斌丞多次对杨虎城建议："蒋介石调东北军入陕，命令你和汉卿'剿共'，意在三方对立、互相残杀。在这种情况下，应以国家民族利益为重，团结友军，联合红军，变三方对立为三方联合，变互相残杀为联合抗日。"杨虎城十分赞成他的分析。1936 年 1 月，高崇民持杜重远的信到西安结识杨虎城和杜斌丞，陈说张学良愿意与第十七路军联合抗日之意。杜斌丞于是代表杨虎城与高崇民建立经常联系，探讨东北军、第十七路军共同抗日救亡大计。他们二人密切配合，为改善和加强东北军和西北军的团结做了不少工作。

1936 年 12 月 12 日，张学良、杨虎城两位将军被迫发动震惊中外的西安事变，实行兵谏，扣押了蒋介石。13 日，张学良、杨虎城通电全国，提出八项主张。14 日，宣布撤销西北"剿总"司令部，成立以张学良、杨虎城为正、副主任委员的抗日联军临时西北军事委员会，成立参谋团和政治设计委员会。西安事变后，杜斌丞受命担任政治设计委员会委员和陕西省政府秘书长，后来又代表杨虎城参加由周恩来主持的红军和东北军、第十七路军三方所组成的联合办公厅的工作。

12月12日上午，杜斌丞以省政府秘书长的身份，召集省政府工作人员照常上班，迅速恢复正常工作。在接管省政府的工作中，他严格要求遵守法令。杜斌丞还任用了一批进步人士和秘密的共产党员担任省政府的参议、秘书等职，加强和活跃了省政府的工作。杜斌丞是张学良、杨虎城八项主张的参与制定者和忠实执行者，他积极参加筹备和组织10万人的群众大会，请张学良、杨虎城发表讲话，说明实行兵谏的经过和目的，阐明八项主张的重大意义。杜斌丞按照这次讲话的精神和内容，以省政府代主席王一山的名义发布省政府布告和《告各县长书》等，广泛宣传张学良、杨虎城的八项主张。

## 追求民主

1937年2月17日，孙蔚如接任陕西省政府主席，杜斌丞继任省政府秘书长。6月下旬，杨虎城被迫出国前，西安学联组织了一批学生到终南山麓采集了许多植物标本，配以怀念杨虎城的诗词，制成名为《故乡花草》的纪念册，由杜斌丞专程带往上海，送给杨虎城。看到这些家乡的花草标本，杨虎城十分激动："故乡人民没有忘记我，我也永远不会忘记故乡人民。"

杜斌丞按照杨虎城的意思，同中共陕西省委磋商，委派马豫章、苗紫芹、张执庵、宋宾三、李志洁、艾善甫、王正身、李腾芳等进步人士到边区及其附近的10个县任县长，以利于搞好与中共的合作关系。他嘱咐他们："你们在那里当县长，要听延安的，不能听西安的！"

杜斌丞按照杨虎城出国前的嘱咐，为第十七路军的生存和进步，苦心思考，不断和孙蔚如、赵寿山、李兴中、孔从洲等人共商部队的建设和教育问题。他再三叮咛第三十八军要加强和八路军的团结，要坚持抗战到底，否则就辜负了杨先生的期望。他说：“保国卫民是军队的天职，否则就不成其为军队，而是害民的土匪。”告诫第十七路军的军官，为国为民尽职尽责。

1938 年秋，孙蔚如和杜斌丞同时被免职，留任省政府委员。1940 年 7 月 16 日夜，国民党特务闯进杜斌丞家，以搜查共党分子为名，逮捕了杜斌丞的客人和佣人。但杜斌丞并没有被吓倒，他写信辞去省政府委员和其他行政职务，宣告从此与国民党政府断绝关系，“不上衙门，不做国民党反动派政府的官”，专心从事抗日民主运动。此后，他到湖南、四川、广西、云南等地，联络爱国民主人士，共商坚持抗战、坚持民主救国的大计。在看到毛泽东所著的《新民主主义论》后，他到处宣传：“中国革命从此有了明确的道路和方针，这就是毛先生指出的新民主主义，除此别无他路。”

1944 年 9 月，中国民主政团同盟改组为中国民主同盟。10 月，张澜致信杜斌丞，邀请杜斌丞加入中国民主同盟，并主持西北盟务。不久，杜斌丞和杨明轩、王菊人、郭则沉等发起成立民盟西北支部筹委会，提出“亲苏、友共、努力实现新民主主义”的政治纲领。1945 年 2 月，民盟西北总支部在西安秘密成立，杜斌丞任主任委员。为了保证组织的纯洁，杜斌丞提出发展盟友的条件为“不反苏、不反共、不反人民”。到 1945 年底，西北民盟已发展盟员近千人。

1946 年 1 月，杜斌丞以民盟代表团政治顾问的身份赴重庆出席政治协商会议。会后，杜斌丞返陕，以民盟中央常委的名义向报界发表谈话，揭露国民党反动派坚持一党专政的阴谋，要求当局释放张、杨，实施民主宪政。为了躲避国民党特务的迫害，杜斌丞曾到甘肃固原国民党第十七军军长高桂滋处暂避。毛泽东派曹力如会见杜斌丞，要把他接到边区，杜斌丞认为自己留在国统区作用更大，毅然回到西安。杜斌丞按照周恩来的建议，从事大后方的舆论宣传工作。他先后办起了《秦风日报》《工商日报》与《秦风日报·工商日报联合版》等。

面对日益高涨的爱国民主运动，国民党反动派的镇压更加疯狂了。1946 年 5 月 1 日，《秦风日报》被胡宗南部查封。1946 年 7 月，李公朴、闻一多先生在昆明被害。但这一切更激起了杜斌丞的斗志，他无畏地说："面对刀光剑影，今日莫杀头，今日且干一天！"但是，反动派的屠刀终于举了起来。1947 年 3 月，蒋介石命令胡宗南："杜斌丞、白伯英、王菊人等通匪有据，速即查办。"3 月 20 日，即在胡宗南侵占延安的第二天，杜斌丞等被捕。在狱中，他虽受尽百般折磨，却视死如归，且奋笔疾书，严斥国民党反动派的罪行。他在最后的遗书中说："每思三十年来，无日不为民主而奋斗，反动诬陷，早在意中；个人死生，已置度外。彼独裁暴力，虽能夺我革命者之生命，绝不能阻挠人类历史之奔向光明，终必为民主潮流所消灭也。"1947 年 10 月 7 日，杜斌丞在西安玉祥门外英勇就义，享年 59 岁。

杜斌丞遇害后，中国共产党在延安为他举行了隆重的追悼会，高度评价了他一生的革命活动，毛泽东亲题挽词："为人民而死，虽死犹生！" 1952 年 12 月 1 日，杜斌丞的遗体被安葬于西安南郊烈士陵园。

# “魏杨同盟”——魏野畴

1959 年 8 月 29 日，毛泽东在中南海会见孔从洲，问他杨虎城的部队中什么时候开始有共产党活动的。孔从洲回答：“据我了解是 1923 年以后。1924 年，当时我们的部队驻在三边一带，杨虎城先生在榆林养病。经过榆林中学校长杜斌丞先生介绍，认识了魏野畴同志。在这以后不久，部队就开始有了党员活动。”主席听后肯定地说：“魏野畴是老同志，有学问。他还有著作，我读过，写得有水平。他学识很渊博。陕西历史上人才是不少的！”当讲到阜阳暴动时，毛泽东深情地说：“这次暴动虽然失败了，但它点燃了皖北的革命烈火。”毛泽东简短的话语，可以说是对魏野畴最中肯的评价。魏野畴最早把马列主义传播到西北地区，是西北党组织和皖北革命根据地的创始人之一，对杨虎城及其率领的部队走向革命有着深远的影响。

## 榆林相识

魏野畴，原名魏风标，号明轩。1898 年 3 月 8 日出生于陕西兴平板桥乡魏家村一户贫苦农民家庭。魏野畴不满三岁就丧父。祖父母和母亲对他很疼爱，尽管家里困难，但仍坚持供他读书。童年在本村上私塾。1912—1917 年间，在西安三秦公学上学。1915 年，袁世凯复辟称帝，他投入了反袁斗争。1917 年春，魏野畴中学毕业，准备升学深造，但家中已无力供应。他长途跋涉数百里，到河南观音堂后才搭火车到北京。魏野畴报考了北京大学、北京高等师范学校等 4 所院校，因成绩优异均被录取。因为家庭经济困难，魏野畴选定公费学校国立北京高等师范学校史地部学习。

入学不久，俄国十月革命爆发了。1919 年，北京又爆发了轰轰烈烈的五四运动。这些都给魏野畴以巨大影响，他看到了苦难祖国的希望。他开始如饥似渴地学习新文化、新思想，学习马列主义，积极参加北京高等师范学校进步师生举办的各项活动。1920 年，魏野畴和北京大学学生杨钟健、李子洲等一起，整顿了陕西旅京学生联合会，创办了《秦钟》月刊，宣传新思想，明确提出要以“科学的态度”研究社会、改造社会。是年冬，他加入了社会主义青年团。1922 年 10 月，魏野畴和李子洲、刘天章等人在北京组织革命团体共进社，团结进步青年和知识分子，宣传革命思想。他是共进社的领导人之一，也是《共进》半月刊的主要撰稿人。他编写了 15 万字的《中国近世史》，初步运用马列主义的立场、观点和方法解释中国近代史，揭露帝国主义的侵略罪行，歌颂辛亥革命，歌颂五四运动。

1921 年夏，魏野畴从北京高师毕业，回到陕西后，在华县咸林中学任教务主任兼历史教员。他改革学制，改革旧的教学内容，使用自己新编的教材。他提新摒旧，精心育人，受到大多数学生的欢迎，但也遭到旧势力的打击排斥，无法在咸林中学立足。1922 年夏，他收到友人杨钟健从北京寄来的信，说北京大学蔡元培校长看到了《中国近世史》书稿，希望魏野畴再加以润色，准备帮助他出版。1922 年下半年至 1923 年上半年，魏野畴去北京修改、补充自己的《中国近世史》。在此期间，1923 年春经李大钊、刘天章介绍，魏野畴加入中国共产党。遗憾的是，由于蔡元培辞去北京大学校长，离开北大，《中国近世史》当时未能出版。直到魏野畴牺牲后，这部书稿连同他后来翻译的《美国史》才由好友南汉宸、杨明轩等分别交给申江书店、开明书店和商务印书馆出版发行。

1923年暑假，魏野畴应陕北榆林中学校长杜斌丞的邀请，去该校任国文和英语教员，他和杜斌丞一起致力于教育改革，在学生中传播马列主义，还积极引导学生走出校门，开办贫民学校，开展反苛捐杂税等斗争。一时间，榆林中学成为陕北传播新思想的重要据点。

在榆林，魏野畴经杜斌丞的介绍，结识了正在榆林养病的杨虎城，二人过从甚密，很快成为无话不说的知心朋友。面对陕西靖国军的失败，面对孙中山领导的革命事业的屡遭挫折，杨虎城在思想上很是苦闷迷茫。在他们相识后，杨虎城向魏野畴倾诉自己的苦恼。

魏野畴感觉杨虎城不是一般的草莽军人，他有强烈的爱国心和革命愿望，他在与北洋军阀的斗争中是勇敢坚定的，应当争取他与共产党合作。于是，在他们一次次的长谈中，魏野畴向杨虎城详细讲解了马克思主义的基本知识，分析了当时中国社会的基本矛盾和政治形势，介绍了中国共产党的主张。这是杨虎城第一次见到共产党人，第一次听到他闻所未闻的革命道理，他的心头似乎豁然开朗。与魏野畴的相识与交往，可以说是患难逢挚友、病中遇良医，成为杨虎城思想、事业转折的契机，为杨虎城以后与共产党的多次密切合作奠定了基础。

魏野畴在华县、榆林工作仅有两年时间，但在他的影响下，青年学生的进步思想日渐波及陕北和关中的一些县，他引导许多进步青年走上了革命道路。刘志丹、潘自力、高克林、王子宜、曹力如、阎揆要、苏士杰、霍世杰、白怀林、刘文蔚、张秉仁、杜松寿等人都是他的学生，都是在他的影响下，先后加入青年团和共产党，后来成为陕西地区党组织的骨干力量。

## 助杨整军

1924年春，魏野畴回到西安，担任省立第三中学和第一中学教务主任和教员。同年夏，举办暑假讲习会，组织学生学习马列主义，和武止戈一起召开进步学生座谈会，讨论如何开展学生运动，建立西安第一个青年团支部。为了便于团支部和团员在群众中开展活动，发起成立团的外围组织——青年文学社，出版《青年文学》旬刊，后改为《青年生活》旬刊，宣传新文化、新思想，揭露帝国主义、军阀和封建教育的罪行。到1925年11月，社员发展到140余人，遍及西安各中、小学校，成为进步青年的核心，有力配合了团组织的活动。

1925年初，为响应中共中央和孙中山关于废除不平等条约、召开国民会议共商国是的号召，魏野畴、雷晋生、吕佑乾等，联合西安各人民团体成立陕西省国民会议促成会，掀起拥护中国共产党和孙中山主张的召开国民会议的群众运动。3月12日，孙中山不幸在北京逝世。4月15日，魏野畴、王授金、雷晋生、吕佑乾等在西安主持召开有五六万人参加的“追悼孙中山先生逝世大会”，魏野畴在大会上讲话指出，孙中山是世界史上伟大的革命家。我们诚然哀痛，但更重要的是继续奋斗，务必于最短期间，告成中国之革命。会后，出版了《追悼孙中山大会会刊》。

同年5月4日，直系军阀、陕西督军吴新田纵容军队殴伤省立一中几十名学生，激起西安市中、小学师生的极大愤慨，魏野畴抓住这一有利时机，领导党、团组织，学生联合会，组织全市师生罢课，掀起了大规模的驱逐吴新田的运动。为了避开敌人的锋芒，魏野畴带领团组织和学联负责人撤出西安，移驻三原，与当地的团组织和学联领导人合作领导驱逐吴新田的斗争。上海五卅惨案发生后，魏野畴等把驱吴斗争和声援上海人民的反帝斗争结合起来，领导各界群众召开大会，游行示威，发表通电。当时，担任陕北国民军前敌总指挥的杨虎城率部驻军于耀县，魏野畴率驱吴请愿团赴耀县，呼吁杨虎城支持学生运动，杨虎城欣然应允，率部参加驱吴斗争，并积极提供驱吴活动经费。不久，魏野畴又应杨虎城的邀请，担任杨虎城部咨议兼三民军官学校政治部主任。这是魏野畴与杨虎城的第一次正式合作。魏野畴在军校中开设了政治课程，为学员们讲解革命理论，为这支部队官兵政治素质的提高奠定了基础。从此，该部队有了中共党员和中共党组织。

在魏野畴等人的领导下，陕西人民的驱吴斗争热情不断高涨。吴新田见群情激愤，又有国民军的援助，恐遭歼灭，遂于7月中旬率部向西撤退。吴军行至虢镇，遭到杨虎城部队的截击，被歼两个团，残部逃往汉中。驱吴运动取得胜利。

驱吴斗争取得胜利后，魏野畴在三原召开陕西省学生第一届代表大会，成立省学生联合会。同年7月回到西安后，魏野畴根据省学代会的决议，立即同陕西省教育界的顽固保守势力展开斗争，创办了《西安评论》三日刊。魏野畴负责刊物的组稿、撰稿、审稿、编排、校对，以至印刷、发行等工作。《西安评论》的发行量曾达到2000份，被称为陕西“革命舆论的唯一指导者”，魏野畴被称为“陕西青年的导师”。

为了领导工人阶级开展反帝反封建斗争，魏野畴领导成立西安总工会。同年8月，魏野畴和刘含初、王授金、杨明轩、李子洲等共同发起成立国民党党员俱乐部，不久又成立陕西省国民党临时党部。魏野畴在临时党部里担任领导工作，团结国民党左派，大力宣传孙中山“联俄、联共、扶助农工”三大政策。同时，领导整顿西安团组织，成立团的特别支部和西安地委。接着在西安成立第一个中共组织——中共西安特别支部。在整顿团组织、建立党组织的过程中，魏野畴曾负责选派青年学生中的党、团员去广州黄埔军校学习和去北方国民军做兵运工作。

1926 年 1 月，魏野畴作为陕西代表出席国民党在广州召开的第二次代表大会。大会期间，魏野畴见到了毛泽东、周恩来、陈延年、彭湃、林伯渠、吴玉章等同志。大会闭幕后，中共组织派魏野畴去北方为农民运动讲习所选拔学员。魏野畴立即赶到北京，与李大钊、陈毅等一起，选拔了五六十名党、团员和有志青年去广州。其中，乔国帧、李维屏、霍世杰、杜松寿、马致远、刘友珊等 16 人结业后返回陕西，为陕西农民运动的开展起了重要的作用。在参加国民党二大期间，受杨虎城委托，魏野畴携带 3000 元在上海购买放映设备及影片，以便宣传国民党的事业。

### 助杨守城

1926 年 4 月，直系军阀刘镇华由潼关直驱西安城下，企图重霸陕西。刚从北京回到西安的魏野畴，立即前往三原参加国民军杨虎城部召开的军事会议。会后，杨虎城率部开往西安，同国民军二军李虎臣部一起守城，决心抗击镇嵩军的进攻。在刘镇华围困西安的艰苦日子里，魏野畴和中共西安地委的其他领导人及共产党员一起，积极帮助杨虎城、李虎臣等筹划军需和民食，加强军队的政治工作，坚定军民守城必胜的决心，还组织学生进行宣传鼓动和救济工作。5 月，魏野畴冒着生命危险出城，去陕西东部临潼、渭南、华县等地视察工作。他说服驻守临潼的陕军旅长甄寿珊率部参加抗击刘镇华镇嵩军的斗争；指示地方党、团组织发动群众，建立农民协会和农民武装，配合国民军抗击刘镇华镇嵩军。8月，魏野畴到三原，帮助国民军田玉洁、李子高等部坚守城池，并派党、团员去周围农村组织农民协会，建立农民武装，保卫了三原的安全。10月，于右任、史可轩、许权中率领的国民军到达三原。魏野畴组织宣传队欢迎国民军，并与于右任一起筹建国民军联军驻陕司令部，准备进军西安，解西安之围。在冯玉祥、于右任率领的国民军联军的支援下，西安军民终于在11月底赶走了刘镇华的镇嵩军，使坚守长达8个月之久的守城斗争，终于获得了胜利。

西安解围后，魏野畴从三原随同国民军到达西安，根据中共西安地委的决定，领导举办了党员骨干培训班和政治队。1927年1月，国民军联军驻陕司令部在西安成立，于右任为总司令，邓宝珊为副总司令，魏野畴为政治部部长，主编《新国民军》报。魏野畴利用政治部的名义，选派大批共产党员到国民军联军驻陕总部所属的军、师、旅、团、营建立政治工作机关，加强部队官兵的政治思想工作，在部队中建立党的组织，秘密发展党员。仅在驻陕总部政治保卫师，就有近百名共产党员，少数党员担任了上自师长下至排长的职务，使其成为一支由共产党控制的部队。1月底，国民党陕西省执行委员会正式成立，魏野畴当选为执行委员，后兼任宣传部部长。利用国民党这个组织，魏野畴等人广泛宣传国共合作的意义和孙中山的三大政策，动员民众参加反帝反封建的斗争。

1927年2月，中共陕甘区委成立，耿炳光为书记，魏野畴任宣传部部长，李子洲任区委常委兼组织部部长。3月，召开了陕甘区第一次代表大会，制订了“目前工作计划”，提出“党的工作原则是工作集中”，口号是“党到农民中去”。陕甘区委决定改组西安、绥德、渭南3个地委，新建三原、延安、榆林等地委，成立直辖区的特别支部6个、属各地委领导的特别支部30多个。陕甘区委还以国民党党部和国民军联军驻陕总部的名义创办了中山学院和中山军事学校，创办了《国民日报》，魏野畴担任主编。短短几个月，陕、甘两省农民协会遍及60余县，会员达到37万人。在陕、甘两省40多个县建立了党、团组织，其中党的地委7个、特别支部40多个、党员2000多人，团的地委6个、特别支部30多个、团员2400多人。陕西成为全国革命运动最高涨的省份之一，魏野畴和他的战友们付出了最大的心血和汗水。

### 血洒阜阳

1927年春夏之间，蒋介石、汪精卫等先后背叛革命，轰轰烈烈的大革命运动失败了。陕西也处于白色恐怖之中，魏野畴无法在陕立足，省委同意他接受杨虎城的邀请到杨部开展工作。8月，魏野畴由绥德到吴堡东渡黄河，经过山西赴河南归德附近的牧马集，与杨虎城率领的国民革命军第二集团军第十军相遇。老友相见，分外高兴，魏野畴受到了许多老相识的热烈欢迎。不久，南汉宸、蒋听松等共产党员也到了杨部。

此前，第十军与直鲁联军经过几个月的作战，损失很大，在归德更处于两面夹击、腹背受敌的危险境地。在此紧急情况下，魏野畴来到牧马集，与杨虎城等一起研究对策。魏野畴等人认为固守归德难免被歼，沿陇海路西撤亦无可能，只有向南转进才能摆脱孤军作战的败局，并图日后发展。杨虎城采纳了这一建议，决定向安徽太和进发。一路上，魏野畴与战士们同住同行，为他们讲形势、鼓士气，深受官兵热爱。

到达太和后，杨虎城任命魏野畴为政治部主任，对他非常信任，许多大政方针都征求他的意见，被称为“杨魏同盟”。他们又像在陕北时一样，常常一起谈心，从蒋介石、汪精卫的叛变一直谈到中国革命的前途与命运。从这些谈话中，杨虎城进一步认识到蒋介石已成为新军阀，只有共产党才是中国革命的希望。他明确表示希望与共产党继续合作。为了改造第十军，他筹办了军事政治干部学校，从部队基层干部中抽调进步官兵，又从地方上招收一批革命知识青年，共400多人，任命南汉宸为校长，魏野畴兼政治指导员，对他们进行全年的军事政治训练。魏野畴常常到学校上课，他生动活泼、深入浅出地讲解社会发展史，讲解中国革命的形势和任务，他的课引来阵阵掌声。

在四一二反革命政变后的白色恐怖中，在杨虎城部队中，却是一派高涨的革命气氛。魏野畴在帮助杨虎城整顿队伍的同时，也整顿了杨部中的中共党组织，建立党的军事委员会，魏野畴任军委书记。

1927年冬，中共皖北特委在太和成立，南汉宸任书记，魏野畴负责组织工作。特委把工作重心放在太和、阜阳驻军和地方党上。为了扩大革命影响，魏野畴在杨虎城的部队中组织士兵委员会、宣传队、民运工作队，派大批党、团员到附近农村开展革命活动，帮助建立农民协会，开展反对土豪劣绅的斗争。在特委的领导下，太和附近驻军和各县党的力量都有较大发展，不到一个月，党、团员人数由百余人发展到千余人。中共河南省委先后派人来太和，向特委传达中共八七会议精神，决定在皖北适时举行暴动。在与中共的合作中，杨虎城越发感到共产党是可信任的，他萌发了加入党组织的想法。他向魏野畴提出加入共产党的请求，表示“希望能做第二个贺龙”。他还提出将第十军改编为工农红军。看到老友的变化，魏野畴非常欣慰。他表示愿意做杨虎城的入党介绍人，并给上海的党中央写信说：“杨虎城是一位革命将军，他有坚强的革命决心，他表示愿与党合作到底，他是绝对被掌握在我党手中。”但杨的申请未能得到上级党组织的批准。

第十军的动态引起南京政府的恐慌。1928 年 1 月，南京政府派反共同盟的韩振声到杨部，网罗军中右派势力，威逼杨虎城逮捕共产党员，进行“清党”，但遭到杨虎城拒绝。韩振声还极力劝杨虎城靠拢南京政府，建议他去南京见蒋介石。杨虎城与特委负责人商量，决定自己借机随韩去南京，引开韩振声，以避免影响起义的准备工作。临行前，魏野畴叮嘱随行的杨虎城的秘书米暂沉：“跟着杨先生，他走到哪里你就跟到哪里，跟到底。我们(共产党)对他不要失望，要继续争取他和我们合作。”2 月初，杨虎城一行离开太和，魏野畴、南汉宸等都来送行。未料到，这次送别竟是杨虎城和魏野畴的永别。

杨虎城走后，第十军的党组织中出现了叛徒，该叛徒交出了共产党员的名单，这些党员已经无法立足。主持军内工作的参谋长孙蔚如将这些共产党员集中起来，发给路费，送出太和，让他们一个也没受到伤害。

革命形势迅速恶化，魏野畴于 2 月 9 日在太和县城主持召开了皖北特委扩大会议，通过了《皖北土地革命大暴动，建立豫皖平原根据地》的决议案。会议宣布了中共皖北临时特委的组成人员，魏野畴任书记。2 月 10 日，魏野畴立即向党中央和安徽、河南省委做了书面报告，并请求上级派得力干部来皖北加强领导。会后，魏野畴带领特委机关人员开始行动，从太和转移到党掌握的据点——阜阳县王官集小学。一到王官集，他就废寝忘食，日夜奔波，加紧做好起义的各项准备工作。4月8日，突然收悉党内出现叛徒，已经将暴动计划告密，特委决定4月8日晚在阜阳县城提前起义。

魏野畴带领的一支部队在老集镇被敌人包围，魏野畴被俘。敌人多次给魏野畴提出封官许愿，进行劝降，均遭到严词拒绝。敌人恼羞成怒，在4月10日深夜将魏野畴枪杀。魏野畴牺牲时年仅31岁。

杨虎城一直没有忘记魏野畴。在得知魏野畴牺牲后家庭困难，他与南汉宸、杨明轩等派人将烈士家庭情况拍照，四处募捐，帮助遗属。

人民也没有忘记魏野畴。党和政府在安徽太和县草寺集兴建了魏野畴等革命烈士墓和纪念碑，在阜阳县城建立革命烈士纪念馆，永远纪念他的千秋功业！

## “南先生”——南汉宸

南汉宸与杨虎城交往的10年，是中国内战最为激烈的10年，10年公开或秘密的合作，一片丹心共同奋斗。在两人长期交往过程中，南汉宸倾尽全力为杨虎城化解危机、处理日常工作。而每逢南汉宸陷于危难之际，杨虎城总是挺身而出，竭力保护南汉宸。他们之间的深情厚谊，成为杨虎城将军与共产党友好合作的一个缩影。

## 追求真理

南汉宸，1895 年 12 月 14 日出生在山西赵城(现并入洪洞县)韩家庄。南汉宸早年丧父，是靠母亲做针线活拉扯大的。1906 年在本村开始读私塾。1910 年入新式学堂。1911 年考入太原陆军小学，后转入第一师范学校。这一时期，南汉宸接触了大量宣传民主科学思想的著作。辛亥革命爆发后，太原爆发反清起义，南汉宸奉命回到家乡，召集起一支 2000 千余人的队伍回到太原，番号“义勇敢死队”，南汉宸任队长，随即开往娘子关。辛亥革命后，南汉宸重回第一师范学校读书。革命军的旋起旋落，使南汉宸认识到救国之路的艰难和曲折。

1912 年暑假，南汉宸与邻村的孔果女结婚。婚后，南汉宸回到太原，受“工业救国”思想的影响，放弃了师范学业，考入官费的太原高级工业专门学校就读。1913 年，在外蒙古独立的风潮中，身为班长兼斋长的南汉宸在学校组织起征蒙队，并被推为队长。从此，学生们被南汉宸团结起来，并以多种形式与校方进行斗争，争取应有的权利。学校当局视南汉宸为眼中钉，竟在两个月中三次将南汉宸宣布除名，但每次学生们都以罢课加以抗争。如此，学校不得不收回成命，被迫三次宣布取消除名。学生们胜利了，学校的死水也泛起了微澜。但想到自己救国的梦想远未实现，南汉宸毅然决定离开太原高级工业专门学校，到北京去了。

1914 年春，南汉宸到北京报考了陆军测量学校，尽管考试成绩优异，但未被录取。由于其他官费学校的录取工作已结束，无奈之下，南汉宸选取了中央政法学校就读。但是，南汉宸无力承受高昂的学费，只念了一个学期就辍学回了家乡。回到家乡，南汉宸在一所乡村小学任教。课余时间，他接触了很多基督教徒，还阅读了很多基督教的书籍，希望能找到救国的真理。

1917 年，晋南革命人士联络陕西革命志士郭坚举义反阎，南汉宸也投身其中。他在赵城集合了百余人，趁夜潜入安泽县，缴了公安局 70 余条枪，又到霍县缴枪 60 余条。在回来的路上，与阎军张培梅部遭遇，因寡不敌众退到山西吉县。不久，郭坚部被陕西都督陈树藩与阎锡山堵截惨败，反阎起义就此失败。起义失败后，南汉宸被迫逃亡，直到第二年的秋天才回到家中。

受“实业救国”思想的影响，南汉宸决心在实业方面做些努力。经与亲友商议，亲友集资 5000 元在赵城的东山办起了义集煤炭公司，南汉宸担任经理。公司于 1920 年正式开业，兼营水力纺织和轧花。除了打理企业日常的管理业务，学过工科的南汉宸还负责机械的维护和保养，兼管烧锅炉，真可谓“理论与实践相结合、工人与干部相结合、管理与生产相结合”。由于企业资金不足，加之煤窑运输不便，义集煤炭公司在竞争中渐渐败下阵来，两年后公司停办了。其间，南汉宸曾到赵城东山上的广胜寺研读佛经，寻求真理的他又一次空手而归。

1923 年，南汉宸作别了家人，应约到天津参加续西峰、景梅九、续范亭组建的陕军第一师。1924 年北京政变后，南汉宸参加了孙岳的国民军第三军，任军需官、训练处处长等。在此期间，南汉宸在与军中共产党人的接触中，逐渐了解和认识了无产阶级革命思想，南汉宸终于找到了未来的希望和道路。

1926 年冯玉祥在五原誓师，被公推为国民军联军总司令。冯玉祥成立了以共产党人刘伯坚为副部长的总政治部，并在各军成立政治工作委员会，南汉宸被任命为第三军政治工作委员会委员长。这一时期，南汉宸阅读了《新青年》《向导》上的许多文章，又从身边的共产党员如刘伯坚那里听到许多革命理论，思想认识有了新的飞跃，决心成为一名共产主义战士。他向刘伯坚提出加入共产党的请求，经过考察，党组织接受了他的请求，刘伯坚与高敬轩一起做南汉宸的入党介绍人。1926 年 10 月，南汉宸加入中国共产党。

入党后不久，南汉宸参加国民军联军赴苏参观团，团长是鹿钟麟。在苏联几个月的参观、访问，使南汉宸看到了刚刚成立不久的第一个社会主义国家欣欣向荣的景象，他备受启发和鼓舞，更坚定了共产主义信念。他写了一本 16 万字的《游俄视察记》，介绍苏联的成就和经验，以鹿钟麟的名义印刷 5000 本散发，产生了很好的影响。

### 太和合作

1927 年初夏，参观团回到西安，南汉宸与杨虎城初次相见。虽是初次见面，但南汉宸坚定的政治信仰、沉着的风度和横溢的才华，赢得了杨虎城的尊重和羡慕。5 月，鹿钟麟就任国民军联军东路军总司令，杨虎城任东路军前敌总指挥，相继开往潼关。南汉宸作为鹿钟麟的代表，经常与杨虎城联系，二人对彼此的了解日渐增加。杨虎城感到南汉宸是一个思想革命、作风干练的政工人才，将来对自己教育部队、改造部队一定会有大的帮助。南汉宸也感到杨虎城有思想、有魄力，绝不是一般旧军人所能相比，应该是我们党团结、争取的对象。

杨虎城出潼关后，一路东进，与直鲁联军作战，直达徐州。但因连续作战，伤亡过重，西撤又受阻，被迫退往皖北，在太和休整。冯玉祥对杨虎城不遵命令退往皖北很不满意，他知道南汉宸与杨虎城素有交往，便派南汉宸代表他去慰问杨虎城的部队，并探询杨部的动向。杨虎城见到南汉宸后坦率地倾诉了自己的处境和苦恼，诉说自己东征以来部队的装备、给养都很差，但每战都被摆在前头，援军和补给又常不及时，损失很大，军心不稳。况且冯玉祥自郑州会议后主张宁汉合作、共同反共，而自己与共产党多年合作，拒绝“清党”，双方政治态度也不相同，思想上十分苦恼、彷徨，因而意欲离开冯玉祥另寻出路。南汉宸对杨虎城的处境和心态表示同情和理解，并鼓励杨虎城借在太和休整之机抓紧整训部队，增强实力。这正符合杨虎城的意图，他一直感到自己的部队思想太守旧，欲进行整顿、改造，增加新的干部。他希望南汉宸留下来协助他用新办法训练基层干部。南汉宸答应可以考虑他的要求，但必须先回总部，交代完工作后再来，两人相约尽快合作。

南汉宸回到开封，向冯玉祥复命说杨虎城在太和确系休整部队，同时又把杨虎城的想法告诉中共河南省委。是年入冬，河南省委决定派南汉宸到皖北组织中共皖北特委，指定书记为南汉宸，第十军政治部主任魏野畴负责组织工作，第十军秘书长蒋听松负责宣传工作。南汉宸接到通知后，以“有病”为由离开部队，并通知武勉之、高敬轩、刘仲华等“开小差”，与他同到太和。

南汉宸一行到达太和后，杨虎城非常高兴。为了进一步充实革命力量，加强与共产党的合作，杨虎城在太和对所部进行了整顿。一是调整人事，任命了一批共产党员担任要职。二是力图改造第十军，筹办了军事学校，任命南汉宸为校长，魏野畴兼政治指导员。课程设置除了军事训练课外，还给学员增设了政治教育课，广泛传播进步思想。对此，第十军内部的旧派军官极力反对，但杨虎城坚决支持。

在南汉宸的影响下，杨虎城也进一步认识和了解了中国共产党，他曾向南汉宸提出介绍他加入中国共产党的要求，“希望能做第二个贺龙”，并曾几度要求将第十军逐渐改编为工农红军，南汉宸欣然答应，并及时报告上级党组织。但党的八七会议之后，以盲动主义和关门主义为主要表现的“左”倾路线主宰全党，由此把一大批同情革命和共产党的中间力量排斥在革命的大门之外，杨虎城的入党申请自然也如石沉大海，未获批准。后来在 1928 年 10 月 9 日，中共中央向日本发了一封《中共给东京市委信》，要求东京市委转告杨虎城。可惜中央信件到达较晚，杨虎城已提前回国了，没有收到信件。

南汉宸等共产党员充分利用有利条件，首先，在第十军中建立了党的军事委员会，积极吸纳进步青年军官，使党的组织很快发展壮大到近 200 人；其次，又建立健全了士兵委员会、宣传队、民运工作队等各种组织。不久，以曾晓渊、魏野畴、南汉宸等人为核心，在太和、蒙城一带建立了中共皖北特别委员会，曾晓渊、魏野畴先后任特委书记。

第十军进驻皖北太和后，皖北特委领导下的兵运、农运工作蓬勃开展，声势浩大，使得当地几支国民党军队中的军官和地方豪绅感到如芒在背，威胁多多。于是，他们一面伺机反扑，一面上书南京国民政府请求予以镇压。南京方面遂以劳军为名，派反共大同盟成员韩振声携款 2 万元来到皖北，试图乘机离间杨虎城、冯玉祥之间的关系，将杨虎城拉入蒋介石的麾下，并以国民党中央的名义督促杨虎城清除其部属中的所有共产党人。当时，杨虎城正在亳州，韩振声即径直来见。通过四处侦察，韩振声了解到自己的同乡、早年曾一道随冯去过苏联的南汉宸就在杨虎城手下供职，便以解决第十军的编制和经费等为砝码，诱使杨虎城将南汉宸等共产党员抓起来押送南京，好向蒋介石邀功请赏，结果遭到杨虎城的拒绝。杨虎城斩钉截铁地对韩振声说道："你我都和汉宸是朋友，而你和他的朋友关系比我还早，尽管政治见解不同，但首先应顾到朋友间的道义，我不能这样办。"然后，立即暗中告知魏野畴，要南汉宸暂时躲避。

在这一时期，由于受党内盲动主义影响，中共上级党组织要求皖北特委动员杨虎城率部暴动起义，然后在当地建立苏维埃政权。遵照指示，皖北特委与杨虎城进行多次磋商，均未达成一致意见。原因是杨虎城既不愿以党外人士的身份参加起义，又认为起义时机尚未成熟。为了顾全与共产党的合作大局，避免自己留在军中而对起义产生不利影响，经过与特委几位负责人商量后，杨虎城决定假意答应韩振声去面见蒋介石的要求，自己随他去南京。

杨虎城走后，由于第十军党组织中的叛徒供出了该部共产党员名单，致使这些党员无法继续在杨虎城部活动。迫于压力，代管该部全面工作的孙蔚如只得按照杨虎城临行前的嘱托，给该部中包括南汉宸在内的所有共产党员发放路费，然后"押送"至豫皖交界处释放出境。

在国民党军第四十九军以及地方各种武装等的联合围攻下，由皖北特委发动的皖北暴动很快就失败了，魏野畴在突围中壮烈牺牲。此后，第十军内部矛盾重重，其中的保守势力公开表示了对杨虎城的不满，使一直游历于南京、上海、浙江等地的杨虎城不便返回部队。此时，陕军将领岳维峻、田玉洁等正酝酿联合反对冯玉祥在西北统治的事宜，他们千方百计拉杨虎城入伙。杨虎城既无意于反冯，又不好自外于这些靖国军时期的战友。为了摆脱这种进退维谷的尴尬处境，他便避居日本，一走了之。

皖北起义爆发后，由于敌我力量悬殊，起义最终失败了，中共河南省委遭到破坏，南汉宸只身在开封躲了十余日，不得已投到国民革命军第二集团军前线总司令鹿钟麟麾下暂作盘桓，10月由鹿钟麟推荐担任信阳县县长。在此期间，南汉宸重新和组织取得了联系。

随着蒋介石与冯玉祥之间的矛盾日趋尖锐，名义上隶属于冯玉祥的第二集团军杨虎城第十军，便成为蒋、冯双方竞相拉拢的对象。在蒋、冯电报的迭次催促以及第十军先后两次派员来请的情况下，杨虎城于1928年11月中旬由日本回到国内。随后，第十军被整编为国民革命军第二集团军暂编第二十一师，杨虎城就任师长，并奉冯玉祥之命，率部开往胶东，剿灭地方匪患。蒋、冯关系破裂后，杨虎城决定离冯附蒋，所部被蒋先后改编为国民革命军新编第十四师、陆军第十七师。

### “秘书长专政”

1930年4月，中原大战爆发，鹿钟麟派南汉宸去联络驻守南阳的杨虎城。老友重逢分外高兴，两人推心置腹，促膝长谈，一起分析战局。他们认为，各路军阀已经不是蒋介石的对手，唯一能和蒋介石抗衡的只有中国共产党。以杨虎城现有的力量与蒋斗，无异于以卵击石。现在暂不积极表态，静观待变，伺机行动。一旦胜负大局已定，立即进攻潼关，返回西北，开创一个新局面。两人相约，入陕后南汉宸立即前去协助工作。9月，张学良表态拥护蒋介石，战局急转直下。杨虎城迅速出兵，10月初攻克洛阳，继续西进。南汉宸依约来到杨虎城部，他们分析了当时国内的政治形势和第十七路军的前途等重大问题，并确定了入陕后的政治纲领及重要的人事安排。同月，杨虎城被国民政府任命为陕西省主席。杨虎城任命南汉宸为陕西省政府秘书长。南汉宸作为杨虎城的得力智囊和臂膀，率先头部队及部分文职人员先行入陕，代杨虎城做组建省政府的各项工作。

南汉宸进入西安后，处理的第一件事就是释放政治犯，其中许多是共产党员，如潘自力、李大章、吕剑人等，并陆续给他们安排了工作。当听说刘志丹被捕，南汉宸力劝杨虎城排除阻力下令释放，把刘志丹营救出来。在杨虎城的支持下，南汉宸积极澄清吏治，调整人事，淘汰腐败官员，启用进步力量，迅速肃清盘踞各地的匪霸，收编小股武装力量，陕西秩序迅速安定，政局焕然一新。

南汉宸帮助杨虎城恢复和发展陕西经济。经过多年战乱，又遭遇百年不遇的大旱灾，陕西生产凋零，民不聊生。南汉宸团结、鼓励省内外人士献计献策，突击救济。他建议利用国际组织华洋义赈会的赈额，以工代赈，兴修水利，使关中粮棉产量迅速增加。

南汉宸帮助杨虎城大力发展文化教育事业。在杨虎城的赞同下，南汉宸通过中共地下党组织，发动学生开展反对南京政府任命的教育厅厅长李范一的“倒李运动”，李范一被迫辞职。思想进步的教育专家李百龄就任教育厅厅长后，南汉宸全力支持他的工作，教育经费概不拖欠，还委任了一批进步分子到各校担任校长，陕西省教育事业的面貌迅速改观。

杨虎城对南汉宸的工作十分满意，也给予南汉宸充分的信任，省府一般事务交给南汉宸全权处理，甚至一些官员的任命南汉宸都可以做主。南汉宸在帮助杨虎城处理政务和对蒋斗争中发挥了特有的斗争艺术和不可替代的作用，所以当时有人称，陕西是“秘书长专政”。

陕西的各种动向引起蒋介石的怀疑和不满。1932 年 4 月，西安发生了戴季陶被学生殴打的事件，戴季陶回到南京向蒋介石告状，说：“西安学生都听南汉宸的话，让这样的赤色分子做省政府秘书长，陕西省岂能不赤化，委员长要立即严惩！”CC 特务们也说：“陕西这个鬼地方红、白不分，比江西还难管理！”于是，蒋介石决定改组陕西省政府。

1932 年秋，蒋介石派陈立夫到陕西，借托探望正在养病的杨虎城，乘机拉拢南汉宸到南京供职，遭到南的严厉拒绝。欺哄不成，继以打击。随后，蒋介石以行政院长的名义电告杨虎城说南汉宸是共产党员，要杨虎城查办。杨虎城托病不复。蒋介石无奈，只好派胡逸民携蒋函专程到西安会杨，要杨虎城劝南汉宸接受政府“善意”到南京出任立法委员，杨虎城托词推脱不表态。胡逸民又找南汉宸，劝南汉宸到南京就职，同时拿出随身带来的委任状和通缉令，要南汉宸任选一张。南汉宸在盛怒之下，愤然而起回答：“我宁愿选择通缉令！”蒋介石见威逼利诱不行，下令杨虎城执行通辑令逮捕南汉宸。杨虎城托词推诿，坚决不执行，并当即派人护送南汉宸连夜离开西安。随着杨、蒋之间的矛盾加剧，1932 年至 1933 年之际，蒋介石一面电令杨虎城撤销南汉宸的职务，一面先后派黄杰部兵压潼关，派胡宗南部进驻天水，在军事上对杨虎城构成夹击包抄之势。形势所迫，杨虎城只得护送南汉宸秘密离陕，任其逃亡日本。随之，国民政府发布了对南汉宸的通缉令，并以突然袭击的方式，撤销了杨虎城陕西省主席的职务，只保留了他的西安绥靖公署主任之职。

1933 年 8 月间，南汉宸应吉鸿昌之邀回国，先后在吉鸿昌、孙殿英部做统战工作。此后一段时间，他在天津、上海从事中共秘密情报工作。南汉宸到天津时，察哈尔民众抗日同盟军已被蒋介石派重兵扼杀。南汉宸只得暂住天津租界，找到党组织后，多年的战友得以聚合，大家准备迎接抗日高潮的到来。南汉宸虽然离开了西安，但南、杨两人仍然保持密切联系。南汉宸从中多次联系，使冯玉祥获得了杨虎城大量的武器装备与经费援助。不久，南汉宸在上海中央局的领导下，化名王剑秋于平、津、沪之间从事特科工作，与王世英、刘仲华等一起，积极开展情报工作和对国民党部队军运工作。南汉宸机智勇敢而又沉着镇定地应对着各种险境。

1933 年孙殿英要率部去西北，派李锡九先到天津找南汉宸，要南汉宸帮他，杨虎城主张南汉宸去，福建人民革命政府也给南汉宸送了一份军事委员会委员兼西北特派员委任状。南汉宸不能自决，后来组织决定南汉宸去了包头，孙殿英聘南汉宸为顾问。

## 替杨分忧

1935 年 10 月，南汉宸约见第十七路军驻北平办事处处长申伯纯，将一份中共《八一宣言》交给他，让他送交杨虎城。杨虎城看到《八一宣言》后感到共产党的政策有了重大的转变，他完全同意中共“停止内战、一致抗日”的主张，并命申伯纯回告南汉宸，希望他派人具体商讨合作办法。

中共中央和中央红军到达陕北后，为了积极争取与杨虎城部合作抗日，时任中共特派员的汪锋于 1935 年 12 月奉命潜赴西安，向杨虎城面交了毛泽东的亲笔信，并在谈话中具体分析了目前的形势，宣传说明了中国共产党和红军关于联合抗日的主张。杨虎城因同汪锋不相识，难辨真伪，不敢贸然行事，便派省府科长、中共秘密党员崔孟博到天津找南汉宸查证。直到王世英随同崔孟博回到西安，证实了汪锋的身份后，杨虎城才热情地接见了汪锋。经过商谈，双方在南汉宸早先提出的六项建议的基础上，商定了四项合作原则。这些原则由王世英向毛泽东、周恩来等汇报，得到中共中央的同意，双方合作出现了新局面。

东北军张学良部被调驻陕西后，中国共产党和工农红军也努力与其共结同盟，友好相处。鉴于张学良率东北军入陕，张、杨之间存在利益分歧，南汉宸特请张学良的老朋友高崇民前往西安，在张、杨之间进行联络。同时，张、杨的东北军和第十七路军亦渐走渐近，相互靠拢。由此，逐步形成了以共产党和红军为政治主导，有东北军和第十七路军参加的“三位一体”的西北抗日民族统一战线的政治格局。

在中国共产党的感召下，在全国各族人民不断高涨的抗日热情的影响下，张学良、杨虎城两位将军乘蒋介石亲到西安坐镇督战之机，于1936年12月12日共同发动了震惊中外的西安事变，将蒋扣押起来，随即通电全国，颁布了抗日救国的“八项主张”，并迅速采取了军事、政治和对外联络的九条措施。其中之一是：第十七路军成立以杨虎城为会长的抗日同志会，孙蔚如、赵寿山、王炳南等人参加领导工作。同时，杨虎城又派人从天津请来了南汉宸，以便于加强与共产党的联系。南汉宸当时正在中共北方局工作。中共代表团到西安后，周恩来提出要南汉宸到陕西的建议，得到杨虎城的赞同。南汉宸抵陕后，杨虎城立即把近似秘书长的工作和权力交付给南。当时《山西日报》即于头版用大字刊载《杨逆左右臂南汉宸秘密窜陕》的新闻，这足见南与杨的交情之深。

南汉宸到西安除了参加中共代表团的工作外，还根据周恩来的指示参加了第十七路军抗日同志会和因事变而专门成立的设计委员会的领导工作，和王炳南一起成为杨虎城处理公务和人事的左右手，投入到极其复杂的斗争旋涡之中。

南汉宸还动员景梅九等人恢复停刊的《国风日报》，配合代表团的宣传工作，他还代表周恩来会见《大公报》记者范长江，把西安事变的真相和中共和平解决西安事变的方针公布于众，以打破国民党的新闻封锁，沟通西安与外部世界的舆论联系。

由于蒋介石的背信弃义，张学良送蒋介石到南京后遭到扣押。在西安内部，特别是东北军内部，围绕着营救张学良的问题，发生了错综复杂的矛盾。加之冯钦哉的叛变，南京军队又步步逼近，政治军事局势剧烈动荡。南汉宸坚持中共和平解决西安事变的方针，维护各方团结，夜以继日地工作。但东北军少壮派中某些人头脑发热，扬言要枪杀主和分子，枪杀名单中就有南汉宸的名字。1937 年 1 月 26 日晚，当杨虎城的夫人谢葆真听到南汉宸已被主战的一些人列入拟枪杀名单的风声时，便规劝南汉宸不要回自己九府街的住所，留在杨总部居住，以防不测。南汉宸却语气坚定地说：“我不怕！”仍旧回住地不误。

在主战派的包围中，杨虎城的内心极为矛盾。1 月 28 日上午，杨虎城又亲赴南汉宸的住所，将其从睡梦中唤起来，然后推心置腹、语重心长地对他说：“我今天有要紧的事情同你谈。我们两人是十几年的朋友关系，这种朋友关系可分为两部分：一部分是纯朋友关系，一部分是政治关系……你这次来西安，我当然不反对你站在你们党的立场，但是我希望你也要替我打算打算……共产党主张和平，可以同国民党、蒋介石分庭抗礼，他们是平等的。我是蒋的部下，蒋的为人是睚眦必报的，和平解决以后，叫我怎样对付蒋！所以和平的前途就是牺牲我。这种情形你为什么不替我想一想？你只一味地站在你们党的方面说话。我现在不能看着自己就这样完了，我们现在的政治关系是不能再继续下去了，但是我仍愿与你保持纯朋友的关系。现在局势的发展很险恶，不知道会演变出什么事情来，我现在把你送到我老太太家里去(三原东里堡)，你在那里是安全的，你今后不要再过问西安的事情了。”

南汉宸当然不相信杨虎城真的要“结束政治关系”，但他看到杨虎城的处境的确艰难，必须尽快寻找解决办法。他坚定地对杨虎城说：“值此紧急关头，我不能离开我党的工作，也不能离开你这位老朋友，不能就这样撒手不管。目前的局势怎样处理，我马上去找周公研究。”周恩来听了南汉宸的汇报后，不失时机地解除了杨虎城对时局发展的忧虑，坚定了杨虎城对和平解决西安事变的信心。再到后来，每当杨虎城出外办事时，南汉宸总是持枪跟随其后，这一切让杨虎城大为感动。在这瞬息万变、惊涛骇浪的日日夜夜，南、杨的友谊经受了严峻的考验。

周恩来为了争取多数，巩固三位一体的团结，表示可以暂时保留中共的主张，在东北军、第十七路军一致要求主战的情况下，全力支持他们打好这一仗，红军也采取一致行动。南汉宸将周恩来的意见转告杨虎城，反复做他的工作。后来，周恩来又约见杨虎城。中共代表团和周恩来的诚意使杨虎城深为感动、佩服，一度动摇的他重新和代表团亲近起来了，对南汉宸也更为信任。1 月 31 日晚，由杨虎城主持，于学忠、王以哲、何柱国、周恩来三方参加的最高军事会议，经过认真地讨论，取得了一致主张和平解决西安事变的结果。会后，西安方面向南京派出和谈代表。

西安事变和平解决后，南汉宸随周恩来返回延安。杨虎城被迫出国，临走时，电请南汉宸到西安一见。4月底，南汉宸在西安机场为杨虎城送行，场面甚为伤感，谁也不知道这一别，竟成了永诀。

七七事变后，南汉宸奉党的指示到华北开展统战工作，后回到延安，担任中共中央统战部副部长。1941年2月，南汉宸被任命为陕甘宁边区财政厅厅长，承担起边区财经工作重任。解放战争时期，南汉宸被调往河北平山，担任中共中央财经委副主任，后又调任华北财经办事处副主任、华北银行总经理。中国人民银行诞生后，南汉宸在石家庄就任中国人民银行总经理。1949年10月政务院成立，中国人民银行归政务院建制，南汉宸被任命为首任行长。1967年1月27日夜，南汉宸因心脏病发作逝世。1979年1月24日，邓小平主持南汉宸追悼会，并在悼词中说道："南汉宸同志是我党的优秀党员，好干部。"

## 民国"水圣"——李仪祉

李仪祉，1882年生于陕西蒲城富原村的一户知识分子家庭。其父李桐轩、伯父李仲特，都是清末在关中地区很有影响力的学者，同时皆为立志爱国的中国同盟会会员。李仪祉秉承家学，16岁考取了省试秀才第一名，随后先后考入泾阳崇实书院和三原宏道学堂。1904年初，22岁的李仪祉由宏道同窗于右任举荐、陕南商州知州杨宜瀚礼聘，任商州中学堂教员。同年秋，李仪祉与其兄李约祉考取北京京师大学堂预科德文班继续深造，遂成当地一大新闻。1908年，李仪祉由京师大学堂毕业，于次年由西潼铁路局公派赴德留学，进入柏林皇家科技学院土木工程科攻读铁路专业。

1911年武昌起义爆发后，柏林皇家科技学院的中国留学生们热血沸腾，经常聚在一起谈论革命。一天，两个年轻人因政见不合而扭打在了一起。李仪祉看见后说道："要革命就回去革，在这里打架吵嘴算什么本事。"没过几日，李仪祉真的买了一把手枪，辞别师生，启程归国，参加革命。与那时多数知识分子一样，李仪祉心系国运，关心国民，最难得的是他具有不说空话、说干就干的务实精神。

柏林皇家科技学院的老师和同学都劝他等到毕业考试结束后再回去，况且柏林东方学院已经与他签好了合同，毕业后就可以去那里当老师了，大好前途在等着他呢。李仪祉的回答是："我不远万里来到德国，求的是学问，而不是学位。学位对我丝毫没有用处。"归国后，时任交通次长的于右任举荐他担任津浦铁路局局长一职。李仪祉婉言谢绝后，回到陕西，和志同道合者一起创办了三秦公学。

1913年，已到而立之年的李仪祉，再返德国进修水利。在轮船上，他巧遇陕西省水利局局长郭希仁。郭希仁发觉这个小老乡与自己可谓志同道合，便邀请李仪祉以德文翻译的身份，一同前往欧洲考察水利工程。郭希仁回国后，李仪祉留在德国的丹泽工程大学专攻水利专业。哪知毕业时，李仪祉又成了学校里的新闻人物，他竟然又主动放弃了学位考试，然后又向老师同学解释了一遍："我是公费学生，我学习的钱是老百姓给的，参加学位考试还需要交五百马克考试费，能省一文是一文。"校方被李仪祉的"学位无用论"感动了，授予他"特许工程师”的荣誉称号。

1915年，李仪祉学成归国。当年北方大旱，南方大涝，灾害频发，国内急需水利人才。张謇在南京开办河海专门学校，以求育才救国。李仪祉收到张謇的邀请后，欣然应允，任该校教务长、教授一职，一干就是七年。

1922年经郭希仁大力举荐，已经40岁的李仪祉辞职离开南京，回陕西任省水利局局长兼渭北水利局总工程师，从科研教学领域正式进入工程行政领域。李仪祉回陕后积极网罗人才，并取得了陕西一些机构的支持，组织引泾灌溉工程的勘测设计，短短两年就完成了两套设计方案。然而，当时主政陕西的军阀刘镇华却阳奉阴违，从中作梗，始终不批经费。

刘镇华表面上给李仪祉设宴接风，在酒桌上拍胸脯说，只管放开手脚去干，要多少钱就给多少钱。实际上，他和普通军阀一样，一有钱便购置军火扩充部队，以期占据更大地盘，哪里会把民生问题放在心上。李仪祉只得三进北平两下南京，四处奔波，争取社会捐助。

就在此时，同为陕西蒲城人的杨虎城打跑了刘镇华，开始辅佐冯玉祥督陕。杨虎城对李仪祉治水的决心表示支持，禀报给了冯玉祥。冯玉祥读了李仪祉的呈文后，立即接见了他，并当即表示次日就请李仪祉陪同前去泾河视察，李仪祉仿佛看到了希望。可是，冯玉祥答应拨款的承诺到他离开陕西时都未兑现。事后，李仪祉在给友人的一封信中写道：“协(李仪祉原名李协)所虑者政治设施举凡一切倾于革命一端而于增加国家生产，减轻人民痛苦之道，曾无一注意及之者，则不但训政时期无以见革命之真旨，抑且革命时期亦将大失国人信心也……协生于此国，长于此乡，救危定难，自愧无方，爱国悯人，亦何能后。”以文痛斥当局后，愤然辞职，拂袖南下。

从此，李仪祉开始了高密度高强度的实干工作，在每一个岗位上都用极短的时间创造了极大的业绩。李仪祉到上海，任港务局工程师、局长，兼任南京第四中山大学教授。随后，他又千里迢迢去四川任重庆市政府工程师，设计了成渝公路重庆市郊老鹰岩盘道工程。1928 年至 1930 年，他先后担任华北水利委员会主席兼北方大港筹备处主任、导淮委员会委员兼总工程师和浙江省建设厅顾问。在此期间，他筹划了白河水利，倡办了华北灌溉讲学班，设置了黄河水文站，亲自勘察了运河和淮河，拟订了导淮计划，设计了杭州湾新式海塘，还在天津创办了中国第一个水工实验室。

1928 年，蒋介石为了向列国追讨“庚子赔款”，想出了“导淮”这个名义。明眼人都知道，蒋介石重视导淮工程为虚，想得到资金为实。李仪祉是个不谙世事的知识分子，只知道自己是导淮委员会委员兼总工程师，并不知道自己实际上成了蒋介石的“财神爷”。李仪祉接到指令后，很认真地设计了方案。方案公布后，得到了国内外专家的一致认可。于是，蒋介石顺利讨回了赔款。接着，自然是故伎重演，上演有关方面迟迟不拨款的戏码。

时任南京方面财政部部长的宋子文自然懂得蒋介石的心思，面对李仪祉的“拎不清”，宋子文一开始还用些官话来搪塞，怎料这个不懂“潜规则”的李仪祉不厌其烦，一次接一次地来催上司。最后，宋子文也烦了，不再装腔作势，索性跟他挑明“经费无着，导淮工程暂缓”。这下，李仪祉怒了，对着宋子文就是一顿指责。李仪祉不是那种拍拍桌子发发脾气就拉倒的人，他是个不“辞职”就无法安心的“愣娃”！第二天，他就当着蒋介石的面拒官，说：“我不懂经济，更不懂什么政治，只懂修水利，那样的高官我做不了！没钱治淮，那我在南京还有什么意义！”说罢就走了，气得蒋介石半天没有说话。更牛的是，李仪祉连请辞报告都没有递交就离宁返陕了。有意思的是，蒋介石生气归生气，事后又喃喃说道，政府再多有几个像李协这样的人，国家幸甚，民之幸甚。宋子文实在觉得“此人神奇”，对杨虎城抱怨说：“你们陕西人怎么这么胆大！敢向我拍桌子！敢对委员长大不敬！如此胆大者，天下大概只有陕西李协一人了！”杨虎城听罢宋子文的吐槽，哈哈大笑说：“见识了吧，这就叫陕西愣娃！”

1930 年，杨虎城主政陕西后，在发展经济方面，他首先想到的就是水利建设。西北地区缺水，旱灾是危害最大的自然灾害。1929 年遇到百年不遇的大旱，关中赤地千里，灾民达 500 万。因此，杨虎城一上任，就把兴修水利提上议事日程。在陕西省政府的人事安排上，他决定任命一位懂水利工程的得力人选任建设厅厅长，他第一个想到的就是李仪祉。但是，当时李仪祉任导淮总工程师，兼任浙江省建设厅顾问，负责杭州湾海塘工程设计。杨虎城几经申请，均未得到南京政府批准。杨虎城求贤若渴，又见蒋介石面陈，蒋介石回答说：“我让他搞钱塘江工程，一时离不开。”无奈之中，杨虎城想起李仪祉的伯父李仲特先生。李老先生是陕西辛亥革命时期领导人之一，与杨虎城是同乡，早年对杨虎城很赏识，此后杨虎城也常以晚辈身份向李仲特请教。于是，杨虎城拜见李仲特，希望李仲特促李仪祉回陕。李仲特即电促李仪祉回陕为桑梓造福。这一招果然灵，孝顺的李仪祉接到电报后即面见蒋介石，要求遵从伯父之命回陕西工作。这样，南京政府才允许他辞去上述职务，回陕西就任建设厅厅长。李仪祉便叮嘱家人自行回陕西，只身到陕西建设厅就任。

1930 年 5 月底，李仪祉写成了一部翔实细致且极具可行性的工程计划。1931 年春，在杨虎城的大力支持下，李仪祉在华北水利委员会第九次会议上提出了《导治黄河中上游》的议案。这一议案随即发表在天津《大公报》上。此后，《大公报》又刊登了李仪祉的《治黄研究意见》。这几篇干货文章赢得了水利界的一致赞誉，称其“指破数千年治河之弱点，详示筹款之根本办法，意至善也”。在舆论的推动下，国民政府磨磨蹭蹭拖到 11 月，总算在南京开了个大会研讨呼吁。然而，会后此事又是进展缓慢，眼看就要不了了之。杨虎城和李仪祉再次“犯上”，治理黄河的第一步泾惠渠工程总算开工了。

泾惠渠的前身为战国时修建的郑国渠及西汉时期开凿的白公渠，唐代后失修，淤塞废弃。李仪祉决定让这项古代水利工程重新为民造福。他不辞辛苦，亲自带领工程人员跋山涉水，实地测量、绘图、设计。杨虎城压缩经费，拨出 40 万元水利专款，李仪祉看到杨虎城的决心，动情地说：“这笔工程款和决心是一块陕西水利的酵母。”开工前又分别得到华洋义赈救灾总会和檀香山华侨的捐款 40 万元和 15 万元。1931 年 1 月勘测定线，3 月工程开工。杨虎城从 3 个炮兵营抽调约 500 人，组成施工队伍，开到现场，安营扎寨，与水利工人和农民一起施工。李仪祉计划周密，施工队伍热情高涨，工程进展顺利。

可是开工不久，又因旱灾和瘟疫肆虐，致经济萧条，建筑材料奇缺。李仪祉倡导就地取材，拆庙宇，收碑石。这一建议遭到不少保守乡绅的反对，他们煽动部分村民阻拦工程队拆庙修渠。李仪祉清楚，跟他们讲道理是行不通的，要“眼见为实”。他用纸浆泥制作了一个引泾工程大模型，让人抬到县政府大堂上，请乡绅和群众观看，并现场讲述修建泾惠渠的好处。他说：“我是陕西人，我没有二心，决不会把水利变成水害，坑害百姓。要是咱们早能把渠修成浇地，哪会有死尸遍地的民国十八年大旱的悲惨景象啊!”李仪祉的真诚说服了反对者，打动了群众，工程得以继续。

李仪祉对待工作一丝不苟，对上司也敢说敢批不留情面。在泾惠渠工程到了最关键的时段，武汉行营主任何成浚到了陕西。何成浚曾是杨虎城的顶头上司，杨虎城派了几名高官隆重接待。在这当口，李仪祉却心急如焚。原来引泾工程的材料眼看就要用完，工程款再接济不上就得停工待料。而且，当时渭北发生了瘟疫，泾惠渠建设工地上已经有民工因此死亡。所以，李仪祉心急火燎地从泾阳赶回西安，紧急找财政厅和民政厅的厅长催款，但两位厅长均不知去向，经询问才知原来都去接待何成浚了。据时任杨虎城秘书的米暂沉回忆，几天后适逢省政府召开会议。刚一开会，李仪祉便冲着杨虎城高声指责，说他们不顾民穷财困，撂下公务去阿谀上司花天酒地。杨虎城听了面有愧色，忙解释说：“李厅长误会了，何主任来西安，是我让他们做接待工作……”话未及半，李仪祉即厉声骂道：“什么何主任！什么接待！都是些混账王八蛋!”杨虎城听后低头一语未发。李仪祉接着说：“我今天就辞职，这个厅长我不干了。”然后夹起皮包就走出了会场。李仪祉走后，杨虎城只说了一句“李先生脾气真大”便宣布散会。杨虎城到底是杨虎城，当天晚上就到李仪祉家登门拜访，并当面承认了错误。李仪祉转怒为喜，第二天照旧到建设厅办公，以后两人一直合作得很好。事后大家议论说：“李仪祉正直不阿，杨虎城宽宏大度，两人贵相知心。”

李仪祉淡泊名利，专心于为民造福的水利事业。后来陕西省政府改组，李仪祉改任水利局局长，职权范围小多了。这在常人看来“官”小了，“职”降了，但李仪祉毫不在意，仍恪尽职守，认真工作。他曾说：“我不在中央，来地方，就是知道虎城有决心，要实干，能做出成绩！”

1932 年 6 月，泾惠渠第一期工程完工通水，实现灌地 50 多万亩，后扩充达到 79 万亩，这是当年我国首屈一指的现代水利工程。6 月 20 日，举办放水典礼。正午时分，随着李仪祉一声“开闸放水”的口令，滔滔泾河水顺渠而下。孩子们喊叫着、奔跑着，村民们纷纷拿出早已准备好的大碗舀水畅饮。忽然，其中一名老农用衣袖把手中大碗擦了又擦，迈向渠水，满满舀起一碗水，举过头顶，挤开人群走到李仪祉面前说道：“我们世代给庙里的龙王烧了上千年的香，磕了几百年的头，保佑我们不要遭旱灾，结果顶个啥用。现在咱们把庙拆了没神了，今后李先生就是我们的活龙王。”说着老泪纵横，跪下就要叩头。李仪祉赶紧接过水碗，扶起老农，然后对大家高声说道：“这次我陕西省政府主席杨虎城先生，不惜拨款 40 万金钱，又承华洋义赈救灾总会、华北慈善联合会、美国檀香山华侨捐款合起来有百万元，为我们三秦父老兄弟办成了大业，大家需向各捐款人表示感谢！”受益的农民在家中摆着杨虎城、李仪祉的牌位，像神一样供奉着。

泾惠渠第一期工程完工后，李仪祉思考的是如何进一步治水。他给杨虎城写了一封信，信中这样写道：“泾惠渠由公手而成，亦复有意再成洛惠渠乎？”杨虎城欣然同意继续治水，两人相约同到大荔县铁镰山视察，成立洛惠渠工程局。在设计和规划中的工程还有渭惠、梅惠等渠，合称八惠渠工程。杨虎城批准成立了引洛工程局，预算投资120万元。此时，继任陕西省政府主席的是邵力子，他也是支持引洛工程的。于是，工程于1933年顺利开工。渭惠渠1936年竣工，梅惠渠1937年竣工，洛惠渠第一期工程也于1937年完工。在杨虎城被罢免陕西省主席的职位后，有的工程未能实施。

1936年12月12日，西安事变发生。西安事变后，杨虎城被迫出国，欢送会上，杨虎城和李仪祉二人相互凝视，双手紧握，不能言语。回到家中，侄子李赋林向李仪祉询问有关杨虎城出国考察的事，李仪祉沉重地说："你杨叔早有思想准备，这次出国不是好征兆……"话没讲完，眼泪夺眶而出，哽咽着没有再讲下去。

杨虎城身陷囹圄后，还牵挂着水利工程，惦记着李仪祉。1938年，他听说李仪祉病逝，十分悲痛，在给其弟杨茂三的信中写道："宜之(仪祉)兄逝世，兄甚是伤心，常在梦中对话。他说洛惠渠失败(洛惠渠施工中曾因出现流沙而停工)，心中难过，究不知工程进展如何?"

在20世纪30年代的中国，在偏远贫瘠的陕西省，一个封疆大吏，一位水利专家，为造福民众联手兴修水利，多么难能可贵啊!

# 第四章 重要秘书

杨虎城从自己的斗争经历中体会到，要成就一番事业没有知识不行，不依靠知识分子更不行。从靖国军时期开始，他就广交知识分子，重用知识分子。在他结交和重用的知识分子中，有许多人都做过他的秘书，比如蒋听松、米暂沉、王菊人、周梵百、马文彦、亢心栽、樊雨农等。这些人的共同点是：都是有知识、有文化、有才华的年轻人，不少留过学；都有革命或进步的政治倾向，许多人都是共产党员或者曾经加入过中共组织。杨虎城对他们充分信任，经常与他们讨论时政，就许多军政大事征询他们的意见，甚至让他们参与决策。

## 机要秘书——米暂沉

米暂沉，曾用名米暂岑，陕西省蒲城县贾曲乡人。1902 年出生于乡间一个书香门第家庭。自幼跟随父亲读私塾，打下了较为深厚的中国文史知识功底。1920 年前往西安，就读于省立第一中学。当时，省立一中有许多进步师生，中共陕西党组织的创始人魏野畴就是该校的教师，学校内的革命气氛非常浓郁。在魏野畴等进步教师的影响下，米暂沉于 1924 年夏加入中国社会主义青年团，成为陕西省第一批青年团员。毕业后，回到家乡蒲城县担任小学教师。1926 年冬，经魏野畴介绍加入中国共产党。在第一次国共合作期间，他曾任国民党渭南党部宣传部部长兼农民协会干事，积极参加和领导了当地的农民运动。

1927 年，杨虎城率领国民革命军第十军东出潼关参加北伐战争。经过渭南时，米暂沉组织召开了当地广大群众和青年学生参加的盛大欢迎会并主持会议。杨虎城看到这个年轻人沉稳、干练，很是欣赏，力邀他参加自己的部队。米暂沉也对杨虎城独扛靖国军旗帜的革命精神和坚守西安孤城 8 个月的英雄事迹十分仰慕，在老师魏野畴的支持下，他毅然离开家乡，随杨虎城部东征。

到了第十军后，米暂沉担任杨虎城的机要秘书。他办事认真，作风严谨，杨虎城对他十分信任，不仅来往公文密件等均由他处理，重要文稿由他起草，许多有关当时形势和第十军前途出路等重大问题也和他一起探讨。第十军到达皖北后，中共党组织相继建立了第十军中的党的军事委员会和皖北特委，先后以南汉宸、魏野畴等为书记，米暂沉也积极参加党的组织的组建和发展工作，并参加了皖北暴动的准备工作。

1928 年初，南京政府派韩振声到皖北督促杨虎城在部队“清党”。杨虎城决定借机随韩振声去南京，以引开韩振声，并指定米暂沉随行。临行前，魏野畴对米暂沉说：“跟着杨先生去，他走到哪里你就跟到哪里，跟到底。我们(共产党)对他不要失望，要继续争取他和我们合作。”

2 月，杨虎城一行离开太和，先后去南京、上海、宁波、杭州等地，米暂沉一直随行。4 月中旬在上海，传来皖北暴动失败和魏野畴牺牲的消息，杨虎城和米暂沉都极为悲痛。米暂沉从此失去了和中共的组织关系。4 月底，杨虎城和夫人谢葆真东渡日本，因经费有限，决定只带一名随员，杨虎城仍选择米暂沉随行。

杨虎城到日本后，除会见少数陕西籍留学生外，很少与外界接触。米暂沉每天都要给他读大量的报纸和各派系的文章，以了解世界和中国的形势，也常常陪他到驻地附近的代代木练兵场，观察日本军队训练情况。他们还经常外出参观游览，以观察日本社会的方方面面。杨虎城把他看到日本的情况，曾用正楷亲笔写信给胞弟杨茂三。他十分关心米暂沉家中的情况，在 1928 年 8 月 25 日给胞弟的信中写道："只托你由吴焕臣处暂借 200 元，送米暂沉家，交他父亲手，请你非办到不可！"短短几句话，体现了他对米暂沉及其家人深深的关切之情，也让人感觉到将军性格中对下属关怀、体贴、细致的一面。1928 年底，杨虎城夫妇及米暂沉一同回国。

虽然在日本的时间不到一年，但杨虎城却更加认清了日本帝国主义侵略好战的本性及侵吞中国的野心。在日本的朝夕相处，也使米暂沉对杨虎城爱国救民、追求进步的思想和为人有了更为深入的了解，这坚定了他追随杨虎城的决心。

回国后，不论在胶东剿匪，还是在河南击溃冯军，米暂沉一直担任杨虎城的机要秘书，始终陪伴左右，度过了征战中的日日夜夜。

1930 年 10 月，杨虎城率军进占西安，受任陕西省政府主席兼民政厅厅长。米暂沉兼任陕西省民政厅科长及秘书主任、长安县县长、陕西省保卫委员会委员及秘书主任等职。在杨虎城的领导下和直接授意下，米暂沉为陕西省经济文化建设和教育卫生等事业做了大量的工作。

杨虎城重视教育事业和人才培养，他自己出资在蒲城县创办了尧山中学。米暂沉任尧山中学校董会成员。杨虎城指示他参与建设，负责学校人事选拔和安排。米暂沉秉承杨虎城旨意，选任了一批进步人士、中共党员入校任教，把尧山中学办成了当时陕西设施一流、教学质量一流，校内抗日和民主气氛浓郁的进步学校。在此前，杨虎城还创办了尧山、孙镇等几所小学，规定凡因家庭困难而无力上学者，由学校供给其费用。

为了培养人才，杨虎城还出资送许多进步青年出国留学。留学生的安排与联系工作也由米暂沉负责。潘自力在其自传中写了米暂沉约他见杨虎城的情况："1930 年 12 月下旬，蒲子政(蒲克敏)从西安给我写了一封信，说杨将军要送他去英国留学，要我也去西安，说也拟送我出国。……在我到西安的当天下午，杨虎城的机要秘书米暂沉到蒲子政的家中遇见我，即说资助我到法国去的问题。当晚即约秘密地去见杨虎城。见面后，杨将军除了讲了些客套话外，问到我对时局的看法。我说：'两年来没看到什么报纸了，但依我看，国民党是要失败的。'杨将军说：'我看蒋介石也搞不好。'接着又说了一句：'总而言之我还是个忠诚的国民党员。'杨将军说到他愿意资助我去法国学习，并说他是为了社会培养人才，而不是为他私人。说话时米暂沉在旁。以后米暂沉向我谈，他们的大门是向西北开，将来要联共联苏。"后来潘自力接受杨虎城的资助，去法国留学。对于已出国的留学生，杨虎城也十分关心，由米暂沉负责与他们联系，询问他们的学习、思想、生活情况，并就一些国内外的重大问题提出题目，写信通知留学生，让他们写出书面报告，谈谈自己的认识。在德国希特勒上台后，米暂沉就让当时在德国留学的王炳南、江隆基等就希特勒上台后的形势及对欧洲的政治影响写出报告，报送杨虎城。

陕西由于连年战乱和交通不便，医疗卫生事业非常落后。杨虎城在执政陕西的三年中，对医疗事业投入很大，并取得了重大的成绩与进步。1932年夏，陕西发生了“虎烈拉（霍乱）”，来势汹汹，前所未有。最严重的一天，西安就死亡800多人，全城笼罩在“虎烈拉”的恐怖之中。按照国民政府规定，各省医疗卫生工作由民政厅主管。当时，杨虎城兼任陕西省民政厅厅长，于是他亲自挂帅，不惧危险，深入病区，动员和组织公私医务人员进行隔离和抢救。作为民政厅秘书主任的米暂沉更是身先士卒，做了大量繁重的具体工作。由于对疫区采取了严格的隔离、消毒等一系列有效措施，“虎烈拉”的蔓延终于被遏制住了。

1935年8月1日，中国共产党发表了《为抗日救国告全体同胞书》（即《八一宣言》）。11月初，米暂沉奉南汉宸之命去南京见杨虎城，首次向杨虎城介绍了《八一宣言》的内容，并提出与红军建立抗日友好互不侵犯协定的问题。12月，米暂沉将南汉宸有关停战合作六条协议的亲笔信示给杨虎城，杨虎城表示同意。1936年2月，杨虎城与中共代表王世英、汪锋在西安就两军停战、合作抗日、建立交通站等问题正式交换了意见，从此杨虎城与陕北中共中央建立了正式关系。

此后，米暂沉一直在杨虎城身边。1936年2月，杨虎城成立绥靖公署交际处，委任米暂沉为交际处处长，开展对东北军的联络工作，同时进行秘密联共抗日的活动。这一年，米暂沉在取得党的支持下，为推动杨虎城反对内战、联共抗日，去除张、杨间的猜疑，形成张、杨间的联共抗日合作，以及掩护党的交通，向党供给重要情报等方面做了许多有价值的工作。

西安事变前后，米暂沉多次代表杨虎城与中共代表接触，为建立红军、十七路军、东北军“三位一体”的合作抗战局面做出了贡献。在十七路军与红军达成合作协议的初期，因不便公开宣传，杨虎城即派米暂沉、王菊人及一些了解内情的进步人士向前方的旅、团长分头做暗示，以确保不再与红军交战。

杨虎城部第四十九旅旅长王劲哉行伍出身，骁勇善战，但是性格粗暴，一言不合便兵戎相见，绰号“王老虎”。到了王劲哉的旅部，米暂沉根据王的性格特点，见面后先拉家常、嘘寒问暖，后又从侧面谈谈部队的状况和前方的形势，最后暗示希望王劲哉能停止与红军在前方的敌对行动。由于层层铺垫，合情合理，王劲哉爽快地表示同意。后来，米暂沉又与王劲哉协商，在他的旅部所在地富县设立一个合作社，希望王劲哉部加以保护，并不过问其事务。王劲哉心照不宣，慨然应允。这实际上是为红军设立的交通站，任务是向苏区提供所需的各种物资，掩护和转运红军干部进出苏区。这个交通站发挥了很大的作用，后来曾受到周恩来、李克农的表扬。

西安事变发生后，为了加强西安的保卫工作，防止国民党潜伏特务的破坏活动，米暂沉受命担任西安绥靖公署军法处处长。在极端复杂的局面下，他夜以继日地操劳，为西安事变的和平解决做了大量工作。事变发生后，红军主力为支援张、杨而南下咸阳、渭南一带，红军第十五军团徐海东司令员带领部队进驻咸阳。米暂沉和宋绮云分别代表第十七路军总部和西北各界抗日民众前去慰问。他们与徐海东司令员、程子华政委友好会见，相互介绍情况，进一步密切了相互间的合作关系。

西安事变和平解决后，杨虎城被蒋介石逼迫辞职出国“考察”。米暂沉的处境也十分艰难。在杨虎城的安排下，米暂沉前往英国留学，在伦敦大学学习市政管理专业，翻译了《市政管理学》一书。在英国期间，他始终关心着杨虎城的行程，经常给杨虎城写信问候。

1937 年 8 月 9 日，杨虎城乘船抵达英国，米暂沉、周梵百前去迎接并陪同。8 月 11 日，米暂沉与杨虎城同去法国，陪同杨虎城参加巴黎侨胞举行的欢迎活动和抗日宣传活动。至 8 月 19 日返回英国，米暂沉协助杨虎城在英国开展抗日宣传活动。

米暂沉于 1938 年回国后，在四川省三台县东北大学附中任教，同时投身抗日爱国的民主运动。1941 年加入中国民主同盟，和章伯钧、郭则沉等一起从事民主活动。一次他由重庆返回西安，周恩来特意约见他，叫他转告杜斌丞先生："请他放手活动，广泛联系进步人士进行民主活动，不必采取什么组织形式。"米暂沉问到民盟的具体政治纲领时，周恩来说："就以抗日救国十大纲领为纲领，不必再搞别的。"并由章伯钧给杜斌丞写了一封信，让米暂沉代交。米暂沉回到西安后，在王家巷 32 号见到杜斌丞，将信件交给他，并谈了周恩来的意见。杜斌丞很高兴，表示要按照周恩来的指示积极开展爱国民主活动。

1942 年秋，周恩来在重庆曾家岩 50 号约见米暂沉，对他说："国民党一二八师王劲哉部驻湖北沔阳地区，与我在潜江的新四军第五师经常发生摩擦，且有进一步扩大之势，使第五师的活动和发展受到影响，也不利于团结抗日。一二八师原来是杨虎城的部队，西安事变前曾与我们合作得很好。我们不能像对待国民党顽固派那样对待他，但也不能等闲视之。知道你和王师长私交较深，前往调解最为适合，希望你能辛苦一趟。如王师长有什么误会或对党的政策有什么不了解的地方，请你代我们详加解释。"对周恩来的信任和中共为团结抗日所做的努力，米暂沉甚为感动。然而，西安事变后王劲哉脱离第十七路军系统，投靠了蒋介石，能否说服王劲哉与新四军消除误会，米暂沉并无把握，但他仍接受了周恩来的嘱托。

为了完成好这次任务，他与孙蔚如、赵寿山等联系，取得第四集团、第三十八军及第六战区联络员的三重身份。经过一番准备后，米暂沉来到湖北沔阳。到王劲哉部后，王热情接待他。他们几度长谈，从西安事变谈到抗日大业，米暂沉对王劲哉晓以利害，说："你部与新四军部队并无利害冲突，如果携手合作，在共同抗战中相互依托，这是两利之道。若把共产党也视为敌人，则为是非不分，也势必使一二八师陷于绝境。"并批评了王劲哉敌我不分，日、伪、国、共一齐打的做法。在米暂沉的说教下，王劲哉最终同意了米暂沉的意见，准备与米暂沉一起前往潜江与新四军第五师取得联系，达成谅解。但就在这个时候，王劲哉收编的土匪古鼎新部投降了日军。日军乘势对王劲哉部发动大规模围攻，王劲哉率部苦战了几天，在无任何外援的情况下全军覆没。米暂沉与王劲哉同时被俘。

米暂沉被日军俘虏后，受尽了折磨和凌辱，但始终坚贞不屈，表现出一个爱国者的高尚情操。直到 1945 年夏，他才得以借机脱逃。抗战胜利后，他随第六战区司令长官孙蔚如前往武汉接受日军投降，后任第六战区机要科长，向中共地下党组织提供了大量有益的情报。后因受到特务的监视，米暂沉于 1948 年进入解放区。

新中国成立前夕，他参与了中国人民银行的筹建工作。1956 年政协第二届全国委员会第二次会议召开，他被邀为全国政协委员。

米暂沉始终怀念杨虎城，认为自己有责任把杨虎城的生平事迹和历史功绩整理编辑出来，以供历史学家研究。他从 20 世纪50年代开始就多方搜集资料，60年代写成初稿，“文化大革命”期间，原手稿大部分散失。1976年后，他重新整理文稿。1979年，其书稿以《杨虎城传》为名交由陕西人民出版社出版。这是杨虎城的第一本传记。此后，他又根据许多新发现的历史资料，不断对原稿进行补充、修正，将原来的10多万字扩充到20多万字，于1986年以《杨虎城将军》再次出版。这本书后被翻译成英文出版，在国内外引起广泛关注。

米暂沉于1993年6月27日，以91岁高龄在北京病逝。

## 机要秘书——王菊人

王菊人，名若渊，字菊人，1906年出生于陕西蒲城县。王菊人是清道光年间军机大臣、东阁大学士王鼎世孙。其父是光绪年间进士，在翰林院任编修，携眷居京城。其母出身姑苏名门，精通史书。不到3岁时父亲早逝，他随母亲投奔河南的伯父家。6岁时伯父病逝，他随母迁返原籍蒲城。王菊人从4岁起随母亲读书，就读于父亲的朋友翰林周伯政门下。不料17岁时母亲又病逝。王菊人悲痛万分，辍学半年。后经周伯政劝慰，被保送到蒲城第一高等小学。1924年，19岁的王菊人考入西安私立成德中学。王菊人深知求学机会来之不易，在校刻苦自励，潜心学业。

读书期间，王菊人遇到刘镇华率镇嵩军围困西安城，刘镇华的暴行激起他对军阀的痛恨，人民遭受的灾难引起他深深的同情，杨虎城率众守城的壮举使他无比敬仰。他的思想有了很大的变化。在进步力量的影响和教育下，王菊人抛弃显亲扬名思想，关心劳苦民众，于1926年加入中国共产主义青年团，同年转为中国共产党党员。其先后担任过共青团成德中学支部书记、陕西青年社宣传部部长等职。1927 年，21 岁的王菊人从成德中学毕业，返回蒲城，在县高级小学任教员，并担任共青团蒲城县委委员，中共蒲城县委委员、代理书记等职，发展党员 120 余人。

大革命失败后，中共蒲城地下组织遭到严重破坏，王菊人被国民党通缉，被迫离陕赴沪，考入上海艺术大学中国文学系，行前因形势紧迫，又怕暴露组织，未能及时向省委请示，遂与中共组织失去联系。后因生活困难，学费断绝，到山东临沂投奔杨虎城。当时正遇到杨虎城去日本考察，他暂居杨虎城部刘威诚处。1928 年底，杨虎城回到部队后，经同乡米暂沉引荐，正式加入杨虎城部，先在冯钦哉部见习，不久调入赵寿山团任政治指导员。

1929 年秋，杨虎城部移防河南，王菊人随师入豫，调回师部任上尉副官，主管内部事务性工作。米暂沉任河南南阳县长后，王菊人即兼任杨虎城的机要秘书。杨虎城的一切公私往来函电均由他处理。他办事条理清楚、快捷，事不经宿，深得杨虎城信任。

在中原大战中，杨虎城经常亲临前线，王菊人随侍左右，从不擅离。在袭击唐生智的战斗中，杨虎城身先士卒，亲自指挥巷战，王菊人紧紧相随。当时弹雨横飞，一粒子弹穿透了他的军帽，他毫无惧色，仍不离杨虎城身边。王菊人胆识过人，遇变不惊，参战官兵，无不钦佩，杨虎城也为王菊人大敌当前能如此镇静而甚为嘉许。

1930 年蒋、阎、冯中原大战后，杨虎城任陕西省政府主席，南汉宸(中共党员)任省府秘书长，王菊人任第十七路军机要科科长、杨虎城的机要秘书兼民政厅秘书（杨兼民政厅厅长）。1931 年杨虎城兼任潼关行营主任，王菊人任行营办公厅机要科中校科长。1932 年春，潼关行营撤销，改组为西安绥靖公署，杨虎城仍任主任，王菊人任公署办公厅机要科中校科长。王菊人参与密务，被杨虎城引为心腹，他也感激杨虎城的知遇之恩，力图报效，忠于职守。

在此期间，王菊人协助杨虎城稳定局势、兴修水利，还利用自己的特殊身份，积极完成中共地下组织交办的工作。1932 年春，第十七路军所属警备第三旅的中共党员吕剑人、许天杰等在甘肃两当地区举行兵变失败后，在西安被军法处逮捕并判处死刑。王菊人得知后，立即找杨虎城说明情况并声言与吕、许有同学之谊，因而将吕、许二人改判有期徒刑，后又设法予以释放。一次南京政府来电查问共产党员唐明哲的情况，并要将唐明哲押解南京。当时，唐在杨虎城部任第十七路军总部军械处处长。杨虎城让王菊人送 300 元给唐明哲，让他当晚离开西安，并给南京复电说，此人早已离职，不知去向，又一次保护了共产党员。

杨虎城主政陕西后，与蒋介石的矛盾日益尖锐。蒋介石对杨虎城重用共产党员尤其不能容忍，经常来电催杨虎城查办。1933 年春，蒋介石多方施压，勒令杨虎城撤换南汉宸、王菊人等。杨虎城迫不得已，保护南汉宸秘密离开陕西，资助王菊人夫妇去日本留学。

长城抗战爆发后，杨虎城命令冯钦哉率部于 1933 年 4 月东出潼关，奔赴平绥线一带对日作战，归属北平行营何应钦指挥。蒋介石对其收买拉拢，欲使之脱离杨部。杨虎城一方面派第十七路军驻北平办事处处长申伯纯去劝说冯钦哉，又于当年秋天，电召王菊人回国。因王菊人原在冯钦哉部，与冯钦哉较熟，在冯钦哉部也有影响，杨虎城希望他协助申伯纯工作。王菊人回国后，不顾旅途劳累，立即动身赴冯钦哉部，经多方周旋，反复工作，终于使冯钦哉部返回陕西，回到原驻地。杨虎城对王菊人的工作十分满意。

回杨虎城部后，王菊人仍任总部机要秘书、绥靖公署机要科长。杨虎城对王菊人十分信任，政治上的许多大事都与他商谈、倾诉，许多自己不便直接出面的事，都交由王菊人代为办理。1935 年秋，中共党员谢华、徐彬如秘密到陕西筹组中共西北特别支部，王菊人秘密接待了他们，为谢、徐开展工作提供了许多方便，还从杨虎城那里为他们拨了一笔开展活动的经费。

中共中央、中央红军长征到达陕北，中共中央派汪锋携带毛泽东的亲笔信到西安，与杨虎城部进行秘密联系。在与杨虎城第一次会谈后，杨虎城将王菊人介绍给汪锋，说由王菊人代表他商谈具体问题。在以后的一个月中，汪锋和王菊人进行了多次商谈，王菊人态度诚恳，热情友好，双方确定了互不侵犯、互守原防、互派代表、红军在西安设立电台等四项合作协议，杨虎城也表示同意，并又一次约见了汪锋。

1936 年春，中共中央北方局王世英、梁明德途经西安赴陕北向中共中央汇报工作，王菊人奉命接待并做了周密的部署和安排。王世英在西安期间还与杨虎城就停止内战、合作抗日等问题进行了商谈。4 月初，王菊人还协助有关方面，对张学良先后飞洛川及延安与中共中央代表李克农、周恩来秘密会谈，做了周到的安排。

1936 年 8 月，毛泽东派他的秘书张文彬到达西安，首先与王菊人进行会谈。王菊人表达了杨虎城抗日反蒋的决心和希望红军、东北军、第十七路军共同抗日的愿望。几天后，杨虎城接见了张文彬。张文彬提出合作抗日的草案，杨虎城当即表示原则上同意。第二天，张文彬与王菊人商定了具体条文，最终达成协议。后来，杨虎城委任张文彬为上校参议，作为中共中央常驻第十七路军的代表。王菊人特意购置一台德制无线电台供张文彬使用，随时与中共中央取得联系。

1936 年夏秋，王菊人根据杨虎城的指示，先后在西安绥靖公署特务营营部、该营营副谢晋生家、阎揆要团西安留守处，以及淳化、洛川、宜川设立了 6 处交通站和运输站。当时红军急需的文具、纸张、电池、医药等物品，通过这些运输站不断供给苏区，进出苏区的人员通过这些交通站顺利往返。

东北军进入陕西后，与第十七路军发生了许多矛盾，官兵之间不断发生冲突。杨虎城以大局为重，指示王菊人起草通告，通令全军友好对待东北军。王菊人充分发挥了他的文采，通告用词委婉恳切，友好之意跃然纸上："对东北军官兵，应念及国破家亡之痛，颠沛流离之苦，加以体恤，同仇敌忾，居则避席，行则让路，尽主人之谊，不得轻起争……"两部官兵看后心悦诚服。杨虎城还介绍王菊人作为联系人与张学良的好友高崇民相识，两人一起为沟通张、杨关系做了大量工作。

1936 年下半年的一天，杨虎城从张学良家中回来，显得非常兴奋，他对王菊人说："我同张先生今天谈得很痛快。"随后，他将自己与张学良对蒋介石"软说不行就硬干"的主张告诉了王菊人。这可能是他两人决定"硬干"的开始，王菊人是第一个知道此秘密想法的下属。后来，张、杨指示王菊人、高崇民等极少数亲信就如何"硬干"、何时"硬干"等秘密商讨过几次。

西安事变爆发前，王菊人与高崇民等奉命在绝密情况下起草了《为“兵谏”告人民书》《与各省通电》《八项政治主张》等文件，七昼夜“目不交睫”。12 月 11 日晚，王菊人先后通知孔从洲、赵寿山、孙蔚如、李兴中来新城大楼杨虎城官邸，做最后的部署。在整个事变发生过程中，王菊人一直在联合指挥部里，沉着机智地协助指挥。12 月 17 日，中共中央代表团到达西安后，王菊人奉命兼任抗日联军西北临时军事委员会政治设计委员会及政治处副处长，参与西安事变决策工作，并负责与中共代表团的通信联络工作。

西安事变和平解决后，蒋介石多方威逼杨虎城出国。1937 年 5 月，杨虎城离陕赴沪，出洋考察，杨虎城嘱咐王菊人久居西安，辅佐孙蔚如掌握部队，并说：十七路军糟粕已剔除，所留者均多年患难与共袍泽，希望能精诚团结，勤加训练，一旦疆场有警，当立即返国，亲自统率，驰骋疆场，为国效命。王菊人依然受命。七七事变爆发后，王菊人以参议名义与部队联系，协助孙蔚如掌握部队。

1937 年 11 月，杨虎城从欧洲归来，王菊人与申明甫、王炳南、王根僧等赶赴香港迎接。到了香港后，他就发现一些身份不明的人常在杨虎城左右，杨虎城的行动已经受到监视，他们这些杨虎城的下属很难接近杨虎城。王菊人跟王惟之等商议：“我们作为杨将军的旧属，面对这种异乎寻常的情况，绝对不能置之不理，须向杨将军陈报。”第二天，王惟之见到杨虎城，谈了他们的所见与担心，希望杨虎城回西北或留在香港。杨虎城说：“我是奉派出国考察的，既然回来了，就得先去南昌汇报，回西北只能放在第二步了。”杨虎城还充满爱国激情地说：“去冬，我和汉卿发动事变，为了什么？就是为了争取蒋介石停止内战，团结抗日，现在抗战爆发已快半年了，我既然回来，岂能久住香港？我回来的心地是极坦白的，只为了参加抗战，别无其他。”后来，不明身份的张秘书闯进来再不出去，谈话只好中断。直到杨虎城乘飞机赴南昌，王菊人等都没有机会再找杨虎城详谈。后来，当他得知杨虎城在狱中备受折磨，两鬓已斑白时，曾写下“怀旧情缕缕，感岁叹年年”“愧我无报答，闻公鬓已斑”的深情诗句，表达了他对杨虎城的无限怀念之情。

王菊人回到西安后，闭门谢客，退隐家中。胡宗南闻知王菊人的才干，多次派人许以高官厚禄要他出山，均遭拒绝。但在此时期，他却协助杜斌丞开展爱国民主运动，与杜斌丞、杨明轩等积极进行中国民主政团同盟西北地方组织的筹建活动。1944年秋冬，他与郭则沉、杜斌丞、杨明轩等发起成立中国民主同盟西北总支部筹备委员会，使民盟活动在陕西地区迅速展开。1946年，关中军分区副司令员、杨虎城的长子杨拯民写信给王菊人，请他来边区一行。王菊人化装后秘密通过封锁线，前往关中军分区所在地马栏，与中共关中地委书记张德生商讨组织地方武装开展民主运动及赵寿山、孔从洲部起义等问题。

杜斌丞、王菊人等的革命活动使胡宗南极为惊恐，派特务严密监视，但是王菊人以“手提头颅忘生死”的气概，不顾安危，继续坚持革命斗争。1947年3月24日，王菊人与杜斌丞突遭国民党反动派逮捕，被关押在西安新城秘密监狱，虽经严刑逼供，但王菊人坚贞不屈。杜斌丞鼓励王菊人说：“你还年轻，要好好排解，将来为革命出力。”并写下了《牢中慰问同难王菊人同志》五言律诗一首：“国家正多难，南冠到此城。望门思张俭，慷慨感侯生。我志非石转，君心比月明。衷怀诚怛怛，自足慰吾情。”1949年春，中国人民解放战争胜利在望，胡宗南仓皇南逃。王菊人被押至四川境内，趁乱机智脱身。同年冬，返回西安，闻杨虎城在重庆遇难，一恸几绝。后赴北京医治，受到周恩来的亲切慰勉。

1950年起，王菊人先后任西安市人民政府委员、陕西省人民委员会委员、陕西省交通厅副厅长。1951年，王菊人加入民革，任民革第二、第三、第四届中央委员，民革陕西省第一、第二、第三届委员会副主任委员，政协第二届全国委员会委员，政协陕西省第二、第三届委员会副主席等职，还是第二、第三届全国人大代表。

王菊人一直不忘在杨虎城身边工作的日子，写了大量有关杨虎城和西安事变的回忆文章，为后人留下了珍贵的历史资料。1961年，周恩来指示成立了西安事变史领导小组，开始广泛征集、整理有关西安事变的历史资料。王菊人重点负责收集杨虎城及第十七路军方面参加事变的史料。他除自己撰写了大量历史资料外，还积极组织原第十七路军人士撰写了大量的珍贵史料。

1975年1月4日，王菊人在西安病逝。其生前留言将蒲城之故居捐给政府。1997年，蒲城县人民政府将其故居改建成王鼎纪念馆。

## 高级秘书——王炳南

王炳南，1908年2月2日出生于陕西省乾县。父亲王宝珊是陕西辛亥革命的领导人，在彬县(今彬州市)、乾县一带享有盛名，是杨虎城十分敬重的革命前辈。王宝珊自陕西靖国军时期起，一直在杨虎城部任高级参议。1928年杨虎城在日本考察时，孙蔚如曾派王宝珊去东京促杨虎城回国。人们用“虎不离山”(珊的谐音)来形容他们亲密真挚的友情。

王炳南少年时受父亲和五四运动的影响。1925 年 1 月上中学时，经同学介绍加入中国共产主义青年团，领导师生在乾县县城开展抵制日货和反洋人、反洋教的反帝爱国运动。是年暑假，他又受上级团组织委派领导农民运动，发动数千农民包围县城，县知事被迫答应农民减免苛捐杂税的要求。党组织对王炳南在乾县开展革命活动十分重视，1926 年 8 月，中共西安地委派共产党员张含辉等到乾县筹建国民党县党部，并创建中共党组织。王炳南由团员转为共产党员。在中共党员秘密会议上，中共乾县特别支部成立，隶属中共西安地委领导，张含辉任书记，王炳南任组织委员兼团特别书记。中共乾县特别支部成立后，创办了《民声》小报，王炳南任主编，宣传革命；并在县城东街关帝庙内开办民众夜校，培养农民运动骨干。10 月，王炳南接任中共乾县特支书记。

1927 年 4 月，乾县农民协会筹备委员会成立，王炳南任常委。同月，调任国民党西安市党部宣传部部长。

大革命失败后，国民党进行“清党”，为了躲避敌人的追捕，组织上派王炳南去淳化一带山区从事革命活动。他到淳化县第一高级小学任教，以教书为掩护进行党建活动。很快，淳化县第一个党组织，即淳化县第一高小党支部成立了，王炳南任书记。党支部建立后，他们积极开展革命的宣传活动，组织开展抗粮抗款、反对拉差拉夫等斗争，很快引起了当局的注意和惊恐。1928 年 2 月，因叛徒告密，县长密谋逮捕王炳南。在学生的掩护下，王炳南才得以脱险，不久返回西安。中共陕西省委知道王炳南和杨虎城有家世渊源关系，便派他到杨虎城部从事统战工作。

杨虎城是看着王炳南成长的，他很喜欢这个思想进步、聪明正直的侄子。他的部队也需要有才华的年轻人，但他看得更远一些。他觉得王炳南才 20 岁，又有一定的文化基础，正可以培养深造，将来委以大任。他决定资助王炳南出国留学。他问王炳南是否愿意出国深造，王炳南表达了强烈的继续学习的愿望，但觉得暂时没有条件，因为出国需要一笔费用。杨虎城深情地说：“供养儿子上学是父母的责任，你父亲为了革命两袖清风，没有力量供你出国学习，我今天替你父亲供养你学习，这样，我就是你的父亲。按理说奉养父亲是作为儿女的责任，儿女今天尚在求学，无力供养你的父亲，今天我来替你供养你的父亲，这样我就是你父亲的儿子。”这一席肺腑之言，让王炳南感到了杨虎城对他们一家两代的深情厚谊，使他心情激荡，内心充满了温暖。

1929 年，王炳南出国留学。他先赴日本尚智大学，由于在侨民中开展革命活动暴露了身份，不得不很快转入德国柏林大学，攻读政治学。他学习非常刻苦，除了学习规定的课程外，还深入研究了马克思主义理论。同时，他根据党组织的指示，组织旅欧中国留学生建立抗日和反法西斯小组；接受国际工运的领导，组织旅欧华侨反帝大同盟并任主席，积极领导革命和反战运动。在此期间，王炳南孜孜不倦地学习，通读了《列宁全集》，提高了理论水平。

在留学期间，他常常和杨虎城通信联系，汇报自己的学习、生活情况。杨虎城对这些留学生在外的一切十分关心，曾写信说：“我完全相信，我拿‘地皮剩余’供你们青年上学，绝对没有什么错误，你们拿到‘地皮剩余’要加倍努力学习。”（杨虎城常对部下说：“当国民党的官，难免‘刮地皮’。不过，我想把刮地皮的钱，尽量用来给老百姓办事。”所以，他把教育经费、为留学生设的专款等称之为“地皮剩余”。)

杨虎城还经常通过秘书米暂沉就一些重大问题征询留学生们的看法，让他们写出专题书面报告。在希特勒上台后，杨虎城就德国的政治形势及其对欧洲的影响等，让王炳南实地考察、调查研究，写出自己的看法。这既是杨虎城了解国际形势的一种渠道，也是对留学生实际能力的一种锻炼。

王炳南在德国学习 5 年，他认识了许多国际友人，包括著名的国际共产工运领导人季米特洛夫。他还与一位德国姑娘安娜利泽由相识、相恋而结为伴侣。

中共中央和中央红军到达陕北后不久，确立了与东北军和第十七路军合作的方针，着手在西北地区建立红军、东北军、第十七路军“三位一体”的抗日民族统一战线。为此，先后派汪锋、王世英等到西安与杨虎城商谈合作抗日。

1936 年 1 月，中共中央驻共产国际代表团决定派王炳南回国，以他与杨虎城的特殊关系到杨虎城部做争取工作。具体是争取杨虎城与红军达成谅解，签订互不侵犯协定，万一杨虎城因与共产党的关系遭到蒋介石迫害时，保证杨虎城的出路，并约定：如杨虎城同意中共建议，即密电驻巴黎的吴玉章，暗语是“我订的杂志请寄来”，如杨虎城不同意，密电暗语是“杂志不必寄了”。

2 月，王炳南离开德国经苏联回国。他的德国妻子取中国名字王安娜与他一同回国。王炳南带着党的指示于 3 月回国后，立即去西安新城大楼见杨虎城。杨虎城看着更显成熟的侄儿和他带回来的洋媳妇感慨万千。他们有多少心里话要相互倾诉。杨虎城把王炳南接到他在三原县东里堡的别墅里畅谈了两天。

杨虎城向他谈了在日寇入侵、国难当头时蒋介石却推行“攘外必先安内”的政策，自己几次要求率领部下参战都被拒绝，自己作为军人不能为国抗敌，心里极为苦闷。王炳南被杨虎城的爱国热情深深感动。他向杨分析了国内外的形势，介绍了中国共产党的政策，探讨了第十七路军的前途，他说：“共产党是真心抗战的，我们只有与共产党合作抗战，国家民族才有希望，我们十七路军才有出路。”杨虎城早就知道王炳南是共产党员，他说：“我与共产党早就合作过，他们个个都是好样的！最近，我与中共一些人已经有了接触，可是与他们素不相识，说话难免有些顾忌和保留，现在你回来了，可以无话不谈了。”经过商谈，杨虎城毫不保留地接受了中共中央提出的团结抗日的主张和一些具体建议，达成了在共同抗日的原则下，红军与第十七路军建立友好互不侵犯的协定：双方互派代表；红军在杨虎城处建立秘密电台联系；第十七路军帮助红军运送物资和掩护人员；双方同时做救援工作；等等。杨虎城要王炳南搬到自己的公馆“止园”去住，以便随时商谈，又留他在身边工作，先后安排至第十七路军总部步兵训练班、军官训练大队、教育营任政治教官。与此同时，王炳南也常常给杨虎城讲授马列主义原理，与杨虎城讨论政治理论问题。

王炳南和第十七路军的上层、西安各界知名人士都有较深的关系，他与西安的中共地下党组织也有联系，这为他在西安广泛开展活动，推动第十七路军与中国共产党的合作提供了广阔的舞台，他在其中扮演了重要的角色。

1936 年夏，为躲避蒋介石强令“剿共”的威逼，杨虎城以医治牙病并检查心脏为由到上海，住进了虹桥疗养院，随后王炳南夫妇也住进了虹桥疗养院。王炳南与杨虎城经常一起外出，联系调查各种势力的状况。王炳南在上海利用一切机会和各种关系，广交朋友。王炳南在上海还特意拜访了著名爱国人士杜重远。杨虎城在上海住院期间，杜重远也在上海治病。杨虎城和杜重远经常研究抗日救国的问题。杜重远是张学良的挚友，张学良参加南京国民党四届六中全会以后，也托故到上海，曾多次利用养病与杜重远接触。杜重远主张第十七路军和东北军以及红军联合抗日，分别向他们阐述了团结抗日的思想，他们曾多次共商联合抗日大计。杜重远对来访的王炳南明确建议，要王炳南就联合各军抗日大计直接与张学良联系。有什么情况，彼此可以通个气，互相有个照应。杜重远给王炳南写了一封信，嘱托他回西安后，持此信去见张学良。张学良知道王炳南是杨虎城的亲信，过去也常见面。这次经过杜重远的书面介绍，张学良对杨虎城进而有了新的了解，与王炳南建立了联系，从此，王炳南成为杨虎城、张学良中间的联系人。王炳南作为杨虎城的代表和张学良的代表李金洲，还到太原去争取阎锡山的支持。

1936 年 12 月 4 日，蒋介石来到西安，再次威逼张、杨“剿共”。他的 30 余万精锐部队陆续逼近潼关，内战在即，张、杨及其部队也已经处在危急关头。怎么办？张、杨下决心“兵谏”。但是，当时蒋介石的统治正如日中天，气焰嚣张，扣押蒋介石毕竟是要冒天下之大不韪，是要承担巨大风险的。张、杨之间是如何“捅开这层窗户纸”，挑明这一话题的？这在当时和后来都有各种说法，其中一种说法是杨虎城借王炳南之口首先提出的。一次张、杨在研究如何对付蒋介石威逼时都有扣蒋的想法，但谁都不愿先说出来。张学良突然问：“王炳南不是在你那里吗？不妨找他商量一下。”这个提问给杨虎城一个启发，他趁机说：“他这个人思想激进。”张学良进一步问：“他是什么想法?”杨虎城回答:“他主张扣蒋。”这正合张学良的想法,他立即顺水推舟:“这也不能不说是一个解决的办法,看来也只好如此了。”这样,两人才彻底公开了各自的想法,开始研究扣蒋的具体部署和实施办法。

事变发生后,为适应形势和工作的需要,立即成立了几个由张学良、杨虎城亲自领导的工作机构。王炳南在这些机构中都担任重要职务,发挥了独特的作用。他是设计委员会委员,负责研究和处理事变后亟待解决的重大政治问题。他又是宣传委员会委员,负责通过新闻界、国际友人将西安事变的真相及时向国外宣传。由他牵线安排,杨虎城会见了斯诺、爱泼斯坦、贝兰特等国际友人,赢得了国际舆论对事件的支持。他还是西北民众运动指导委员会主任委员,接管了国民党在陕西各县的县党部,负责组织宣传活动,领导和协调社团的救亡活动,接管国民党《西京日报》,释放政治犯等。

周恩来到达西安的当天晚上,立即同张学良会谈,同时指定罗瑞卿找王炳南了解杨虎城的情况,为第二天同杨会谈做准备。王炳南汇报了他所了解的杨虎城的情况。关于第十七路军的出路问题,杨虎城曾对王炳南说:“有两个停止内战的办法,一是与红军合作反蒋,以压蒋停止内战;二是联合全国各地方实力派(华北的韩复榘、宋哲元,两广的陈济棠、李宗仁、白崇禧)共同反对蒋介石的‘攘外必先安内’的错误政策。”杨虎城着重于实现第二个办法。关于“兵谏”,杨虎城在决心捉蒋的前夕说:“把这个摊子(指部队)这样摔了,响!值!”破釜沉舟,悲风易水。

关于扣蒋的问题,王炳南说:“杨将军认为蒋介石从背叛大革命以来的行动,充分暴露了此人说话不算数、翻脸不认人的丑恶本质。因而他对蒋的警惕性很高，并认为处理稍有不当，必将遭到残酷的打击报复。关于放蒋问题，杨将军没有思想准备。杨认为共产党和国民党是地位平等的两个政党，可战可和，而他是蒋的部下，如果轻易放蒋，蒋一旦翻脸，他的处境就与共产党有所不同了。”对于王炳南提供的上述重要情况，周恩来非常重视。事实上，在和平解决西安事变的过程中，杨虎城本来是不同意释放蒋介石的，经过周恩来一次又一次耐心地做说服工作，他也为了顾全大局，以民族利益为重，终于接受了和平解决西安事变的主张。但是令杨虎城感到苦恼的是，如果放了蒋，自己实在太危险。他想来想去，心乱如麻，因此曾向王炳南发过脾气。王炳南把情况向中共代表团做了汇报。周恩来十分注意，认为需要向杨虎城做更多的解释，以巩固“三位一体”的团结合作。后周恩来就此向杨虎城做了多次解释和说明。

在西安事变的全过程中，王炳南担任周恩来的联络员、情报员，同时充当着杨虎城和张学良之间的牵线人，频繁地活动于三方面之间，传达信息意见，帮助处理问题，成为三方面都重视的人物，起了不可或缺的桥梁和纽带作用。他及时地将杨虎城的思想、情绪向周恩来汇报，使周恩来能够摸准杨虎城的脉搏，有的放矢地做好工作。他也反复地向杨虎城宣传党和平解决西安事变的各项方针政策，使杨虎城对党的政策更加了解和信任。周恩来曾对王炳南说：你在杨将军身边工作是有成绩的，杨将军满意，党中央对你的工作也是满意的。杨将军这里需要你，因此我们还希望你继续在这里协助杨将军工作。如果干部不够，我可以从陕北调来。

王炳南作为杨虎城的左右手，陪同杨虎城分批接见参加西安事变的干部，介绍史沫特莱、爱泼斯坦、贝特兰等国际友人与杨虎城会面，他们夫妇担任翻译。王炳南以他的智慧、魄力和才干赢得了杨虎城的认可。当时可以不经过机要秘书通报直接见杨虎城的只有两个人，一个是王菊人，一个是王炳南。

在西安事变解决后，杨虎城派兵护送王炳南到三原。杨虎城被迫出国前，指定王炳南作为他和中共的联系人，并将王炳南安排在宋子文主管的财经委员会，利用合法身份开展党的工作和国际宣传。中共代表团回延安后，毛泽东、周恩来、朱德分别写亲笔信对王炳南在西安事变中的工作给予高度称赞。

1937 年 10 月底，杨虎城回国途中在越南西贡致电王炳南约他去香港会晤。王炳南于 11 月 27 日抵达香港，杨虎城已于前一天到达。当日午后，王炳南去见杨虎城并彻夜长谈。杨虎城谈了他考察欧美的感想，特别谈了在欧洲看见中国留学生纷纷回国参战，自己却漫游国外，不能为国效力的焦急心情，他说："现在回到香港，看见全国热烈抗战的情况，真有说不出的高兴！……我恨不得马上到前线去，和日寇拼个你死我活。"

在戴笠的催促下，杨虎城于 11 月 30 日乘飞机飞往长沙，从此失去自由。在南昌被软禁时，杨虎城还对一同被软禁的王根僧说："如果你能恢复自由，必须告知王炳南同志，抗战必胜，要有信心，抗战到底，国家才有前途。"这是他对王炳南的叮嘱，也可看作他对中国共产党的最终期望。

在全面抗战期间，王炳南作为周恩来的助手，在武汉、重庆、南京等地从事党的统一战线、国际宣传和外交工作，曾任中共南方局国际宣传小组负责人、南方局外事组组长等。他遵照周恩来"广交朋友、深交朋友"的指示，打破国民党一党办外交的局面，开展灵活多样的外交活动，直接同各国大使馆、军事总部和军事代表团联系，同一大批外国记者建立友好关系，争取国际舆论对中国共产党的理解和支持，使许多驻华人员和记者同情中国革命，赞同中共的抗日主张，揭露了国民党的种种造谣污蔑。对此，蒋介石曾大发雷霆说：国民党庞大的宣传机构竟不如共产党的一个小组。周恩来却赞扬说："炳南不但是我的左右手，他还是我的耳朵和嘴巴呢！"

抗日战争胜利后，在重庆谈判期间，王炳南担任毛泽东的秘书，协助处理谈判期间的工作。新中国成立后，王炳南任外交部办公厅主任、部长助理，中国驻波兰大使，中美大使级会谈中方首席代表，外交部副部长，中国人民对外友好协会会长、党组书记等职务。1988 年 12 月 22 日去世，终年 80 岁。

## 杰出秘书——宋绮云

坐落在西安市南郊的杨虎城将军陵园里，有两座普普通通的坟墓。其中一座坟墓的墓碑上刻着"烈士宋绮云、徐林侠夫妇之墓"，另一座坟墓的墓碑上刻着"烈士小萝卜头宋振中之墓"。这就是杨虎城的秘书宋绮云烈士一家。

### 新闻战线的勇士

宋绮云，1904 年 3 月出生于江苏省邳县杲堂村一个贫农家庭。他自幼勤奋好学，加上天资聪颖，学习成绩一直名列前茅。后来，他考取了江苏省立第六师范学校，毕业后，回邳县任教。1926 年 10 月，北伐军胜利攻克武汉。宋绮云很受鼓舞，毅然投笔从戎，奔赴当时的革命中心——武汉，投考了国民党中央军事政治学校。1927 年 3 月，他在军校加入了中国共产党。1928 年 5 月，他返回家乡邳县，组建了中共邳县县委，并担任县委主要领导成员。由于他的出色工作，仅在一个月之内就发展党员 100 多人。由于国民党反动派的血腥镇压，邳县党组织遭到严重破坏，妻子徐林侠也被捕入狱，所幸当时他正外出活动，才免遭毒手。

为了保存革命力量，上级决定：凡暴露身份的同志，转移去外县。宋绮云昼伏夜出，机智地应对着残酷的斗争局面。在设法安排大多数同志转移后，宋绮云于 1929 年 8 月离开家乡奔赴北京，在共产党员刘亚民的帮助下，在北京大学文学系旁听。同年 12 月，他投奔河南南阳杨虎城的部队，担任《宛南日报》主编。1930 年春，经多方营救，徐林侠出狱，后辗转来到南阳。由于宋绮云知识渊博，才智超群，懂政治也懂军事，又有较深的文学修养，报纸办得很出色，深受全体官兵和人民群众的喜爱，并得到杨虎城的赏识和信任，他们之间的关系也因此日渐密切。

1930 年 11 月，中原大战结束，冯玉祥的部队由陕西败退山西，杨虎城奉命率师返陕，兼任陕西省政府主席、西安绥靖公署主任、第十七路军总指挥。宋绮云也随同来到西安，担任《西北文化日报》副社长兼总编辑、西安绥靖公署宣传科科长。《西北文化日报》原是顾祝同的“潼关行营”于 1930 年冬在西安创办的。它与原陕西省国民党省党部所办的《西京日报》一起进行反共宣传，深为杨虎城所不满。1931 年后，顾祝同调离西安，杨虎城果断地下令改组《西北文化日报》，令宋绮云主持报社工作。宋绮云在取得杨虎城的同意后，邀请了一批进步青年来充实报社的力量，如邵幼和、丁毅忱等。从此，他以《西北文化日报》为舆论阵地，以手中的笔为武器，根据中国共产党的方针政策和西北地下党组织的要求，同国民党反动派进行勇敢而巧妙的斗争，表现出高超的斗争艺术。他曾亲自撰写了《论攘外必先安内》等社论，痛斥蒋介石集团消极抗战，积极“剿共”“灭共”的方针政策，一改报社过去反共宣传造成的沉闷气氛，呼出了人民的心声。与此同时，《西北文化日报》在宋绮云的主持下，很快团结了一大批进步作者，成为西安文化战线上的左翼中心。

1933年夏初，蒋介石调集55万大军，对中央革命根据地进行第四次军事“围剿”。1934年元旦，全国各报在国民党宣传机构的控制下，在其《新年献词》中大肆吹嘘南京政府的所谓“胜利”，唯有《西北文化日报》发表宋绮云署名的元旦社论《危机严重之新年》，剖析了因国民党顽固奉行投降政策，致使日本侵略者得寸进尺，造成国土沦丧、经济崩溃、国难当头、生灵涂炭的严重后果。该社论尖锐地指出：“在此漆黑一团之局面下，纵吾人乐观自慰，亦无一线之光明希望。”并责问蒋介石：“其将何以克服未来之厄运?!”

1935年10月，蒋介石为了“围剿”转移到陕北的中央红军，专程赶到西安视察军事部署情况。西安各大报纸都按国民党当局的规定，在头版头条用特大标题报道了“中央社”的消息，而《西北文化日报》的这条消息却被宋绮云安排在第二条位置上，且只做了简短的报道。又不知是何原因，将蒋介石的“蒋”字去掉了草字头，标题成了《将委员长飞抵西安》。一时，“蒋委员长丢掉脑袋”成了全城议论的笑料。为此，国民党陕西省主席邵力子立即召见宋绮云，对他大加训斥。宋绮云以校对疏忽应付过去。邵力子怕此事被蒋介石知道了自己承担不起责任，也不敢过于追究，最后只好不了了之。

1936年12月12日，西安事变爆发。张学良、杨虎城受广大群众爱国热情的激励，在多次向蒋介石“劝谏”都遭斥责后，忍无可忍，毅然举行“兵谏”，扣押了蒋介石。事变前夕，宋绮云接到杨虎城的电话，立即赶赴新城大楼，参与草拟张、杨抗日救国八项主张等重要文件。文稿经张、杨审定后，宋绮云立即带回报社，赶印成号外。事变发生的当天，全市各报都停刊，唯有《西北文化日报》连发两期号外，用通栏标题登载了张、杨对时局的八大主张的全文，阐明事变的真相。同时，也登载了张、杨给全国各地的通电。号外印好后，宋绮云又动员全报社职工上街向市民免费散发。当人们知道了事情的真相后，无不拍手称快。

事变的第二天，《西北文化日报》同时发表了《张杨昨发动对蒋兵谏》的消息和《何处是中国的出路》的评论，以及《昨日张杨的兵谏与八项救国主张》的社论，详细介绍了事变的起因，评价了“兵谏”的意义和影响，宣传了中国共产党的抗日民族统一战线政策。从此以后，宋绮云以“平凡”为笔名发表了《一二·一二兵谏之伟大意义》《斗争局面之开展》《为民族解放而战，为民众自由而战》《“剿共”工作之停止与抗日联军之成立》《民众与张杨的救国斗争》等社论，阐明西安事变的伟大政治意义。为促使蒋介石接受停止内战、联共抗日，宋绮云又在《西北文化日报》接连发表了《还想挑动内战吗?》等社论，抨击日本帝国主义的炮舰政策，揭露南京政府欺骗民众的阴谋。12 月 17 日，中共中央派周恩来、叶剑英、秦邦宪组成中共代表团到西安谈判，首先向张、杨及其所部宣传中共“停止内战、逼蒋抗日”、和平解决西安事变的方针。宋绮云又在《西北文化日报》及时刊登了《从组织民众武装民众到自力抗战》《我们争取的是什么》等社论，为统一民众的思想、促进西安事变的和平解决，发挥了重要的舆论作用。

## 优秀的共产党员

宋绮云早在1927年3月就加入了中国共产党。后来跟随杨虎城长达8年之久，直到1949年壮烈牺牲时，他都一直没有暴露自己的真实身份。他始终怀着坚定的共产主义信念，按照党的指示和要求从事地下工作。他利用自己与杨虎城的特殊关系，以非凡的社交才能、卓越的斗争艺术，出色地完成了党交给他的各项任务。

日本侵入华北以后，蒋介石坚持“攘外必先安内”的政策，妥协投降，先后秘密签订了《何梅协定》和《塘沽协定》。为了揭露国民党反动派的卖国阴谋，激发人民的抗日激情，宋绮云按照党的指示，冒着生命危险，连夜带领进步工人翻印《何梅协定》原文。他撰写按语，组织邮寄散发给西北各地的学校及各界知名人士，唤起人民群众，揭露和声讨国民党妥协卖国的罪恶。消息传到南京后，蒋介石、何应钦等人气急败坏，限令国民党在陕西的特务机关定期破案。但他们既想抓到揭发他们卖国丑闻的革命者，又不敢大声嚷嚷，终而未能得逞。

为了统一领导西安地下党的工作，党中央指示在西安建立中共西北特别支部，简称“西北特支”。宋绮云是西北特支的委员之一，他利用各种有利条件开展了大量工作。西北特支成立后，党的活动更加广泛而频繁，南来北往的同志增多了。宋绮云感到过去以报社为联络点，以看古董、观风景为名在一起碰头的形式，不能适应革命发展的需要。于是，在他的建议和具体筹措下，选定环境优美、景色宜人的莲湖公园开办了一个饭馆，取名“莲湖食堂”。他特地从徐州请来了会做西餐的蒋志明担任饭店老板。从此，莲湖食堂成为地下党秘密聚会和进行联络的活动场所，就连国民党陕西省党部也始终未能觉察。

宋绮云在担任西北文化日报社的领导工作期间，为了便于开展党的活动，先后安排了许多共产党员和进步知识分子到报社工作。有些同志不能长期在报社战斗，宋绮云则给予他们《西北文化日报》采访记者的身份，使他们便于在全国各地活动。例如，潘自力从国外回来通过汉中越过大巴山到川陕苏区，毛泽民前往新疆，都是由宋绮云给予记者身份，才使他们顺利到达目的地。西安事变后，周恩来在离开西安之前，亲自交给宋绮云一项任务，要他设法搞一套印刷设备。当时党中央刚到陕北不久，印刷条件极差，因为没有铅印设备，很多文件不得不用原始石印和人工刻写蜡纸油印。有些重要文件必须铅印的，只好派人冒着生命危险送到西安印刷，然后秘密运回陕北。西安事变之后，形势急剧发展，改善印刷设备条件已刻不容缓。宋绮云急党中央之所急，毅然决定将报社私人集资购买的印制《西北画报》的全套印刷设备，包括对开机、铅字钢模、照相器材等送给延安。为了把这套印刷机器顺利运到延安，他采取分两步走的办法。第一步，对报社其他人员称：为避免日本飞机轰炸，将机器运往三原；第二步，再由三原设法运到延安。他考虑到单有印刷机器还不行，又选派了十几位优秀技术工人一同前往。印刷机器运到延安后，被安放在延安东关外万佛洞解放日报社。从此，《解放日报》由石印改为铅印。毛泽东、周恩来等领导同志每次到报社视察工作，都称赞宋绮云为党的新闻印刷事业做了件好事。

## 杰出的秘书人才

宋绮云是一位杰出的秘书人才。他博古通今，足智多谋，开朗达观，精力充沛，待人热情，能言善辩，交际广泛，妙笔生花，出口成章。据宋绮云的警卫员王迁异回忆，第十七路军进驻陕西后，杨虎城虽然任命宋绮云为宣传科科长，主办《西北文化日报》，但实际上杨虎城一直把他作为自己的高级秘书加以重用。杨虎城经常找宋绮云去他家彻夜长谈，或讨论军机大事，或谈论历史故事。杨虎城十分佩服宋绮云的学识和才华，经常让宋绮云给他讲历史，宋绮云也常派人给杨虎城送些历史书籍读。杨虎城很喜欢作诗，并经常求教于宋绮云。二人推心置腹，无话不谈，交往甚深。宋绮云利用他同杨虎城这层特殊关系，为党做了许多有益的工作。作为杨虎城的秘书，宋绮云在协助杨虎城运筹帷幄、协调矛盾、联络各方、处理西安事变等一系列重大事件中，处处得心应手，驾驭自如，表现出了杰出的秘书工作才能。

1933年，蒋介石嫡系胡宗南根据蒋介石的命令，伪称防止红军西进，将部队收缩到嘉陵江以西，把东起镇巴、西至宁羌，长达600公里的防线全部推给第十七路军，从而把杨虎城逼上了与红军交战的第一线。蒋介石做这样的布置，是妄图借刀杀人，坐收渔人之利，用心何其毒也。基于这种情况，中共党组织交给宋绮云的任务是帮助杨虎城识破蒋介石借刀杀人的阴谋，促成其与红军订立互不侵犯秘密协议。宋绮云接受任务后，一方面去做杨虎城的高级参议杜斌丞的工作，一方面自己亲自出面做杨虎城的工作，很快得到杨虎城的同意。同时，他又选派地下党员武志平担任联络员，秘密进入红四方面军驻地，接上了关系。在宋绮云的斡旋下，同年 6 月，杨虎城以视察汉中为名，与红四方面军秘密订立了互不侵犯协议，从而粉碎了蒋介石企图消灭红四方面军，并借红军力量削弱第十七路军的罪恶计划。

1935 年夏，蒋介石居心叵测地命令东北军移驻西安。两个不同建制的部队驻扎在一起，纠纷、摩擦不断发生，加上特务造谣、挑拨，西北的局面更加复杂了。在处理这些矛盾中，宋绮云是杨虎城的得力助手。他仔细研究了东北军、第十七路军的历史和现状，认为两支部队完全可以团结在抗日救国的旗帜之下，关键是进行教育。于是，他充分利用《西北文化日报》这个舆论阵地，宣传抗日，反对内战。为帮助东北军认清敌友，他在“九一八”5 周年之际撰写文章，以“九一八”之耻教育东北军，恳切告诫同胞们：“国人在此大敌当前之际，宜有相忍为国之大觉大悟，共同对外。不然，长此以往，难免不中卞庄之计而同归于尽也。”为鼓舞杨部士气，宋绮云又撰文歌颂第十七路军 1926 年的“八月围城”之举，告诫陕军将士“珍贵其历史，保留过去之光荣，于国家危急、民族存亡之际，再奋过去之义勇……则破碎山河，尚不致金瓯全失也！”在《西北文化日报》的宣传影响下，东北军与第十七路军不仅没有发生火并现象，而且配合默契，共同发动了西安事变，蒋介石一箭双雕的阴谋彻底破产。

## 生死与共的战友

杨虎城是一位思想进步的爱国将领，在宋绮云的影响下，他更加倾向革命。长期的合作共事，使宋绮云和杨虎城一家结下了极其深厚的友谊，达到了患难与共、生死相依的地步。

西安事变之后，蒋介石背信弃义，首先软禁了张学良，继而又逼杨虎城出国“考察”，西安的形势急转直下，宋绮云也被迫辞去西北文化日报社的领导职务。1937 年 6 月，宋绮云从西安专程赶到上海为杨虎城出国送行，并在上海国际饭店同杨虎城合影留念。这是他们最后一次合影。杨虎城对宋绮云的处境非常关心，建议他东渡留学，并提供出国经费 2000 元。但正当宋绮云准备东渡之际，卢沟桥事变爆发，宋绮云在祖国面临生死存亡的当头，毅然放弃出国，不顾个人安危留在国内。

全面抗战爆发后，杨虎城由欧洲动身回国，蒋介石在得知他回国的消息后，即令特务头子戴笠将杨虎城秘密逮捕，后又将杨夫人谢葆真及次子杨拯中扣押，先关在湖南益阳桃花坪集中营，1938 年冬又转至贵州息烽玄天洞囚禁。

1938 年初，中共陕西省委派宋绮云去鹿钟麟的河北省政府任政治处处长兼组织科科长，负责八路军总部的联络工作。在此期间，宋绮云在晋南见过朱德总司令。朱德在与他的长谈中肯定了他在杨虎城部队的成绩，并建议：只要有条件，还应该回到杨虎城部去。1939 年 11 月，宋绮云来到晋西南第四集团军总部。孙蔚如本来与宋绮云有旧谊，宋绮云即在第四集团军任少将参议，举办干部训练班。

1941 年初，国民党下令第四集团军整编，派去 5 个军校的毕业军官，阴谋换掉第三十八军 5 个得力的地下党团长。宋绮云闻讯后向孙蔚如进言：“这又是在玩弄吃掉西北军的花招，您一定要提防！”孙蔚如也意识到这潜在的危险，采纳了宋绮云的意见，以部队新调防不宜调动干部为由顶了回去，并将拥有实权，但表现不好的国民党团长用明升暗降的方法，将他们提升为副师长。这次整编不但没有伤及部队，反而让国民党吃了一闷棍。

宋绮云卓有成效的工作，越来越引起国民党特务的注意。1941 年夏末，宋绮云突然收到一封“家中有急事速回”的电报，他在干训班请假后返回西安家中料理。大约在宋绮云离开十几天后，第四集团军总部接到八路军驻西安办事处主任打来的长途电话，报告了宋绮云失踪的消息。孙蔚如急忙向胡宗南发电报，请他查询宋绮云的下落。第四集团军总部也派人到西安四处打听，始终没有得到消息。两个月后又传来宋绮云的夫人和幼子失踪的消息。实际上，宋绮云一回到西安就被秘密逮捕了。开始国民党特务以高官厚禄准备收买他，但宋绮云不为所动。特务便报请上级将宋绮云处死，得到的批复是“和杨虎城案一并处理”。1941 年 12 月，宋绮云被移禁重庆中美特种技术合作所的白公馆监狱。不久，宋绮云夫人和幼子也被转移到这里。但是一直到 1943 年春，由于严格的隔离，他们都不知道亲人就在“毗邻”，直到 3 月间，他们被关押至贵州息烽监狱时，一家人才见面。

在息烽监狱时，宋绮云获悉杨虎城也被囚禁在附近的一个山洞里，他要求去拜访，但特务们不准许。他又和副官阎继明、张醒民联名写了个报告，要求和杨虎城关在一起。敌人只批准副官与杨虎城住在一起，未答应宋绮云的要求。杨虎城知道此事后十分激动。他对看守长说：“宋绮云是我的秘书，请让他跟我一起住。”因戴笠不同意，这个要求未能实现。1947 年，他们被转到重庆监狱，杨虎城再次向狱方提出这一要求，仍未获准。1949 年春，“代总统”李宗仁上台后，曾下过一道释放张学良、杨虎城等政治犯的公开命令。毛人凤向“下野”的蒋介石请示，蒋介石赶忙指使特务将杨虎城、宋绮云等人移禁贵州。杨虎城开始执意不去，后提出三个条件，其中一条就是要秘书宋绮云夫妇跟他同往。虽然杨虎城的这一要求未能实现，宋绮云始终未能与杨虎城面晤，但他托人捎去了自己的诗和信，二人互相勉励，坚持斗争，至死不懈。

1949年，全国人民正在以无比喜悦的心情迎接新中国的诞生，然而，雾都重庆却处在黎明前的黑暗之中，行将灭亡的国民党反动派还要做垂死的挣扎。蒋介石最后下达了"不留痕迹"地秘密杀害杨虎城及其秘书宋绮云一家的命令。9月6日深夜，在重庆松林坡戴笠的警卫室里，特务秘密地杀害了杨虎城父子和秘书宋绮云及其妻子徐林侠、幼子宋振中。刽子手们手持利刃，直刺他们的胸膛，然后将烈士的遗体掩埋在房子底下，还在上面打了三合土。年仅45岁的宋绮云，为中国人民的解放事业流尽了最后一滴血。

# 第五章　重要顾问

杨虎城主政陕西后，担任陕西省政府主席，同时兼任第十七路军总指挥、潼关行营主任(后改为西安绥靖公署主任)，要完成好陕西各项建设工作，处理好西北各省的军事事务，协调与南京政府的各种关系，杨虎城聘请了许多顾问、参议协助其工作，其中影响较大的有李志刚、连瑞琦、郭增恺等。

## 特殊信使——郭增恺

郭增恺曾是杨虎城的幕僚、宋子文的亲信，还曾是周恩来的客人。作为西安事变爆发后的特殊人质，1955年后，他的一篇《热风》感言，在海峡两岸激起轩然大波。1986年中国共产党吸收了这位与之共同奋斗半个多世纪的爱国者，使这位早在50年前被国民党军统以“共党嫌疑”秘密在西安逮捕的郭增恺成为一名真正的共产党人。

### 公署参议

郭增恺(1902—1989)，河北省安次人。早年就读于北平师范学校。五四运动前就结识了周恩来、赵世炎等人，后在进步思想的影响下积极参加了五四运动，在示威游行中被逮捕拘禁，失去学籍。1920年加入李大钊创办的工读互助团，继续寻求知识。在工读互助团，他一面为上海《国民日报》副刊写稿赚取生活费，一面在北京大学旁听哲学系、中文系的课程。

1924年冯玉祥发动北京政变，提出了“真爱民，不扰民”的口号。郭增恺被这口号所感动，毅然投笔从戎，先后担任过西北通讯社社长和冯玉祥的秘书。1931年日本发动九一八事变，在蒋介石的不抵抗政策下，东北国土迅速沦丧。东北人民不堪欺压，自发地开展起秘密抗日救亡活动。当时，这些地下抗日组织十分渴望得到关内的支持，他们认为冯玉祥是爱国的，就与冯玉祥联系，要求冯玉祥派人到东北实地考察并领导他们。冯玉祥遂派郭增恺作为他的代表去东北。

郭增恺带着冯玉祥的使命和关内民众为东北抗日组织筹措的经费(金条)出发了，不料其行踪在北平被日本特务获悉并通知了大连的宪兵。于是，郭增恺刚刚抵达大连便被日本宪兵逮捕了。日本人对这个带着金条的年轻人十分怀疑，却没有找到任何证据，最后只好将郭增恺驱逐出东北。

东北之行虽然失败了，但郭增恺却实际体验了当亡国奴的滋味，这进一步激发了他抗日救亡的热情。这时冯玉祥对他说：“我现在是有名无实。你在我身边也难以发挥才干，实现你的政治抱负。这样吧，我把你介绍到陕西杨虎城那里，兴许在那儿你能做出一番事业来。”

1933年郭增恺拿着冯玉祥的推荐信，来到当时还十分贫瘠落后的陕西找杨虎城。此时，担任陕西省政府主席、西安绥靖公署主任和第十七路军总指挥的杨虎城，正在网罗各方人才，满怀热情地进行陕西地方的经济和社会建设，试图将陕西建成全国抗日的大后方。杨虎城对郭增恺十分器重，当即委任他担任西安绥靖公署的参议。这固然是由于冯玉祥的面子，更重要的是杨虎城急需像郭增恺这样学识和阅历的人来为他工作。为了考察郭增恺，杨虎城尽量创造和他接触的机会。有一次乘小飞机去陕南视察，飞机小仅能坐三个人，杨虎城就把自己的秘书留下，而带了郭增恺和一名副官，来去约两个月。他们先视察汉中各县，后到安康，由安康回西安，乘着小飞机越过了秦岭，非常辛苦。

经过陕南之行，杨虎城对郭增恺有了较深的了解，便让他专门去做宋子文的工作。郭增恺后来回忆说："我和宋子文原不相识，杨将军认为宋子文在南京政府中是英美派的代表，比亲日派进步，又与蒋介石有亲戚关系，杨将军眼光远大，与宋子文相交，可让宋在蒋方面为他讲话。杨将军还想让宋子文为陕西吸收些外资，以便开发西北。所以我本着杨将军之意，为了与宋子文接触和应付，费了许多曲折和心思，终于我和宋子文日益接近。宋也认为我为杨所信任，就委任我为西安经济处处长。这样取得了宋子文对我的信任。在这期间，我通过宋的关系为陕西拨了一笔巨款，开发西北资源，发展铜川煤矿。杨将军叫我四处奔走，联合一切对蒋不满的人，联合北方将领商议组成反蒋大同盟。我曾三次出访冀察、山东、山西。"

1934 年 4 月 25 日，在郭增恺的积极推动下，时任全国经济委员会常务委员的宋子文到陕西考察。杨虎城亲自陪同宋子文参观了西安的许多历史文化遗迹以及省立第一图书馆、民众教育馆、考古会等处。4 月 29 日，杨虎城邀请宋子文在西关外大操场检阅第十七路军驻省城各部队，先陪宋骑马巡阅，后一同登台检阅分列式，并在宋子文讲演前后致欢迎词和答谢词。通过这些参观与考察，宋子文对陕西的经济社会发展留下了深刻的印象，也对杨虎城颇有好感。这些都为日后杨、宋两人的合作奠定了基础。

感受到郭增恺的才干后，杨虎城曾专门对儿子杨拯民说："郭参议的学识不错，有机会可多与他接近，向他学习。"杨拯民后来回忆说："也许是父亲要我向他学习的意思，也曾给郭流露过，后来他有空就带我去书店购买书籍刊物赠送给我，领我去东大街新开的西餐馆吃西餐……渐渐地我俩成为忘年交。他比我父亲小几岁，我称他为郭叔。"

杨拯民还回忆道："1935 年初冬，开完国民党五中全会，父亲从南京返回西安后不几日，就又同张学良将军去了榆林，会见井岳秀、高桂滋，又从榆林飞往山西太原会晤阎锡山。

"父亲到太原三天后，突然给西安发来封电报，说他在太原害了病，让郭增恺和我赶去太原。勤务兵在同学家找到我说：'郭参议有要事找你，要你赶快到他那儿去。'我未敢怠慢，随即赶到新城南门外交际处——郭增恺的住处。郭对我说：'你父亲在太原病了，要我俩去，石介人院长(省立医院院长——引者注)已乘飞机去了，我俩乘火车去吧。'还说同蒲路火车上尚无暖气，把衣服穿厚些。我当即就赶回红阜街家中，向祖母、蕙兰娘做了汇报，娘为我收拾行李，当天晚上就起程，奔赴太原。

"乘了一宿火车，天尚未大亮，我就醒了，但郭叔未醒，不好惊动。挨到他醒后，问及潼关已过，怎么不见换车？他说同蒲路尚未通车，现在走的是郑太线，到郑州转车，经平汉铁路到石家庄再换车到太原。因为换车，我们在郑州和石家庄各住了一宿。

"在石太路乘的是二等车厢，一个房间六个人，一边各三个。时值冬季，车上无暖气，大家又都穿得很臃肿，郭叔穿了件水獭皮的大衣。不知何故，我没注意到，他竟和坐在对面的一位乘客争吵起来。平时接触中，看他温文尔雅，文质彬彬，一派书生气，这时吵起架来，口出粗语，大骂‘混蛋’，令我看到他性格的另一面。后来在车厢服务员（那时称茶房）的调解下，给对面乘客换了个房间，事情才算平息。事后茶房向郭叔讨要名片，他递给了一张。茶房恭恭敬敬接过名片，看了一会儿，谦恭地说：‘哎呀！赵先生是南京青年会总干事，甚是幸会！幸会！’当时我确实看蒙了，莫名其妙，困惑不解，又不好问。过后听人说，他有许多不同职务不同姓名的名片，是专为旅行中的应付而备的。”

到太原后，杨拯民看到父亲一切正常，并没有生病的迹象，正纳闷之际，杨虎城对他说：“这次来山西为要说服动员阎锡山支持、参加抗日。这就需要多接触一些人，做多方面的工作，张副司令不便在晋久留，就要我多留几天。为了遮人耳目，正好那两天也有点不适，就借患病之名多留几日。要郭先生和你来，一方面是为了造舆论，证明我确实病了（后来有的报纸还真的登出《杨虎城在晋患病，其子来晋探视》的消息）；另一方面山西方面人士情况复杂，需从各方面多做接触，以求取得停止内战、共同抗日的共识。鉴于郭先生在山西的熟人多，正可以协助我做工作。”

### 被捕入狱

1935 年底，张学良与杨虎城取得抗日共识。1936 年春天，张学良为了改造部队，让高崇民、刘澜波、孙大胜等化名写了几篇讲抗日、联共以及批评蒋介石、阎锡山阻挠红军东征抗日的文章，合成小册子，名为《活路》。文章写出来后，印刷却成了问题。在当时言抗日有罪的政治形势下，社会上一般的印书馆都不敢承印。为了解决印刷问题，张学良找到杨虎城说："你是地方人，你想办法。"杨虎城即让第十七路军军需处去办，并再三叮咛处长王惟之要严守秘密。当时，第十七路军军需处有一部铅印机，有印刷工人，可以秘密印刷装订，地址就在西安新城第十七路军总部。在王惟之的亲自监督下，几夜就印了8000本。王惟之先用自己的小汽车运回家中，隔了一天在傍晚用申伯纯的小汽车送到高崇民家，由高崇民密发到东北军前线部队。其间，杨虎城派崔孟博带了2000本送到宜川，交第三十八军军长孙蔚如发给第十七路军在陕北前线的部队。不料，印刷厂有两个工人被国民党特务收买了。他们偷着多打了一份校对清样，将清样交给了"剿总"情报处处长江雄风（蒋介石的特务）。江雄风奖赏了这两个告密者，并立即报告了蒋介石派驻西安的亲信——"剿总"参谋长晏道刚。晏道刚召集蒋系特务头子江雄风、马志超等开会进行研究。经过再三研究，他们认为小册子既是在第十七路军印刷厂印的，编者应该也是第十七路军系统的人；但小册子内容与口气却又像是东北人写的，而且宣传的对象有多处也指明是东北军。这样猜来猜去，就将目标锁定为第十七路军参议郭增恺（郭当时兼任宋子文的经济委员会驻西北特派专员）。

特务们为什么断定编写《活路》的人是郭增恺呢？一则因为郭增恺不久前刚给阎锡山发密电劝阎锡山实践前约，伺机联合韩复榘、宋哲元组织华北抗日同盟，密电正好被特务们译出。二则因为郭增恺在人前曾夸说自己同冯玉祥、杨虎城的关系如何密切，并写过什么文章。加之他的言论平时就被特务们注意，现在发生了第十七路军印刷厂印刷"反动"宣传品的案子，特务们因为对第十七路军内部情况茫然无知，而又急于报功邀赏，便想当然认为《活路》是郭增恺编的。实际上，郭增恺对联共抗日的酝酿和张学良、杨虎城日益接近的情况，一无所知。郭增恺被抓后，杨虎城的儿子杨拯民感到十分震惊。他问父亲："郭叔是共产党吗？""他才不是！"杨虎城给了儿子一个肯定的回答。特务们主观想象得出这个结论，打电报告诉蒋介石并主张逮捕郭增恺。蒋介石于1936年5月10日复电批准，并令"着即将郭增恺逮捕送南京"。宴道刚即于12日亲自打电话给郭增恺让他到总部，说有要事相商。郭增恺听说宴道刚参谋长有要事相邀，便坐汽车到南院门总部去拜会，谁知刚进"剿总"客厅，就被特务包围。宴道刚宣读完蒋介石的逮捕令，不容分说，马上给郭戴上手铐，拥上事前准备好的汽车，由一排宪兵坐了四辆卡车，押解到临潼上火车，直解南京。

逮捕郭增恺的时候，正值张学良不在西安；杨虎城虽然在西安，可是当得知郭增恺被捕的消息时，火车早已开出潼关了。晏道刚捕人后将杨虎城约到"剿总"，对杨说："何敬之（何应钦）在江西'剿共'时，随从人员中有共产党，把军事计划偷送到红军方面，结果何吃了大亏。你对你左右的人要常注意。"杨虎城听了这番话，估计是印《活路》出了问题，同时又得知郭增恺被捕的消息，感到内部有问题，就令军需处和军法处迅速查明泄密者。经过调查，查出了那两个向特务告密的工人，当即将工人关押了，使特务失掉了证人。

郭增恺被押解到南京后，很快就受到特务们的严密审讯。审问的问题主要是两个：一个是他为什么要编印《活路》那个小册子；一个是杨虎城和张学良怎样秘密联共抗日。这两个问题都是郭增恺所完全不知道的，虽然经过特务们的种种威胁利诱，经过多次审讯，但也问不出什么结果。后来西安方面的特务从东北军内部调查清楚《活路》是高崇民编写的，并且高崇民已经秘密离开西安，特务们知道逮捕郭增恺是搞错了，于是对郭增恺的审讯也就放松下来。但是特务们本着“有错捉无错放”的原则，一直把郭增恺押禁在南京。

郭增恺被捕是一幕滑稽戏，但是对张学良、杨虎城也是一个重大的威胁，特别是杨虎城更感到问题严重，因为他们确实在干着联共抗日的秘密活动，担心万一郭增恺向蒋介石泄露了，那问题可就大了。杨虎城立即密令其南京办事处李志刚密访冯玉祥，请冯玉祥设法营救郭增恺。稍后，冯玉祥和宋子文都在蒋介石面前为郭增恺说了好话。对于郭增恺被特务秘密逮捕一事，杨虎城向宋子文、邵力子严厉地指出：“郭是我的朋友，是我推荐给宋子文先生做经济处长的，他犯有什么罪？蒋先生要逮捕他还不容易吗？只要一纸电令，我立即送他去南京，何必要直接逮捕，之后还不叫我知道呢？”当时，宋子文对为什么逮捕郭增恺也是莫名其妙。

## 事变的见证者

1936 年 12 月 12 日，震惊世界的西安事变爆发，蒋介石被扣在西安。南京政府内围绕着是讨伐还是与西安方面谈判展开了激烈的争论。以孔祥熙、宋子文、宋美龄为代表的主和派经过一番努力，使主战的何应钦等人在孔祥熙家商议时不得不让步。最后决定两项：第一，准许宋子文以私人名义即日飞赴西安，营救蒋介石；第二，准许至 12 月 22 日暂行停止轰炸，但张学良、杨虎城的部队在此期间不得向南移动。

12 月 19 日下午 2 时，宋子文带着两个秘书和刚被他从军统监狱“借”出来的郭增恺乘飞机赶往西安，行前见到郭增恺的第一句话是：“想不到你还活着！”郭增恺后来回忆说：“双十二事变发生后，即1936年12月17日，宋子文深知我和杨将军有密切交情，他以为我是最能在杨面前说话的人，就借机将我从狱中要出来。一见面宋子文就说：‘蒋先生有些事做得太冒昧，不和别人商议叫你也受委屈了，我们大家既往不咎，这一次救救他吧（指蒋介石）！’宋子文约我同机到西安，宋在飞机上告诉我说：‘此行很困难，我料到张、杨的话很难说，你先争取虎城的意思，只有你能和虎城说话，虎城只要愿意，我们再做张学良的工作（其实这时我们在被人监视）。’”

宋子文一行于12月20日上午飞抵西安，张学良、杨虎城亲自到机场迎接。张学良告诉宋子文，西安方面已经拟好了谈判条件，准备与南京方面展开谈判。宋子文在张学良的陪同下见到了蒋介石，并获准单独与蒋介石谈话。在西安期间，宋子文曾两次单独见蒋介石，向蒋介石递交了宋美龄、孔祥熙的信，报告了南京方面的情况。宋子文在西安事变的追记中说：“我单独拜见委员长。他甚为感动，失声大泣。我对其安慰，告诉他，彼并未蒙羞，相反，整个世界均在关心他、同情他。”

蒋介石告诉宋子文，他不会在胁迫下接受任何条件，军事解决为唯一之途径。宋子文则向蒋介石指出：“军事之成功并不能确保其性命之保全，即便西安被占，他们尚可退至接壤共区，唯国家将陷于分裂，内战四起……”当天下午，蒋介石“渐次通情达理”。他再次见张学良，事后告知宋子文，他已同意张学良将其军队开往绥远；召开大会讨论四项条件；改组陕西省政府，由杨虎城提名人选。宋子文在追记中写道：“他们（张、杨）已走向极端，若其遭受失败之打击，他们甚有可能挟持他退往其山上要塞，甚或，他们可能变成一伙暴徒，并在暴徒心态下杀死他。汉卿(张学良)直言不讳告诉我，其委员会已经决定，若一旦爆发大规模战事，为安全起见，他们将把委员长交给中共。这绝非凭空之威胁。”宋在次日的追记中得出了唯一结论：“和平解决。”“此次运动不仅系由张、杨二人所发动，而且亦得到全体官兵上下一致之支持。张、杨至为团结，南京方面许多人计划并希望彼二人分裂，此不仅不可能，且充满严重危险。”

郭增恺回忆说：“到陕西后，我首先见到了杨将军。杨对我先有戒心，以为我和宋偕行，又系在押犯，唯恐我替蒋讲话，可是我对杨说：‘蒋之国策，我们早已反定，我因为反蒋联共抗日被蒋关押，现在为联合抗日救蒋而陪宋先生前来西安。我赞成你们的主张，你们的举动我也是赞成的。既然扣蒋，就得有个具体的做法，就得联合全国一致。’我就为杨分析宋哲元、阎锡山等人的态度。杨将军问我宋子文的看法，我直言相告说：‘宋子文有抗日的要求，当然，他此来是以救蒋为目的的，他认为共产党的力量不是蒋的武力所能消灭的，蒋光想靠武力灭共，所以才有今天(即蒋被扣起来)。’杨对我说：‘兵谏是为了要蒋停止内战，领导抗日，不会杀害他的。你可告宋好好劝劝蒋。’我把杨的话转告给宋子文。

“当时我了解到周恩来来西安，就向宋子文说：‘周恩来现在西安，不管周之主张如何，周是关键性人物，你要首先找周。’宋子文说：‘周一来，西安的事情就更难了，我料周不会和我们的意见相同。’我说：‘共产党是始终主张团结抗日的，他们早就发表了宣言，不会记私仇的，不妨试一试？我认为共产党和我们意见一致，张、杨两将军的工作是易于着手的。’”

宋子文于12月21日带着郭增恺返回南京，向有关人士介绍了西安方面的立场与态度以及蒋介石的态度。1936年12月22日，宋氏兄妹力排非议，率领端纳、蒋鼎文、戴笠等飞往西安，开始与西安方面进行认真的谈判。

宋家兄妹代表蒋介石与张学良、杨虎城、周恩来进行了两天谈判，最后达成了经过蒋介石首肯的6项共识。12月25日，蒋介石离开西安回南京。在西安为营救蒋介石出了大力的郭增恺随宋子文回到南京后不但没有受奖，反而被戴笠收回监狱继续关押。因为南京方面把郭增恺当成了一个制约杨虎城的人质。

### 《热风》事件的影响

1937年七七事变后，在宋子文的斡旋下，郭增恺获得自由。后郭增恺被胡宗南聘为第十七军团顾问，实际上被软禁在西安。1945年后，郭增恺曾任宋子文的秘书、上海招商局顾问、国民党广东省顾问。1946年，郭增恺去了香港，担任永安药堂和《星岛日报》的顾问，1948年后从事专栏写作。

随着国民党政权在大陆的失败，宋子文于1949年1月去香港，随后侨居美国纽约。郭增恺作为宋子文与中国共产党之间的重要联络人就居留在香港。宋子文移居美国后依然经常去香港，到香港就一定要见郭增恺交换对时局的看法。

郭增恺这个人很有正义感，对蒋介石杀害杨虎城扣压张学良颇为不满。1955年，郭增恺出于对老友杨虎城的情感和对历史的责任，以少有的知情者身份写下长达20万字的《一个没有交代清楚的问题——西安事变十八周年感言》，在香港《热风》杂志上连载，使西安事变的真相以一个新的角度第一次系统地公布于世。

文章写道：事变得到和平解决，真的像蒋先生所公布，是由于张、杨阅读他的日记及重要文件，才受其伟大人格所感动，因而幡然醒悟那样简单吗？倘不是那么简单，则双方所协议的内容是什么？其经过又是怎样的……蒋先生与张、杨间在西安的成交，宋子文和蒋夫人是保证者，见证人一个是我，另一个是周恩来，谁料他竟行不顾言，终于使我等几个参与其事者，迄今在痛深愧疚呢！我也常常想，以民主大道期诸蒋先生那是糊涂的妄想，但让他做皇帝吧，做皇帝也该兼听及于士夫，做皇帝的秘诀，无非是天下是我的，老子的事你们都给我办好，可惜蒋先生只懂得这秘诀的上半句，于是总理“我生则国死”那句名言，就应验在蒋先生身上了。

“至于蒋先生所谓对张、杨‘时加爱护’的善意，在他的日记中，倒没有片言只字的表示。有之，只有在某某两日的日记中，无头无尾地写着‘东北军问题’‘东北军问题’十个字而已。我不知道张汉卿看到这几个字时有什么感想。但我确知若干东北军将领则曾为这几个字而发生惊惧的行动，而更觉得蒋先生‘待人不公’更可能另有阴谋。”

郭增恺的文章首先否定了蒋介石所谓的“张、杨等阅读他的日记及重要文件，才受其伟大人格所感动，因而幡然醒悟”的提法。在文章中郭增恺郑重表示，“兹愿负责任指出，蒋先生所公布的，不但是隐藏了许多事实，也是在公然说谎，伪造了许多故事”；所谓的《对张、杨的训词》，“完全是蒋先生事后编造的。当时根本就没有什么训话”。文章语言犀利、措辞强硬，不仅对蒋介石背信弃义的做法表达了强烈的不满，并且严厉谴责蒋介石“公然说谎，伪造了许多故事”，在以见证人的身份为张学良深感愧疚的同时，公然为张学良鸣不平。文章严重超出蒋介石的底线，引起他极大“震怒”。

郭增恺的文章发表后，蒋介石急了。为了继续维持自己的脸面和谎言，他想起利用已被他软禁 20 年之久的张学良。1956 年 11 月 13 日，蒋介石单独召见负责管理张学良的保密局少将刘乙光，询问张学良的读书、身体及年龄，命刘乙光向张学良宣布两项禁令：不准收听中共广播；不准同警卫人员接近。紧接着又下达了让张学良写出西安事变回忆的指令。张学良在日记中这样记述：“老刘前日连夜去台北。今日返，午夜后来余屋，告知我，彼系被总统召见，告他令我写一篇西安事变同共产党勾结经过的事实，再三嘱咐要真实写来，并说此为历史上一重大事件。言后又再告刘嘱余要安静。”

1956 年 12 月 18 日，刘乙光到达台北，将张学良的回忆长函面交蒋介石。同月 20 日，蒋即传唤刘乙光，命刘乙光将郭增恺的文章转交张学良，要张学良在回忆录中加以驳斥：“这篇东西对我们俩都有关系，必须有以辟明以示后人。”言谈之间，给刘乙光的感觉是，蒋介石“需要甚急”。为了完成蒋介石交给的任务，张学良只好将回忆修改两小段，另写了一文来交差。

蒋介石拿到这篇讨郭增恺的檄文，忐忑不安的心总算平静了一些，没有马上逼张学良再写。因为他已经取得了张学良为他在历史上所上的政治保险单——《西安事变回忆》。根据他对张学良的了解与掌握，只要张学良自己写下来了，致死也不会再翻案。当年参与谈判的杨虎城已被杀害，张学良已是“笼中之鸟”，今后西安事变的历史就可由他任意书写了。但他怎么也没想到，40 年后，宋子文用英文写下了亲历西安事变的经过并在美国斯坦福大学向世界公布，戳穿了他煞费苦心编撰的《对张、杨训词》《西安半月记》等谎言。

自1957年初起，无奈的张学良又遵蒋介石之命，开始撰写范围更广的回忆。很快这些内容也传到了大陆，在相关人士中引起震动。许多人出于对张学良的热爱与了解，根本否认这份回忆录的真实性，称之是台湾方面完全伪造的。只有周恩来心知肚明，他在纪念西安事变25周年招待会上，欣然接受杨虎城之子杨拯民的建议，在大陆成立一个高规格的西安事变资料征集组织，开始了对这个历史事件的研究。

应该肯定，是郭增恺的《一个没有交代清楚的问题——西安事变十八周年感言》引发了海峡两岸国共双方对西安事变的再关注。郭增恺对西安事变的贡献不仅在当时，更在于他对历史真实的追求。

1956年后，中共中央提出和平解决台湾问题的构想，郭增恺开始作为周恩来的客人，以参加五一节和国庆节活动的名义来往于香港和北京之间，实际上担任起了周恩来与宋子文之间的政治联络员，"文革"时期也一直没有间断。

周恩来对郭增恺这位从五四时期就相识的朋友十分重视。从1956年起到20世纪70年代近20年间，只要郭增恺来到北京，周恩来几乎每次都要接见他，通过他了解宋子文的情况和台湾其他人的情况，倾听海外人士对大陆的看法。

宋子文也十分清楚郭增恺的"大陆"背景，常通过郭增恺转达对周恩来的问候。大陆方面曾希望宋子文能像李宗仁那样叶落归根，通过郭增恺向宋子文不断传递着这个信息。遗憾的是，1971年宋子文因病突然离世，中断了双方的联系。对于这段往返大陆与香港的秘密联络工作，郭增恺以"默默耕耘，不求闻达"这句话作为座右铭，生前从未对外界提及。

1980年，郭增恺回到北京定居，历任第四届全国政协委员、第六届全国政协常委、第四届全国人大代表、第五届全国人大常委会常务委员。1989 年 7 月 2 日，一生充满神秘色彩的郭增恺在北京辞别了人世，终年 87 岁。

## 交际处长——连瑞琦

连瑞琦(1898—1984)，字仲玉，陕西澄城人。1920 年毕业于浙江公立医药专门学校，参加过五四运动，曾是杭州学生运动领导人之一，当选为中华全国学生联合会总理事。在杨虎城的资助下，1921 年赴德留学，后在哥廷根大学、马尔堡大学及柏林大学学习，获药学博士学位。在德国学习期间，受马克思主义和共产党人影响，思想上有了很大转变。1925 年回国参加国民革命，在武汉革命政府总政治部任社会股股长、武昌善后委员会主席和汉阳兵工厂政治部主任等职。大革命失败后旅居日本。

### “箱根计划”

1928 年 4 月，杨虎城到日本考察，了解连瑞琦也在日本，就打听和寻找他。1929 年 1 月间，杨虎城在日本东京找到了连瑞琦。两人见面后，杨虎城就询问连瑞琦留学回国以后的经历，以及他来日本的原因。连瑞琦告诉他，由于他曾代表邓演达去联络杨宇霆共同反蒋，后来杨宇霆被杀后，他就逃到日本东京。杨虎城说他自去年冬就来找过连瑞琦，告诉连瑞琦近年他在国内参加革命的经历和遇到的困难，还说：“我也是被逼逃出来的，想请你陪我去苏联找斯大林，和我谈谈中国革命的问题。”连瑞琦听了杨虎城的介绍，了解了他的处境和苦恼，经过思考他就向杨虎城建议:“(一)不能去苏联,要回国去抓队伍,尽一切力量在西北建立武装革命根据地。(二)不能脱离共产党。(三)武汉革命政府的纲领和孙中山先生联俄、联共、扶助农工的三大政策,在中国现阶段还是通用的。请你考虑。”杨虎城说:“这要从长好好地研究。”

此后一段时间,连瑞琦和夫人陪同杨虎城,去日光、箱根等处以观风景为名,实则是研究杨虎城回国的问题。连瑞琦对杨虎城说:“革命军人一定要抓枪杆。你中文不通,俄文不懂,到苏联去研究马列主义理论是不适宜的。你去苏联一趟,戴上一顶红帽子,回来后,军队里不能再进去,这是我不同意你去苏联的理由。”连瑞琦向杨虎城建议:“你回国把军队抓到手里,设法到西北建立革命根据地,练10万革命军,同共产党联合起来,推翻蒋介石的反革命政权。万一失败,可以退到苏联。这样进可以攻,退可以守。”杨虎城听到连瑞琦的这一段话,很对他的胃口,但他提出些具体问题:“回部队后,新旧两派矛盾如何解决?杀新派还是杀旧派?”连瑞琦说:“都不要杀,旧派为了升官发财,筹些钱送他们去京、津、沪、杭等大城市玩,腾出空位置来吸收新派补充(吸收对象,为武汉政府撤退下来的不公开的共产党员及国民党左派)。这样,新派是乐于接受的,旧派亦不见得反对。”杨虎城同意连瑞琦的建议,但是提出,万一共产党还要暴动,如何办?连瑞琦说:“说服。说不服,给路费送到安全地,绝对不能杀害。”杨虎城又提出要脱离冯玉祥集团的问题。连瑞琦问脱离冯玉祥集团以后,那部队归谁呢?杨虎城主张归蒋介石,直属南京中央。连瑞琦说:“这不是投降蒋介石反革命派吗?我不同意。”杨虎城说:“凡是新旧军阀都是反革命;蒋反,冯也反,脱离这个反革命,归降那个反革命。都是一样的。归蒋后，可以利用其地位，壮大自己的力量，到西北的机会多些。”杨虎城又说：“我们打入反革命阵营，就是打进敌人的心脏，使其不疑而又得到敌人的信任；回到西北建立根据地。不是更容易吗?”连瑞琦最后同意暂归蒋介石。接着杨虎城劝连瑞琦与他一同回去干。连瑞琦开始不同意，因为他在武汉政府干过，不能公开活动。杨虎城劝连瑞琦到南京做一次官，过个渡，然后再到他的部队干。

杨虎城给连瑞琦写了三封信，分别给于右任、张继与邹鲁，因为他们都是国民党元老，可以庇护连瑞琦。连瑞琦同意杨虎城的建议，与他回国干革命，其目的是想利用杨虎城进入西北，建立革命根据地。杨虎城又说：“目前要在国民党旗帜掩护下做工作，要以国民党的面貌做共产党的工作，这就叫作地下工作。”并称这办法为曲线革命，万一暴露了，设法避到安全地。连瑞琦问杨虎城：“要到什么时候共产党才能公开活动?”杨虎城说：“部队到了西北，根据地巩固了，并且能够独立，这时就能公开。我们是无条件接受共产党的领导。”当时连瑞琦同意杨虎城的意见，根据以上谈话的结果，决定以下计划，他们称它为“箱根计划”。因为这个计划，是杨虎城和连瑞琦在箱根车站候车室商定的。

“箱根计划”具体是：(一)杨虎城决定回到部队，并约连瑞琦一同回国去活动。(二)部队脱离冯玉祥，直属南京中央，归蒋介石直接指挥，以图扩充发展。(三)尽一切力量，使部队到西北，建立革命根据地。(四)部队干部，尽量吸收武汉政府退下来的青年干部，主要是未公开的共产党员与国民党左派。(五)利用反动派内部矛盾，扩展革命势力；同时联络友军，互相帮助。(六)部队中的共产党活动，一律采取秘密方式，万一暴露，设法送往安全地带。以上 6 项意见，作为他们回国后的计划和行动目标。这时杨虎城部队派代表姚丹峰等人来日本东京，催请杨虎城回国，杨虎城就乘此机会回到部队。连瑞琦也由日本东京回到杭州等待。

## 重返大西北

1929 年夏，连瑞琦在杭州接到杨虎城来信，约他去山东莒县一谈。这时杨虎城的部队已缩编为新编第十四师，杨虎城任师长。杨虎城委任连瑞琦为新编第十四师上校参议，亲自把委任状送给连瑞琦，并拿 500 元现洋给连瑞琦作为去南京活动的路费。他再三关照连瑞琦说："要设法使部队直属南京中央，归蒋介石第一集团军。"

连瑞琦从山东到南京，首先去见他的岳父胡大猷。胡大猷是蒋介石的老师，蒋介石在日本留学时，胡大猷代理留日学生监督，以后担任浙江第一师(师长陈仪)第七团团长。这时陈仪任南京政府军政部次长代部长，胡大猷任军政部总务厅厅长。连瑞琦把杨虎城决定脱离冯玉祥、附归蒋介石的经过告诉胡大猷，并和他商量。胡大猷说："冯玉祥突然把河南、山东一带的部队撤退，蒋介石知道冯玉祥是在想法对付他，但又摸不着底细。今得杨虎城离冯来归，必定喜出望外，一定同意。"第二天胡大猷就同陈仪、林蔚、方策等浙江系军人研究，这些人都是蒋介石的重要幕僚。他们把杨虎城的要求向蒋介石报告，蒋介石表示很欢迎。因为蒋介石准备打冯玉祥，所以对杨虎城的要求只好答应。之后杨虎城奉蒋介石的命令率部由胶东移驻河南南阳。

1930 年 4 月到 11 月，蒋介石同冯玉祥、阎锡山等展开大规模的中原大战，各方面军事集团代表，都来南阳同杨虎城联络。如蒋介石的代表何成浚、阎锡山的代表弓富魁、冯玉祥的代表南汉宸。当时连瑞琦担任交际处处长，各方面来的代表，都由交际处负责招待。那时杨虎城交给连瑞琦的任务是，凡各方面派来的代表，先同连瑞琦接谈。杨虎城对连瑞琦说："你画格格，我填空。"意思是由连瑞琦把问题谈妥，他最后请客送行，在吃饭时只说照连处长所谈的办。在谈判中，冯玉祥承诺反蒋后杨虎城做陕西省主席，阎锡山承诺反蒋后杨虎城做河南省主席，蒋介石也承诺杨虎城做陕西省主席兼西安绥靖主任，把西北军政大权都交给杨虎城。蒋介石的条件，与杨虎城的回西北计划是符合的，因此，杨虎城拒绝了冯、阎的要求。谈判中最难应付的就是冯玉祥的代表南汉宸，他是杨虎城的老朋友，又是中共地下党员，他代表冯玉祥要求杨虎城反蒋。这与杨虎城一向的联共主张不同，使杨虎城很伤脑筋。杨虎城最后决定，留南汉宸在第十七路军工作，打败冯玉祥回西北以后，政治方面南汉宸来负责。南汉宸也同意这个意见。但南汉宸是著名的共产党员，要留下工作必须做个过程。于是，杨虎城叫连瑞琦把南汉宸"扣押"在交际处，然后同蒋介石的代表何成浚商量，请何电告蒋介石，说冯玉祥的代表南汉宸已经被杨虎城扣押，现在南汉宸愿意与杨虎城合作反冯，起用南汉宸助杨虎城反冯对于我军有利。蒋介石回电同意南汉宸留在第十七路军工作。

这时蒋介石提升杨虎城为第十七路军总指挥兼第七军军长，在河南驻扎的萧子楚、刘茂恩等都归杨虎城节制。杨虎城已下令由南阳出发进攻冯玉祥。但杨虎城对于这次大战仍很慎重。他同连瑞琦商量，派连瑞琦去南京、上海等地再了解一下各方军事情况，把蒋介石和反蒋军事力量，做一番详细调查，待

“底子”摸清楚后，再做最后的决定。连瑞琦首先到南京，以第十七路军军医处处长的名义，向军政部军医司要求拨给后方伤兵医院一所。军政部很快批准，并拨发医院开办费 1 万元。

阎锡山一方面联冯倒蒋，一方面又秘密与蒋介石联络。阎锡山把冯玉祥骗到山西，扣留在建安村，目的是为了讨好蒋介石。冯玉祥觉察到阎锡山的两面手法，密令鹿钟麟、宋哲元等将领先打阎锡山。因此，阎锡山由北平赶回山西，与冯玉祥言和，共同反蒋，并送冯玉祥金钱和武器，百般讨好冯玉祥，但是心口仍不一致。同时蒋介石还引诱韩复榘、石友三等倒冯，导致冯玉祥部内部分裂，力量严重受损。

连瑞琦到上海碰见柏文蔚、常恒芳和冯玉祥、阎锡山方面的代表，他们都要求杨虎城反蒋。他们知道连瑞琦一贯反蒋，因而把冯玉祥、阎锡山的内幕情况告诉了连瑞琦，还希望杨虎城做冯玉祥、阎锡山的调解人。因为冯玉祥、阎锡山是貌合神离，阎锡山实际上是按兵不动，对冯玉祥有戒心。而冯玉祥的内心，也是先打蒋介石，后打阎锡山。冯玉祥、阎锡山之间的矛盾，无法解决，这种情况下，注定要失败。当时唐生智反蒋虽然失败了，但他还是反对冯玉祥。至于桂系李宗仁、白崇禧和张发奎等，都不愿与冯玉祥合作。

连瑞琦由南京赶到河南漯河，第十七路军总指挥部已进到临汝镇。这时漯河到临汝镇的路上交通已断绝，连瑞琦坐飞机赶到临汝镇，向杨虎城汇报各方面军事情况。杨虎城说：“你回来乘飞机，就知道消息很好，这一次我们的生意做成功了。冯玉祥是个单干户，而且树敌过多，他一定是失败。我们一定能够回到西北，革命军事基地的建立，是没有问题的。”

杨虎城摸清楚各方面军事情况后，决定帮助蒋介石打冯玉祥，即下令由临汝镇出发进攻龙门、洛阳、潼关直达西安。这时杨虎城部的兵力共有 3 个旅和 2 个特务团，别动队配合作战。杨虎城在 9 月 17 日攻克天险龙门，冯玉祥部向洛阳溃退。10 月 9 日，杨虎城部又占领洛阳西宫。龙门是河南天险，洛阳又是中国历史上的军事重镇。这两处的战事，双方伤亡均重，杨虎城部伤亡在千名以上，而对方伤亡有 2000 多人。洛阳是冯玉祥在后方的军事基地，设有两个伤兵医院，当时收容了 2000 多名伤兵，未及撤退，都被杨虎城部俘虏，同时缴获冯玉祥部的武器辎重亦甚多。杨虎城高兴地对连瑞琦说："这比在驻马店缴获唐生智的武器还要多。"

杨虎城部打下洛阳后，蒋介石几次来电嘉奖，并发给杨虎城部士兵"双十节"赏洋每人 5 元。连瑞琦向杨虎城建议："要优待俘虏的伤兵，对于医务人员，一律编入十七路军，医院改为十七路军后方医院。所有伤病员兵，一律按照十七路军员兵待遇，就是双十节每人节赏费 5 元，亦同样发给。"杨虎城接受连瑞琦的建议。但参谋长王一山和军需处处长等不赞成，他们说："敌人的伤兵，为什么还要发节赏费?"杨虎城叫王一山同连瑞琦商量。连瑞琦对王一山说："冯玉祥就是在政治方面太糊涂，但他训练的士兵，是能作战的，而且纪律也很好。我们要设法利用，就是要以冯的下级干部和士兵补充十七路军，这比自己训练起来要快得多。优待俘虏，就是为了吸收敌人方面的力量补充自己。就以这两个医院的医务人员来说，把他们收编到十七路军，待遇同十七路军医务人员一样，他们就可以安心为咱们工作。至于俘虏的伤兵，待伤愈归队，亦成了咱们的兵，并且对其他投降过来的官兵，起着良好的作用，尤其对接收冯在西北的全部机关人员，亦起着安定人心的作用。"杨虎城完全同意连瑞琦的意见，他说：“优待俘虏这个原则，是瓦解敌人的一个最好的方法。”

杨虎城到洛阳，即下令继续西进。10月10日攻克天险函谷关，10月26日占领潼关。杨虎城到灵宝同连瑞琦商议接收西安计划，连瑞琦建议先以原机关负责人接收原机关。杨虎城同意，并派连瑞琦跟随第二旅，待攻克西安时主持接收并筹备欢迎杨虎城进西安等事宜。

## 主持机器局

陕西机器局是由冯玉祥遗留下来的6个兵工厂改组而成的。冯玉祥控制陕西期间，为了不让蒋介石知道他办兵工厂，这些厂子都不公开叫兵工厂，而是叫南机器厂、北机器厂、吉鸿昌修械所、华阴庙机器厂、华山制药厂、潼关机器厂。这6个兵工厂共有5000多工人，其中半数是大革命时代汉阳兵工厂的工人，主要制造捷克式机关枪、步枪、迫击炮和炮弹等。

杨虎城计划利用制造农具的名义，争取使这些兵工厂归陕西省自办，不受南京中央政府的节制，故改名为陕西机器局，并决定委派连瑞琦为陕西机器局局长。部队一进西安，杨虎城就派连瑞琦代表他去机器局慰问工人，要工人们安心工作，并表扬工人们保厂有功。后来杨虎城亲自找连瑞琦谈话说：“机器局工人联名要求你去做局长，因为你给工人们讲的话，还有武汉政府时代的精神；同时在机器局内的工人，多数是汉阳兵工厂过来的，他们认为在大革命时，你曾经做过汉阳兵工厂政治部主任，很关心工人的政治和生活。”杨虎城又说：“这是咱们的兵器制造厂，也是咱们军事基地的命根子。”

但要搞好与工人的关系，不是简单的一句空话就能实现的，需要在政治、经济、生活各方面为工人打算才行。要处理好和工人的关系，首先面对的问题是冯玉祥任内已经欠了工人3个月的工资，工人们要求补发。杨虎城、南汉宸、连瑞琦都同意补发，但是参谋长王一山和军需处处长韩威西表示反对。他们的理由是：冯玉祥任内欠的工资，我们不发；杨虎城接任起，按月发给，不欠不扣。韩威西说："3个月的工资就30多万，在军需账上就没有这笔钱。"当时工人们说："我们保护兵工厂的机器，半成品及其他重要的财产，价值几百万元，军需账上为啥没有这笔收入？难道就不能支出吗？"最后杨虎城同意了工人们的要求，所欠3个月的工资，分3个月补发。

在连瑞琦的经营下，陕西机器局在原来的基础上大大扩充了。这主要是在中原大战后，阎锡山开始收缩自己的摊子，太原兵工厂大量裁员减薪。连瑞琦通过南汉宸的关系，吸收了太原兵工厂的技术员和工人。兵工厂规模扩大了，生产军火的数量与品种都比以前增加了几倍。这时机器局军火生产已公开，杨虎城对外也不隐瞒。当时有人还想偷偷摸摸地干，杨虎城说："有四五千人的厂子，生产枪炮子弹，要叫人家不知道，这是不可能的。但对生产数量、开支和工人实际的数目要保守秘密，尤其对军火的用途，更要保守秘密，绝对不能让蒋介石知道底细。他若知道我们生产这些军火，是为了保卫西北治安，使他安心在江西与共产党打仗，那他何乐而不为呢？倘若被他知道我们生产的军火，是为了帮助共产党打他自己，那他是绝对不允许的。"

但是蒋介石对杂牌军，向来不信任。杨虎城正式就任陕西省政府主席不久，蒋介石就派何应钦来西安慰问杨虎城，并说："蒋总司令希望杨主席在西北整理五年，就是在五年之内，不至有什么变动。过去冯玉祥在西北的军事、政治、经济、文化等设施，一律由杨负责接收整理，中央绝不插手干涉。”另外，何应钦提出要去陕西兵工厂看看，杨虎城身边的人对此有两种意见：一种不同意看，一种同意让看。杨虎城却同意何应钦到兵工厂看看。他说：“何要看什么地方，就让他看什么地方，这样大的一个兵工厂，又不是一个麻雀，你能把它藏起来。”杨虎城还对连瑞琦等人说：“不要这样小气，我们的政权稳固了，革命成功了。”何应钦看完后，对杨虎城提出陕西机器局归陕西省办表示同意。杨虎城听了何应钦的话非常高兴，对连瑞琦说：“这与咱们的计划相吻合。但是蒋介石一贯是说一套，做的又是一套，对于这种人我们要时刻提高警惕。”

正如杨虎城预料的一样，何应钦回到南京不久，蒋介石指示军政部致电陕西：“陕西机器局交由中央接办。”杨虎城接到电报后，十分愤怒地说：“蒋介石欺骗我。”杨虎城认为陕西机器局对在西北建立革命军事基地和反蒋计划，是个关键所在，绝不能随便放弃，就派连瑞琦去南京交涉。连瑞琦到南京找到军政部次长陈仪，要求机器局归陕西省办，陈仪说：“何部长在西安参观了陕西机器局之后的报告上说：‘机器局就是冯玉祥时代的兵工厂，生产步枪、机枪、迫击炮等大量武器，华阴庙厂还生产子弹用药。共有5000多工人，合起来是一所规模庞大的兵工厂，每月开支十五六万元，陕西省政府各厅全部开支每月只有8万多元，而机器局开支比省政府超过一倍之多。陕西在三年灾害后，人民实在不能再负担此重担。如果归中央接办，可以减轻陕西人民负担。’蒋先生已经在何部长的报告上批示：‘电杨主席，陕西机器局交中央接办。’”陈仪问连瑞琦，对此事杨虎城的意见如何。连瑞琦回答：“杨主席的意见，认为这些厂都是由陕西人民的血汗办起来的，应该归陕西省政府接办。而且陕西在三年大旱灾之后，农民渴望兴建水利，使旱田变成水田，农业机械化，这是陕西800万人民的要求。杨主席体念农民的痛苦，特将兵工厂改为机器局，计划制造农具与水利设备。若归地方办理，可以减轻中央负担。”陈仪说：“你是自己人(指连瑞琦做过军政部卫生材料厂厂长)，中央把这样大的兵工厂让杨接办，是不放心的。杨真的把兵工厂改造农具吗?”陈仪有些不相信，还用拉拢的口气说：“由中央接办后，仍然任命你担任厂长。”连瑞琦根据与杨虎城协商的意见答复，提出部分改造农具、部分保留修理第十七路军枪支的办法。最后商议的结果是，兵工厂一半交中央，一半陕西自己保留。其中，华阴庙、潼关的工厂交中央，由杨虎城安排陕西人刘楚才担任厂长。杨虎城还让连瑞琦给刘楚才送了1万多元，把这两个厂好的设备和技术人员、熟练工人，都调到西安工厂。刘楚才呈报中央时，只说顺利接办兵工厂，而这两个兵工厂缺少机器和技术人员却未上报。

## 联合“第三党”

1930年12月间，杨虎城派连瑞琦去南京，一是参加军政部召开的卫生处长会议，二是向中央交涉要求陕西机器局归陕西省办，三是秘密赴上海，联络邓演达扩大反蒋运动。在上海，连瑞琦见到了邓演达，他向邓演达汇报杨虎城在东京的反蒋计划，以及暂时利用南京中央，设法到西北建立革命根据地，一来接近苏联，二来在家乡容易发动群众、依靠群众。现在杨虎城已经有了5万多武装力量，准备训练10万精兵，就在西北独立，公开与共产党联合，实行北伐战争时期的政治纲领，讨伐背叛革命的蒋介石，与江西的工农红军南北呼应。邓演达听了连瑞琦的汇报说：“杨虎城的计划，我基本上同意。”并问杨虎城目前需要什么，连瑞琦回答：“需要大批干部。”邓演达问需要什么样的干部，连瑞琦说：“杨虎城的意思，不要蒋介石的嫡系，要国民党左派，或者共产党而不公开的。”邓演达问需要多少干部，连瑞琦说：“杨虎城说多多益善。”邓演达接着说：“杨虎城很进步，希望他能接受我们的纲领；我们同杨虎城在政治上合作，希望你把国民党临时行动委员会的纲领传达给杨虎城，争取杨虎城参加这个组织。”邓演达后来询问杨虎城政权的问题，连瑞琦也就国民党临时行动委员会的纲领政策、国共合作、如何处理与共产党的关系同邓演达进行了交流。在邓演达的介绍下，连瑞琦参加了国民党临时行动委员会。另外，连瑞琦代表杨虎城向国民党临时行动委员会提供了经费支持。

连瑞琦回到西安后，把与邓演达联系的经过，向杨虎城做了汇报，杨虎城很高兴。他说：“我们反蒋运动，有了基础，邓演达和共产党，都是蒋介石的劲敌，加上我们的力量，这三方的反蒋力量联合起来，蒋介石有可能很快垮台。邓是蒋的心腹之患，他拉拢蒋的主力军，如十八军、十九军，等等，都有可能。邓演达不但在黄埔、保定系统中有威信，就连我这个杂牌军人，对他也有信仰，我们以后要同邓合作。”邓演达按照杨虎城的请求，给他介绍了大批干部，如周士第、王人旋、马明达、金闽生、黄国梁等，这些干部里有共产党员、国民党左派，也有脱离了共产党而未受过处分的人。后来，邓演达要求在西安建立组织，杨虎城也同意。但杨虎城附加了一个条件，就是军人如果要参加，要得到他的同意。这个组织在西安发展了360多人，军政人员占多数，负责人是周士第，邓演达牺牲后，该组织就停止了活动。自从与邓演达联系后，杨虎城特别加强了反蒋的军事准备工作。西北和西南方面的军事代表来往，都由连瑞琦负责接待。邓演达为了在西安发动反蒋，于1931年秋，派邓宝珊代表他来西安，协助杨虎城的军事行动。

## 联络共产党

1932年11月26日，红四方面军抵达陕西长安县引驾回（今长安区引镇街道）、子午镇一带。杨虎城请连瑞琦到他家密谈。杨虎城问："你看红军会不会进攻西安城？"连瑞琦说："不会。"杨虎城就问："你得到情报了吗？"连瑞琦说："没有。"杨虎城说："那你为什么知道他们不会进城？"连瑞琦说："这是我的判断。"杨虎城说："你认识徐向前吗？"连瑞琦说："认识，但不是很熟。"杨虎城说："到引驾回的红军，就是徐率领的，其方向是向西安进军。我想把部队撤到渭河以北三原一带，西安只留少数军警，由你负责维持秩序，请你带领西安市民欢迎徐向前。"连瑞琦问杨虎城："我们在东京决定的反蒋计划，不是要和红军会合吗？现在正是好机会，为什么又要撤退呢？"杨虎城说："我们现在还不能和红军会合。第一，共产党的口号还是要兵不要官，会合后势必被红军消灭。第二，我们队伍目前只有36 000多人，内部意见还不一致，一旦公开与红军合作，红军是不会在西安久住的，我们不能跟红军上山，势必投降蒋介石，结果也是被蒋消灭。所以我认为目前不能会合。留你在西安欢迎红军，并和红军秘密谈判今后合作的具体办法。"结果红军只是路过西安附近，未进西安城。

1933年春，杨虎城又约连瑞琦到他家吃饭。杨虎城说："这次红军进攻陕西，我们没有抵抗，并且让路，蒋介石一定怀疑我们同红军有关系。这一来，我们被蒋介石压得透不过气来。请你去南京一带活动，使蒋不怀疑我们同共产党的关系，与反蒋势力联系。现在我们的反蒋运动，正到了极度尖锐的时候，要主动地去联络一切反蒋势力。”此后，连瑞琦就到南京、上海等处活动。

连瑞琦由于代表杨虎城参加十九路军发动的福建事变，遭到蒋介石的通缉。1935 年，连瑞琦被迫第二次赴德国留学。其间，他考察德国的药学发展情况，并在维尔茨堡大学和柏林普鲁士食品毒物检验所进修。西安事变后，杨虎城被迫出国，连瑞琦陪杨虎城在欧洲各国宣传抗日。抗日战争全面爆发后，连瑞琦组织了 40 余名爱国志士，随杨虎城回国参加抗战。

抗日战争时期，中国出海口沦陷，国外药品断绝，国内药品奇缺。连瑞琦到重庆后，与药学家陈璞、黄鸣驹、姜达衢等人成立了中国药物自给研究会，决心建立自给自足的后方医药工业。他们经过艰苦奋斗，先后筹建了陆军卫生用具制造厂、陆军制药研究所、中国特效药研究所及药苗种植物场，有力地支援了抗战。连瑞琦任陆军卫生用具制造厂厂长时，为前线输送了大批医疗器械、书籍和假肢。他还在厂内建立了药用植物苗圃，从国外引种了毛地黄等。1942 年，中国药学会在重庆恢复活动，连瑞琦积极筹措经费和建筑材料，在重庆新桥建立会址。连瑞琦先后被选为中国药学会第九、十、十二届理事。1942 年，连瑞琦被国民党以莫须有罪名判刑两年余，并被免去公职。出狱后，连瑞琦赴武汉就任孙蔚如第六战区司令长官秘书长，受八路军办事处的委托，保护被捕的新四军负责同志，掩护地区中共地下党员。解放战争时期，连瑞琦在上海筹建中华酸碱厂，同时在中共的领导下，从事民主党派工作。1949 年上海解放后，连瑞琦历任华东军政委员会参事、上海市人民政府参事、第二届全国政协委员、上海市人民代表、农工党中央委员会委员、农工党中央委员会顾问等。1984 年，连瑞琦在上海逝世。

## 驻京代表——李志刚

李志刚是杨虎城的重要幕僚，曾担任过杨虎城驻南京代表、陕西财政厅厅长和民政厅厅长等职位。李志刚为人谨慎小心，政治上亲蒋，与戴笠、陈立夫都有关系。西安事变后期，李志刚代表杨虎城去南京、奉化，完成了杨虎城交给他的一些重要任务。同时，蒋介石和何应钦也想从李志刚身上了解西安内情，当时很欢迎李志刚去当代表。李志刚在为杨虎城联络、疏通与南京政府关系过程中起了重要作用。

### 办事处处长

1928 年冬，李志刚由耿寿伯介绍加入杨虎城部队。杨虎城当时是暂编第二十一师师长，归国民革命军第二集团军总司令冯玉祥节制。当时，杨虎城奉冯玉祥的命令，由鲁南的单县开往鲁东临沂一带剿匪。李志刚是在临沂与杨虎城见面的。杨虎城让他先住在师部，熟悉部队的情况。后来，杨虎城让李志刚到泰安，负责与冯玉祥部孙良诚的联络工作及领运经费和军用品工作。当时，暂编第二十一师的经费数目没有确定，冯玉祥每月仅给两三万元的维持费。孙良诚对杨虎城部队的费用一点都不多发，其他军用品也是一样。李志刚再三交涉，均无效果。孙良诚的机要秘书告诉李志刚，孙良诚在冯玉祥的控制下，不敢多发，想要多领，非去开封见冯玉祥不可。李志刚去开封见冯玉祥。冯玉祥装作同情杨虎城部的困难，告诉李志刚说："虎城部队的困难，我是知道的，但中央没有他的部队的经费预算，这点维持费还是我在第二集团军内部挖肉补疮拨付的，希望你把我的苦衷告诉虎城。你既然来了，我打电报给孙良诚对费用和子弹酌量多发些。"冯玉祥把过推给蒋介石，把功归于自己。李志刚赶紧跑回泰安，向孙良诚多领了1万元，又领了些子弹，送回临沂。李志刚把冯玉祥的话说与杨虎城听，杨虎城听完冷笑着说："冯先生的这一套，我算领教够了！"

杨虎城离开部队半年多了，回来时，全师官兵在物质生活上虽然极度困苦，但在精神上却大为振奋，相信他回来一定有办法，因为这个部队是他一手领导起来的。杨虎城的办法就是抓训练和教育，部队在临沂训练了两个多月。1929年3月下旬，部队开始剿匪，杨虎城以突然的行动首先打垮了盘踞在莒县、日照的刘桂堂匪部，紧接着又完全消灭了盘踞在诸城、安丘一带的顾震匪部。把这两大匪部打垮后，杨虎城又分兵打垮了临沂一带的多个匪部。仅仅两个多月时间，杨虎城就把鲁东铁道以南的十几个县的匪患肃清，引起冯玉祥、蒋介石双方对杨虎城的重视，冯玉祥一再致电嘉奖，蒋介石司令部派一个高级参谋到临沂视察，向杨虎城表示好感和拉拢。

蒋介石与冯玉祥关系破裂后，冯玉祥命令第二集团军在山东、河南的部队向洛阳以西集中。孙良诚奉冯玉祥命令，退出山东。冯玉祥、孙良诚都电令杨虎城部迅速集中，随同孙良诚部西撤。杨虎城复电说："剿匪以后，部队分散各县，正在集中，一俟集中完毕，即向鲁西撤退，再转河南。"就在这时，蒋介石给杨虎城直接来电，要杨虎城仍驻原地，维持治安，一切费用和补给由南京拨付。杨虎城于是秘密由海路经上海到南京，见到蒋介石和何应钦，南京政府电令杨虎城部改为新编第十四师，由蒋介石直接节制。部队获得新的番号后，杨虎城迅速返回部队，派李志刚到南京成立第十四师驻京办事处，同时，嘱咐李志刚去见于右任、邵力子和何应钦，了解情况后，从速回电详报，以便联络关系。

李志刚到南京后，知道于右任向邵力子介绍了杨虎城在陕西靖国军时代不与北洋军阀妥协的革命精神、坚守西安8个月的胜利事迹和肃清鲁东匪患获得人民爱戴的情况，邵力子又向蒋介石做了说明。邵力子还带着李志刚见到蒋介石，当面报告杨虎城部的纪律和剿匪经过，蒋介石对杨虎城表示重视和嘉许。关于经费和补充等问题，蒋介石要李志刚向何应钦请示解决。李志刚又去见了何应钦，何应钦批定了预算，每月10万元，并说这是新编师中最高的经费额。按照杨虎城的要求，李志刚在南京成立新编第十四师驻京办事处，并担任办事处处长。

1929年初夏，冯玉祥的部队由山东、河南向洛阳以西撤退，韩复榘、石友三等人叛冯投蒋，蒋介石、冯玉祥的决裂已经趋向表面化。蒋介石对冯玉祥作战的部署是以主力使用于郑州以西的陇海线西段，以一部分使用于襄樊、老河口一带，以防冯玉祥部队由紫荆关截断平汉线，威胁武汉安全。他把守备老河口的重要任务安排给杨虎城部。李志刚在南京获得这个消息后，及时告诉杨虎城。8月间，蒋介石命令新十四师在半个月内全部集结到胶济铁路附近，乘火车直达平汉铁路花园口站下车，再徒步至老河口，并邀杨虎城到南京一见。9月初，杨虎城按照蒋介石的要求，把部队运到花园口。他自己经徐州去南京见蒋介石。蒋介石对杨虎城倍加慰勉，并问杨虎城的部队能否与冯玉祥的部队作战。杨虎城表示他才脱离冯玉祥的节制，马上就去打冯玉祥，不太合适，但如果给他守一个地方，如果冯玉祥部来进攻激发了部下的敌对情绪，就一定能坚守到底。蒋介石认为杨虎城的话很好，决定让杨虎城率部守老河口。后来蒋介石的幕僚研究，决定让杨虎城率部改守南阳。改守南阳决定后，蒋介石问杨虎城能守多久，杨虎城说："只要有米面吃，有子弹打，命令守多久就守多久。"蒋介石大喜，说："你曾坚守西安8个月，我相信你可以守住南阳，至于粮食子弹，自然充分供应。"按照蒋介石的命令，杨虎城率领部队到老河口后，转向南阳驻防，蒋介石又给杨虎城委了南阳守备司令的职务。杨虎城率部抵达南阳后，一面补充兵员，加强训练，一面构筑工事，准备长期固守。这时，所有的经费和粮食弹药都是由武汉发领，李志刚于是把驻京办事处的一部分人员移驻到武汉办公。

1929年冬，蒋冯战争爆发，冯玉祥当时被阎锡山诱禁在山西，宋哲元代行总司令指挥冯军与蒋军在洛阳以西地区作战。宋哲元当时派刘汝明率部出紫荆关，杨虎城命令孙蔚如率部主动出击，打退了刘汝明部的进攻。杨虎城部因此受到蒋介石的嘉奖。

同年12月间，唐生智与石友三约同反蒋。唐生智自封"护党救国军"总司令，通电讨蒋，率主力由平汉线南下进攻武汉，总司令部设在驻马店。唐生智的讨蒋通电，事先未征得杨虎城的同意就列入了杨虎城的名字。杨虎城很生气，说："唐孟潇……对蒋介石造反没有什么不可以，但至少你应当事前和我商量商量，你这样搞太看不起人了。我跟蒋是杂牌，跟你唐孟潇也是杂牌，你们双方都是军阀，没有什么优劣之分。"但为了争取主动并未通电否认，只是电告当时杨虎城部驻南京办事处处长李志刚向蒋介石一方表示否认。唐生智派人来南阳与杨虎城联系，杨虎城虚与委蛇，表示合作。蒋介石对于唐生智的突然叛变，十分惊慌，认为如果唐生智进入武胜关，湖南何健必然响应，会攻武汉。如果武汉不守，就会失去他的半壁江山。因此，蒋介石亲自到武汉主持讨唐军事行动，并派刘峙为总指挥，在信阳一带防堵。因唐生智通电中冒列杨虎城的名字，刘峙的参谋长多次问李志刚：杨虎城究竟靠得住否？

当时，蒋介石部署杨虎城归刘峙指挥，相机侧击唐军。不料杨虎城竟用奇袭的战法一举而解决战争全局，实在出乎蒋介石的预料。蒋介石除了复电杨虎城备极嘉奖外，并发了10万元的奖赏，接着把新编第十四师改为陆军第十七师，升杨虎城兼任第七军军长。这次胜利使杨虎城部的处境有了很大的改善。李志刚说，在武汉领取物品，军需人员对他们也另眼相看，批发手续极快。

1930年中原大战爆发，蒋介石任命杨虎城为讨逆军第十七路军总指挥，令他负责平汉线以西广大地区攻守任务。平汉路方面蒋方部队，除杨虎城部外，还有徐源泉、上官云相等军。冯、阎方面，有樊钟秀部、王振部、宋天才部等。双方在平汉线上投放的都是杂牌部队，虽都不是十分可靠，但也是可以争取的。因此，双方对这些杂牌部队进行了秘密活动。蒋介石知道这些杂牌部队不易指挥，他对症下药派何成浚为第三军团总指挥，指挥平汉路方向作战。事实上，平汉路方向双方杂牌军谁都没有卖力，就这样对峙了几个月。

7月间，阎、冯联合汪精卫在北平召开扩大会议，决定组织政府与南京政府抗衡。这时双方更是造谣离间，秘密勾结，已到了不择手段的程度。北平扩大会议开幕时，北平报纸就刊登出杨虎城有代表参加。这时李志刚到南京，于右任、邵力子都问杨虎城的真实态度是什么，何成浚的幕僚们也不停向李志刚打听杨虎城的态度。李志刚在南京、武汉随时要进行辟谣工作。其实在四五月间，冯玉祥派徐维烈秘密来南阳拉杨虎城反蒋。杨虎城用优待的方式把他们软禁在南阳。但杨虎城十分注意探听蒋及阎、冯双方的军事、政治变化。当陇海路主战场胜负未分时，杨虎城要李志刚密切注意该方向的战况，随时密报。他还要李志刚与徐源泉部驻武汉办事处的人员密切接触，了解该军的动向和他们得到的情报。

八九月间，张学良率东北军入关，阎锡山、冯玉祥在山东、陇海路战场先后失败。杨虎城观察大局，认为阎、冯必败，于是立即奉蒋介石命令率全部兵力由叶县出发，以急行军速度经鲁山、宝丰等，突然出现在洛阳以南的龙门山前，把冯玉祥守军葛云龙部包围在洛阳。杨虎城把战况电告蒋介石，蒋介石顾虑围攻洛阳会耽搁时日，便令杨虎城把围攻洛阳的任务交给徐源泉部，杨率部沿陇海路向西急进，解决冯玉祥军残部，攻占潼关，直捣冯玉祥部在陕西的根据地。这个任务虽然艰巨，但符合杨虎城和他的官兵回陕西的愿望，因而，官兵踊跃，兼程西进。不久即攻下潼关，直驱西安。11 月，杨虎城占领陕西，摧毁冯玉祥盘踞 5 年的根据地。12 月，李志刚从邵力子口中得悉，蒋介石对杨虎城部迅速入陕，表示极度满意，但对杨虎城放刘郁芬过黄河退入山西表示不满。李志刚把此信息及时告诉杨虎城。当蒋介石致电杨虎城查问时，杨虎城复电说自己兵力不够，不得不如此，把放刘郁芬的责任揽在自己身上。至杨虎城入陕为止，蒋介石、杨虎城互相利用的关系达到最高峰。

## 替杨斡旋

中原大战结束后，杨虎城控制陕西，蒋介石的嫡系部队距离尚远，不得不把陕西省政府主席一职给了杨虎城，至于陕西省府人选，要杨虎城提出名单由他核定。杨虎城提出的省府委员名单是李仪祉、李百龄、李志刚、王一山、胡逸民等，杨虎城兼任民政厅厅长，李志刚为财政厅厅长，李百龄为教育厅厅长，李仪祉为建设厅厅长，南汉宸为秘书长。蒋介石除了派李范一为委员兼教育厅厅长、李百龄为委员，其余未动。陕西省政府人选公布时，李志刚在汉口，后去南京接收应领未领的经费和物品。到南京后，李志刚见到财政部部长宋子文，宋子文委任李志刚兼任财政部驻陕西特派员。李志刚见了邵力子，邵力子说：一年多来，杨虎城的表现和战绩全好，陕西省政府的人选，尊重他的意见。李志刚去见陈立夫，陈介绍了李范一的能力和经验，说他能协助杨虎城办好教育，希望拨足教育经费。李志刚去见于右任，于右任说：“陕西省政府的人选，虎城没有和我商量，人家就是和我商量也不听我的话。”自从杨虎城率部入陕后，于右任和杨虎城的感情逐渐下降了。

杨虎城主政陕西后，蒋介石就逐步把手伸到西北。1931 年春，蒋介石设立陆海空军总司令部潼关行营，派顾祝同为行营主任，指挥陕、甘、青、宁各省军务。同时，派陈继承的第三师和蒋鼎文的第九师进入潼关，驻扎华阴、华县、渭南一带。杨虎城对于顾祝同、陈继承、蒋鼎文等表面上表示欢迎，陪他们游华山、在临潼泡温泉，请他们到西安，开欢迎大会，大宴小宴不断。但是在暗中，杨虎城却把十七路军布置在临潼、高陵、大荔、朝邑一带，对中央军形成半包围态势。

为了了解蒋介石对自己的真实态度，杨虎城让李志刚到庐山去见蒋介石，表示甘、宁、青、新等省全由杂牌军割据，请将陕西军政大权交与中央，自己带第十七路军西进，作为肃清西北的先头部队。杨虎城以为这样对蒋介石表示有以下益处：其一，可以探出蒋介石是否直接完全控制陕西。其二，可以继续取信于蒋介石。其三，如果申请获准，蒋介石允许他到西北去，也有广阔的发展空间。杨虎城告诉李志刚，向蒋介石表示要诚恳而坚决，不然，探不出蒋介石的真意，难以决定我们的动向。李志刚从西安到庐山，两次见到蒋介石，报告陕西的政治军事情况和杨虎城与顾祝同相处融洽的情形。蒋介石说："告诉虎城，安心进行陕西的军政建设。要把他的家乡治理好，切勿三心二意犹豫不定，这样的态度是做不好事的。至于西北的事，将来或许有用他的地方，但那是以后的事。"蒋介石的态度表现得很坚决。李志刚回到西安后，向杨虎城做了详细汇报。杨虎城把蒋介石的意思告诉顾祝同，顾祝同冷笑着说："你何必多此一举？"又过了些日子，蒋介石把顾祝同和陈继承、蒋鼎文的两个师都调走了，将潼关行营主任的遗缺派杨虎城接替了，杨虎城获得了西北地区的军权。

1935 年 11 月中旬，国民党召开第五次全国代表大会。陕西省选出杨虎城、冯钦哉、缑克敬、田毅安、张志俊等人为代表，杨虎城不得不参加南京会议。当时华北事变爆发，形势危急。杨虎城到南京后，见国民党的大员们很少谈论如何对付日本帝国主义侵略，而喧嚷着竞选中央委员。杨虎城对竞选十分消极，认为蒋介石要他当中委，不竞选也能当上，如果不要他当，竞选也没有用。南京的朋友劝他说：各省军政大员，因地位关系，应该竞选中委；党的组织虽由陈果夫、陈立夫掌握，但争夺剧烈的时候，他们也不能完全控制住；再说，如果不参加竞选，会惹起蒋介石的怀疑。杨虎城听了觉得有道理，于是有了进行活动的想法。同时，陕西省的几位代表拥护他，要给杨虎城做基本票。这样，他决定竞选。于是，杨虎城派李志刚、缑克敬、陈子坚分工负责竞选活动。杨虎城竞选的第一道关是蒋介石批定他竞选中央监察委员，因此陈立夫也给杨虎城安排监察委员，而李志刚要求选杨虎城为中央执委，再三与陈立夫交涉，陈说这是中央的意思，不能变动。但是，李志刚他们还是建议选杨虎城为中央执委。结果，杨虎城同时当选中央执委和中央监察委员，而且中央执委的票比中央监察委员的票还多，但陈立夫还是按照蒋介石的意思，把杨虎城的名字列在中央监察委员中。

## 奉化见蒋

西安事变后，全国总的形势要求停止内战，一致抗日。由于张学良被扣押，南京和西安方面在军事上一下子对立起来了，双方以军事手段企图取得对自己有利的条件来解决问题。这样，尽管双方已摆好军事对峙的阵势，但实际上还是需要坐下来谈判的。1937 年 1 月中旬，南京和西安的和谈就开始了。1 月 9 日，南京方面派出吴瀚焘、王化一，两人持蒋介石、张学良致杨虎城及东北军和第十七路军各高级将领的亲笔信由南京飞抵西安，劝说西安方面服从南京的命令，以免引起内战。同时，顾祝同、刘峙派祝绍周到西安，提出关于东北军、第十七路军和红军驻地的两种方案。西安方面认为当时最主要的问题是要求张学良迅速返回西安，这个问题不解决，其他问题均无法进行，因此，决定选派代表去南京正式交涉。

1月12日，杨虎城找李志刚谈话，他说："现在打算请你出去一趟，到南京方面看看情况，你可预先做些准备。"李志刚问："出去的目的是什么？"杨虎城说："自从张学良送蒋介石走了以后，已经半个多月，在这期间，一切发展都出乎我们的意料。张学良原来说三天至五天可以回来的，现在不但直到今天没有回来，而且遥遥无期。张学良不回来我们的事情很难办。首先就是团结问题。东北军内部本来就不团结，我们之间也不是没有问题。张学良能回来，东北军就有中心，就不会出大问题，东北军与我们之间的合作就比较容易。能团结，就有力量。张学良不回来，整个团结成了问题，我个人实在撑持不了这个局面。所以你这次到南京，第一个问题就是向蒋介石要求务必让张学良早日回来，以便进行一切善后工作。""第二个问题是质问蒋介石：顾祝同率领几十万军队向潼关以西拥进，这是干什么？是不是要打内战？同时明白告诉蒋介石，因为蒋介石不履行在西安的承诺，扣留张学良，西安方面东北军、十七路军群情激奋，团结一致，要同中央拼命。特别是红军也坚决表示与东北军、十七路军采取一致行动。""第三个问题是要设法看一看蒋介石和南京方面在政策上有无转变，是否有准备抗日和结束内战的迹象。这一点至关重要，假如经过西安事变，能够把过去先安内后攘外的错误政策改正过来，那么我们个人的牺牲也值得；如果蒋介石的政策仍然继续坚持不改，那么我们的一切就算白干了。"李志刚当即接受了这个任务。

1月15日，杨虎城又找李志刚谈话，同时在座的有东北军遴选出来的代表鲍文樾。杨虎城介绍李志刚和鲍文樾见面，并对他们两个说："你们两人明天一同乘机去南京，可能还需去奉化。你们这次出去，唯一的任务就是要求蒋介石和南京早日让张学良副司令回来。”1月16日，李志刚、鲍文樾抵达南京。他们见到何应钦说明来意，何应钦没有表示什么意见，只是说：“你们来了很好，蒋委员长现在奉化，要你们明天去奉化。”17日，李志刚、鲍文樾由南京飞杭州，再换乘汽车去奉化。他们一到奉化，蒋介石马上就接见。李志刚、鲍文樾见蒋介石问候后，即说明：“东北军和十七路军全体将士要求张学良早日回去，以便进行一切善后工作，张先生不能回去，东北军、十七路军将士心里非常不安。”蒋介石说：“张学良来京后，承认自己的错误，承认自己读书少，修养差。他现在再三表示跟着我学修养，跟着我读书。他自己不愿回去，你们也不要强迫他回去。”接着，又谈了中央大举向西安进军的问题。蒋介石强调西安方面在军事上必须服从他的命令，必须在南京提出的甲、乙两种方案中择一执行，否则他是不能容忍的。

蒋介石随即让他们吃饭，并故意把李志刚、鲍文樾分开，并向李志刚暗示，留他再做一次单独谈话。鲍文樾认为蒋介石明明不让张学良回去，而蒋反说是张学良自己不愿意回去，同时看到蒋介石留李志刚不留他，觉得很愤慨。他对李志刚说，从此再不与蒋介石共事，也没有再同蒋谈的必要。于是，他独自先走了。

当天下午，李志刚单独去见蒋介石。蒋介石向李志刚说：“你讲讲他们究竟打算怎么办？”李志刚说：“自从委员长回来后，对于所答应的问题还没有能够实现，又把张先生留住不让回去，并且大量的中央军又开进潼关，西安方面群情激奋，东北军、十七路军双方团结一致，张先生若不能回去，他们要打仗。”蒋介石听到这里说：“他们要打仗，要打就打，我还怕他们？要打的话，我在几天内就可以消灭他们。”李志刚说：“现在陕北和甘宁边区的红军也正向关中开进，打起仗来，恐怕不好。”蒋介石接着说：“我并不要打仗，你要告诉虎城，虎城与十七路军是有革命历史的，不能与东北军相提并论。今后东北军即归虎城指挥，陕西省主席即由虎城的部下充任。你回去告诉虎城，只要听我的命令，我答应的话都可以实现。”听到红军主力已经南下，蒋介石的态度明显缓和了许多。

1 月 18 日早晨，李志刚再去见蒋介石。蒋介石把一封给杨虎城的亲笔信交给李志刚，并且告诉李志刚把他的话好好向杨虎城说明白，并要杨虎城立刻撤除华阴、华县的防线，听他的命令，让顾祝同进驻西安，办理一切善后事宜。蒋介石还说盼望李志刚在三天内再来奉化一趟，把西安方面的反映告诉他。1 月 20 日，李志刚乘专机飞抵西安。杨虎城马上召集东北军、第十七路军双方的高级军政负责人开会。会上首先读了蒋介石的亲笔信，然后李志刚简单地报告会晤蒋介石的情形。东北军方面的到会人员听了以后，都纷纷骂蒋介石背信弃义。孙蔚如也表示绝不就任陕西省政府主席职。当时大家都在气头上，吵吵嚷嚷，没有谈出什么结果，只约定第二天再开会商谈。散会后，杨虎城留李志刚单独谈了很久，一直谈到深夜。李志刚把会晤蒋介石的经过详细向杨虎城说了一遍。杨虎城当时分析，蒋介石是一手用军事压迫，一手用政治分化，首先要分化东北军与第十七路军的关系，问题很严重。杨虎城说：“我现在真是不知道怎样才好。当前最重要的问题还是看看南京的路线究竟改不改，是否我们真的就白闹了一场。所以你准备再去南京一趟，多找几个人谈谈。明天我们对这个问题再好好研究一下。”

1 月 21 日，杨虎城又召集东北军、第十七路军两方面的负责人开会，周恩来也应邀参加。会上杨虎城把李志刚去奉化见蒋介石的情形以及他自己的分析和意见再说了一遍，并主张要李志刚再去南京、奉化一次，问题主要还是那三个：要张学良回来，质问中央军为什么大举西进和看看蒋介石是否有转变政策的准备。他还说，这次去主要是弄清楚第三个问题，到南京后可以多找人探听这个问题。在这次会议上，大家都比较冷静，都同意杨虎城的意见，于是决定派李志刚第二次去南京。

1 月 21 日下午，李志刚乘飞机第二次去南京。李志刚抵达南京后，分别拜访了于右任、冯玉祥、何应钦、陈立夫等人，想从这些人口中探听一下南京方面政策的准备，访问的结果是一无所获。李志刚见冯玉祥时探问今后蒋介石的政策是否转变的问题，冯玉祥说："他(指蒋介石)今后还有脸打内战吗？我看他再也打不下去。至于具体情况，我也不清楚。"

1 月 23 日，蒋介石打电话，要戴笠陪同李志刚去奉化。当天晚上，李志刚和戴笠就在奉化见了蒋介石。蒋介石问李志刚："我的信你交给虎城了吧，我的话你都告诉他们了吧，他们现在怎么样？"李志刚说："委员长的信，我交给他们了；委员长的话，我也都告诉他们了。虎城和东北军、西北军负责人还在一起开过两次会，专门讨论这个问题，讨论的结果，大家一致的意见，还是要求让张先生回去。"蒋介石一面摇头一面说："我在西安上飞机时，张汉卿要送我到南京来，我劝他不要来，他不听，一定要来，我也只好听他的。他现在住在这里，这一次你可以见见他，你问他是不是那样。他来南京的时候，由他也由我。但是他来到南京以后，要想回去，就不能由他，也不能由我。"李志刚见蒋介石对这问题又变了说法，知道再说也无益，于是就转到潼关以西的军事问题。蒋介石说："为了不使地方糜烂，我是不愿意打仗的。他们既承认我的领导，又不服从我的命令，这是什么道理？为了维持国家纪律，就应该消灭他们。他们现在要是还听我的命令的话，关于潼关以西的军事问题，可派人同顾祝同直接接洽，一切问题容易解决，假如不听我的命令，我就进兵。你立刻打电报回去问问他们的意见。”李志刚答应谈完话以后立刻打电报回去。最后李志刚又委婉地说：“杨先生极关心委员长的抗日政策问题。”蒋介石听到这里，怒气冲冲地说：“杨虎城不学无术，他自己不能看书，你们也不帮助他看书，他什么也不懂，他不了解庐山军训的精神，他没有看过我的庐山军训演讲集，他还在问什么?！你告诉他，只要他听我的命令，我一定对得起他们。”李志刚听了蒋介石的说话，还是有些莫名其妙，但也不敢再问下去，只好结束了谈话，下去照蒋介石的意思发电报给杨虎城。他以候回电为辞，就住在溪口做一些其他的接触。

李志刚这次在蒋介石的允许下，见到了张学良。张学良住在距离蒋介石住处很近的雪窦寺。李志刚和张学良一起吃过三次饭，但是两次都是在戴笠的陪同下，不便讲话。只有一次戴笠不在，李志刚同张学良才有机会说了一些话。张学良问李志刚此次来的目的和西安的情况，李志刚将西安坚决要求张学良回去以及蒋介石如何回答的话告诉张学良。张学良慨叹地说：“蒋介石是不会让我回去的，我回去会增加他不喜欢的力量，请告诉虎城多容忍，要团结，除非爆发全面抗日。东北军还存在，并能在东北战场上发挥一定作用，我或者有可能出去，否则我是出不去的。”言下神色极为凄惨。

1 月 24 日，汪精卫由南京飞到奉化，他是新由欧洲回国专去看蒋介石的。李志刚见到汪精卫，汪精卫对李志刚说：“西安事变是惊天动地的事情，张学良、杨虎城此举完全出于爱国热情。但稍不慎，将致领袖于死亡，是不好的。现在还想兴兵抵抗更是不对的。”

当日，李志刚接到西安方面的复电：关于潼关以西的军事问题，同意直接与顾祝同商洽解决，并决定派米春霖、谢珂为代表前往谈判。

## 潼关谈判

1月25日，李志刚乘飞机回到西安。杨虎城立刻召集东北军、第十七路军负责人开会，听取李志刚第二次去南京、奉化的报告。李志刚报告后，大家对张学良不能回来，都感到很失望。杨虎城认为蒋介石在政策上的转变是有所准备的，他同意冯玉祥的说法，蒋介石是不能再打内战了。他对汪精卫在奉化这件事很注意，认为蒋介石必将与汪精卫研究国民党与共产党之间的关系将如何转变的问题。杨虎城对这个问题做了分析以后，即讨论如何与顾祝同直接谈判的问题。会议决定派李志刚、谢珂(东北军方面代表)前往潼关与顾祝同谈判。

1月26日，李志刚、谢珂到了潼关。顾祝同正在集合中央军军官做出打仗的姿态。李志刚、谢珂就和顾祝同在火车上谈判。谈判开始，谢珂就态度强硬地质问顾祝同，顾祝同也很强硬地回答谢珂，陈诚、陈继承、蒋鼎文等叫嚷着说：“开始进攻就完了，还有什么谈头！”意在进行恫吓。李志刚赶紧打圆场说：“现在问题很严重，蒋委员长要我们直接谈判，我们应该好好商谈。”当时双方的意见归纳如下。西安方面的意见是：张学良未回西安以前，中央军不能入潼关。顾祝同的条件是：(一)西安方面的二华防线，立即撤除；(二)中央军一部开驻西安，由潼关至咸阳一线中央军常驻12个团；(三)第十七路军移驻渭河以北三原、蒲城一带；(四)东北军移驻彬县以西直到兰州地区；(五)红军仍回陕北，防区另商(此即为“甲案”)。双方谈了3个小时，因距离过远，无法达成协议。双方约定，让李志刚回西安请示，留谢珂在潼关，两天以内，尚可继续谈判。

李志刚当晚回到西安给杨虎城报告谈判的情况。杨虎城表示：“只要国家政策确有转变，我们是不愿打仗的。”杨虎城因为谢珂讲话太强硬，1月28日，改派李志刚和王宗山前往潼关谈判。李志刚、王宗山这次会谈先就“用什么方式解决当前的问题”这个原则问题进行商谈。双方一致表示同意采取和平方式解决，不用武力，并商定关于具体问题另由双方参谋人员根据这个原则进行谈判。这样，李志刚、王宗山当日就返回了西安。西安方面指派何柱国，潼关方面派顾的参谋长赵启录，用电话会议的方式商定有关事项。经过两天的电话会议，到1月30日，大致达成协议。顾祝同根据南京提出的所谓甲、乙两案做了具体说明。依照“甲案”，东北军、第十七路军和红军三方面还是集结的，如按照“乙案”则是分散的(中央军进驻西安和陕西；第十七路军调驻甘肃；东北军调驻安徽和淮河流域；红军仍回陕北)。因此西安方面接受了“甲案”，中央军进驻潼关，西安的部队由12个团减为3个团。关于划分军队驻地、移驻时间、军饷、指挥系统等问题，协议都做了具体规定，共20余款。商定以后，等待签字实行。可惜，由于后来东北军少壮派发动了“二二”事件，破坏了东北军和第十七路军的团结，东北军的许多将领表示放弃“甲案”，接受“乙案”，愿意东调，离开西北，开往苏北、皖北、豫南一带。

其后不久，杨虎城被逼出国考察，回国后长期被囚，李志刚也结束了自己的幕僚生涯。

# 参考书目

1. 米暂沉：《杨虎城将军传》，中国文史出版社1986年版。

2. 文思：《我所知道的杨虎城》，中国文史出版社2003年版。

3. 张波：《杨虎城将军轶事》，陕西人民美术出版社1986年版。

4. 李炳武、雷云峰：《爱国名将杨虎城》，三秦出版社1996年版。

5. 周骥良：《杨虎城》，中国友谊出版公司1993年版。

6. 杨拯民：《往事：杨虎城之子回忆》，中国文史出版社2006年版。

7. 杨中州：《杨虎城将军记事》，河南人民出版社1994年版。

8. 吴长翼：《千古功臣杨虎城》，中国文史出版社1993年版。

9. 姬乃军、姬中林：《杨虎城暨十七路军将领传略》，陕西人民出版社2012年版。

10. 魏佳、杨鹏：《杨虎城画传》，团结出版社2014年版。

11. 中共陕西省委党史研究室编：《中国共产党在国民党第十七路军中的活动（回忆资料卷1923—1936）》，陕西人民出版社1993年版。

12. 中国人民政治协商会议陕西省委员会文史资料研究委员

会编：《回忆杨虎城将军》，陕西人民出版社 1986 年版。

13. 十七路军中共党史资料征编领导小组，吴长翼、杨震天、丁福泽：《丹心素裹》，中国文史出版社 1987 年版。

14. 全国政协文史和学习委员会、中共陕西省委党史研究室编：《杨虎城年谱》，中国文史出版社 2007 年版。

15. 中共陕西省委党史研究室、陕西省杜斌丞教育思想研究会编：《杜斌丞年谱》，海南出版公司 2008 年版。

16. 中共陕西省委党史研究室编：《赵寿山》，陕西人民出版社 2014 年版。

17. 王宇明：《中国共产党的特殊党员——赵寿山将军》，陕西人民出版社 2001 年版。

18. 陈溥、陈晴：《杨虎城交往录》，中国文史出版社 2008 年版。

19. 中国中共党史人物研究会编：《中共党史人物传》(1—89 卷)，中国人民大学出版社 2017 年版。

20. 中共陕西省委党史研究室、陕西省中共党史人物研究会编：《中共陕西历史人物传》(1—10 卷)，陕西人民出版社 2001—2018 年版。

21. 陕西省中共党史人物研究会编：《陕西近现代名人录》(1—5 集)，西北大学出版社 1988—2006 年版。